>>> 融媒体时代新闻业务实用读本 >>

# 采编实用技巧88讲

姚赣南　常亮
——— 著 ———

从零起步　走上写作之路
一书在手　新闻采编无忧

人民日报出版社
北　京

图书在版编目（CIP）数据

采编实用技巧88讲/姚赣南，常亮著. -- 北京：人民日报出版社, 2021.12
ISBN 978-7-5115-7177-9

Ⅰ.①采… Ⅱ.①姚… ②常… Ⅲ.①新闻采访②新闻编辑 Ⅳ.① G21

中国版本图书馆 CIP 数据核字 (2021) 第 227094 号

| 书　　名： | 采编实用技巧 88 讲 |
| --- | --- |
| | CAIBIAN SHIYONG JIQIAO BASHIBA JIANG |
| 作　　者： | 姚赣南　常　亮 |
| 出 版 人： | 刘华新 |
| 责任编辑： | 曹　腾　朱小玲 |
| 特约编辑： | 黄丰文 |
| 封面设计： | 嘉海文化 |
| 出版发行： | 人民日报出版社 |
| 社　　址： | 北京金台西路 2 号 |
| 邮政编码： | 100733 |
| 发行热线： | （010）65369527　65369512　65369509　65369510 |
| 邮购热线： | （010）65369530 |
| 编辑热线： | （010）65369523 |
| 网　　址： | www.peopledailypress.com |
| 经　　销： | 新华书店 |
| 印　　刷： | 廊坊市新景彩印制版有限公司 |
| 开　　本： | 710mm×1000mm　1/16 |
| 字　　数： | 392 千字 |
| 印　　张： | 24.5 |
| 版　　次： | 2022 年 3 月第 1 版 |
| 印　　次： | 2022 年 3 月第 1 次印刷 |
| 书　　号： | ISBN 978-7-5115-7177-9 |
| 定　　价： | 68.00 元 |

# 目 录

序 / 刘国昌 ····················································································1

前言 / 周向前 ·················································································4

## 第1部分：怎样迈出新闻写作第一步？

第一讲：从零起步，走上新闻写作之路 ·······································3

第二讲：怎样发现新闻？ ···························································8

第三讲：新闻稿除了时间新，还可写什么"新"？ ······················12

第四讲：观察体验是作文之关键 ···············································16

第五讲：新闻选题从何入手？ ···················································20

第六讲：反对"按图索骥"，赞赏"顺手牵羊" ····························25

第七讲：怎样培养新闻敏感？ ···················································28

第八讲：电话采访如何进行？ ···················································32

第九讲：好新闻是"跑"出来的 ·················································36

第十讲：怎样培养写作兴趣？ ···················································40

## 第2部分：写作技巧与新闻策划

第十一讲：用讲故事的方式写新闻 ············································45

第十二讲："细节"在文章中的重要性 ········································51

第十三讲：写新闻怎样选角度？ ···············································55

第十四讲：怎样运用背景？ ······················································60

第十五讲：新闻稿中怎样巧用议论?……………………………65
第十六讲：学会对比文章妙……………………………………69
第十七讲：写新闻稿的"铁三角"………………………………73
第十八讲：会议新闻怎样才能写出新意?………………………77
第十九讲：什么是新闻策划?……………………………………81

## 第3部分：消息、通讯与评论的写作

第二十讲：写好消息……………………………………………87
第二十一讲：经济报道的写作方法……………………………91
第二十二讲：通讯怎样开头?……………………………………94
第二十三讲：写好人物通讯的"十六字"方法…………………98
第二十四讲：现场短新闻的写法………………………………105
第二十五讲："间接性导语"的写法……………………………109
第二十六讲：概貌通讯的写作技巧……………………………113
第二十七讲：通讯与消息有何不同?……………………………117
第二十八讲：怎样写深度报道?…………………………………121
第二十九讲：单位经常开展各项活动，新闻稿怎么写?………125
第三十讲：活动新闻要突出"活"字……………………………130
第三十一讲：怎样写网评文章?…………………………………134
第三十二讲：600字的短评为何能获新闻一等奖?……………138

## 第4部分：怎样改稿、编辑、做标题?

第三十三讲：怎样改稿?…………………………………………145
第三十四讲：重视编辑工作……………………………………149
第三十五讲：怎样做出好标题?…………………………………155
第三十六讲：关于"题眼"与标题虚实…………………………161
第三十七讲：修改标题的七种办法……………………………165

第三十八讲：引用成语当谨慎……169

第三十九讲：敬畏文字……173

第四十讲：关于报纸排版的几个问题……178

第四十一讲：抵制网络低俗语言……182

第四十二讲：选取怎样的新闻照片上版面？……185

第四十三讲：如何防止新闻照片的失真失实？……190

第四十四讲：这些词语你用对了吗？……193

## 第5部分：写作理念的提升

第四十五讲：感动，方提笔……199

第四十六讲：如何避免"记账式"的新闻稿？……203

第四十七讲：写稿要抓牢两个关键词……207

第四十八讲：提倡短文……211

第四十九讲：一首网上流行歌曲对新闻写作的启示……214

第五十讲：鲁迅的作文秘诀……218

第五十一讲：袁隆平经验的启示……221

第五十二讲：写作的十二条宝贵经验……225

第五十三讲：如何保持新闻稿的生命力？……228

第五十四讲：舆论监督和正面宣传是统一的……232

## 第6部分：怎样成为优秀新闻人？

第五十五讲：通讯员的优势与短板是什么？如何扬长避短？……237

第五十六讲：通讯员们提出了哪些问题？……242

第五十七讲：怎样成为一名合格的通讯员？……246

第五十八讲：什么样的记者受欢迎？……250

第五十九讲：如何克服写作中"眼高手低"的毛病？……254

第六十讲：如何练就"新闻脑"？……258

第六十一讲：写作灵感从何而来？⋯⋯⋯⋯⋯⋯⋯⋯⋯⋯⋯⋯⋯262

第六十二讲：想写出好作品就要立大志吃大苦⋯⋯⋯⋯⋯⋯267

第六十三讲："富"记者与"穷"记者⋯⋯⋯⋯⋯⋯⋯⋯⋯⋯⋯271

第六十四讲：好题目从何而来？⋯⋯⋯⋯⋯⋯⋯⋯⋯⋯⋯⋯⋯275

第六十五讲：人民日报编辑有哪些"戒律"？⋯⋯⋯⋯⋯⋯⋯279

第六十六讲：应该怎样阅读才能更有效？⋯⋯⋯⋯⋯⋯⋯⋯⋯283

第六十七讲：名人闪光点对新闻工作的启迪⋯⋯⋯⋯⋯⋯⋯⋯287

## 第 7 部分：学习新闻理论与新闻史很有必要

第六十八讲：学习新闻的定义⋯⋯⋯⋯⋯⋯⋯⋯⋯⋯⋯⋯⋯⋯293

第六十九讲：新闻与宣传有什么不同？⋯⋯⋯⋯⋯⋯⋯⋯⋯⋯297

第七十讲：谈受众心理⋯⋯⋯⋯⋯⋯⋯⋯⋯⋯⋯⋯⋯⋯⋯⋯⋯301

第七十一讲：把握新闻的接近性⋯⋯⋯⋯⋯⋯⋯⋯⋯⋯⋯⋯⋯305

第七十二讲：谈新闻的时宜性及其他⋯⋯⋯⋯⋯⋯⋯⋯⋯⋯⋯309

第七十三讲：学新闻既要学"术"又要学"道"⋯⋯⋯⋯⋯⋯313

第七十四讲：新闻报道的"2＋1原理"⋯⋯⋯⋯⋯⋯⋯⋯⋯⋯317

第七十五讲：学习新闻史好处多⋯⋯⋯⋯⋯⋯⋯⋯⋯⋯⋯⋯⋯321

第七十六讲：中国新闻史上两篇重要谈话⋯⋯⋯⋯⋯⋯⋯⋯⋯327

第七十七讲：谈名记者的深厚笔力⋯⋯⋯⋯⋯⋯⋯⋯⋯⋯⋯⋯330

第七十八讲：谈长江韬奋奖⋯⋯⋯⋯⋯⋯⋯⋯⋯⋯⋯⋯⋯⋯⋯333

## 第 8 部分：提高媒介素养成为多面手

第七十九讲：说说媒介素养与网络舆情⋯⋯⋯⋯⋯⋯⋯⋯⋯⋯339

第八十讲：如何成为写文案的高手？⋯⋯⋯⋯⋯⋯⋯⋯⋯⋯⋯344

第八十一讲：如何避免新闻报道的片面性绝对化？⋯⋯⋯⋯⋯348

第八十二讲：网络新闻如何做得更有深度？⋯⋯⋯⋯⋯⋯⋯⋯351

第八十三讲："请示"与"报告"的区别⋯⋯⋯⋯⋯⋯⋯⋯⋯354

第八十四讲：企业报如何提升传播力？……………………358
第八十五讲：写好会议纪要………………………………363
第八十六讲：怎样写调查报告？…………………………367
第八十七讲：投稿不能靠"撞大运"………………………370
第八十八讲：遇突发事件怎样应对？……………………374
后记……………………………………………………378

# 序

## ——学习新闻采编的一本好书

刘国昌

姚赣南、常亮合著的新闻学著作《采编实用技巧88讲》出版了，可喜可贺！

我与姚赣南同志是人民日报社的老同事，常亮同志是人民日报所属中国城市报编委。他俩对新闻工作充满着激情，多年来在新闻写作研究上下很大功夫，造诣颇深。这本书的出版，则是他俩研究工作的又一硕果。

纵观全书，有以下四个特点：

### 一、内容丰富，针对性强

从目录中大家可以看出，该书的内容十分丰富。

"八十八讲"，举凡新闻写作的诸多议题均有所论及。从发现新闻到选题策划，从消息通讯到新闻评论写作，从修改稿件到版面设计，从新闻理论学习到提高媒介素养等，几乎都写到了。如此丰富的内容，给受众提供了一个新闻写作知识的窗口，给人们一个极大的选择天地。

翻阅这些篇章，你会强烈感到，这些篇章不是一般地坐而论道，而是针对性很强。有实例，有剖析，有指点，让人读后有启发，有收获。

应该说，这是很难得的。时下有关新闻写作的书籍不少，但像这样内容丰富、针对性强的书籍不是很多，这是一件大好事。

## 二、真知灼见，指导性强

这本书的又一特点是：富有真知灼见，指导性强。

书中很多文章都体现了这一特点，如"新闻稿除了时间新，还可写什么'新'？""怎样培养新闻敏感？""写好人物通讯的'十六字'方法""怎样写网评文章？"等。这些文章不仅标题上有新意，吸引人，细看内容更让人有"豁然开朗"之感。

文贵有新意。没有或缺少新意，于人何益？他俩一直坚持这样的理念，并身体力行。结合长期的新闻实践，不断挖掘、总结出不少真知灼见。比如对于新闻价值、新闻敏感、新闻策划、新闻背景等这些概念，他们都提出了自己的看法。这些看法不是人云亦云，而是具有鲜明的特色，读后很受启发。

## 三、结合实际，操作性强

姚赣南和常亮经常在工作中热情为广大学员服务，与他们建立了感情，还从培训中了解到学员的不少需求和迫切需要解决的问题。收入该书的文章不少都是结合这些实际而发，具有操作性强的显著特点。

比如："单位经常开展各项活动，新闻稿怎么写？"

再如："通讯员的优势与短板是什么？如何扬长避短？"

还如："如何克服写作中'眼高手低'的毛病？"

这些都是从实际出发的好题目，文中详细讲述了"是什么""为什么""怎么办"的问题，具有很强的操作性。学员看了、消化吸收后，就能派上用场。

新闻工作是一项实践性、操作性较强的工作。指导新闻写作的书籍也一定要体现这个特点。时下有些介绍新闻写作的书籍，失之一般说教多、可操作性差。这本书则与此截然相反，既保持了理论的科学性，又做到了结合实际、操作性强。这是值得充分肯定的。

### 四、文笔流畅，感染力强

品读书中的文章，是一种享受。

比如《写作灵感从何而来？》一文中有这样的句子："写作灵感似乎是个玄而又玄的东西，看不见，摸不着，突然出现，又转眼消失。然而，它是确实存在的。有了写作灵感，创作如行云流水，一气呵成。没有写作灵感，写了一会儿就写不下去了，只好看着天花板发呆。"

类似这样的文字，书中有不少。大家可以细细品赏。

在某种意义上说，新闻工作也是文字工作。因此，作为记者编辑，文字一定要好、文字功夫一定要深，这是毫无疑义的。只有文字好，才能写出好的报道、好的评论。那么，如何才能做到这一点呢？从他俩的文章中可以得到答案：勤写苦练。

本书作者能一直坚持写作，笔耕不辍，这是难能可贵的。从他俩身上可以看出，写作固然是职业的需要，更是生活中一种美好的追求。在这个理念的指导下，坚持勤写苦练，使文字水平不断提高，日臻完美，就一定能够给人送去美的享受。

以上四个特点，恐难于全面概括该书的特色。但我认为，这四个特点是最为突出的。望大家在阅读时细细品味！

是为序。

（作者系人民日报社高级编辑、人民日报海外版原副总编辑）

# 前　言

周向前

正值2022年春天到来之际，姚赣南、常亮的《采编实用技巧88讲》一书问世了，可圈可点，特致祝贺！

姚赣南是人民日报海外版原培训部主任，常亮是人民日报所属中国城市报编委。长期以来，两位作者深入学习研究新闻理论并付诸实践。这本著作，是作者新闻实践经验的总结，是宣传干部学习采编的好教材。

读罢书中的文章，我体会颇深。主要有以下五方面的感受：

一是本书作者的知识面特别广，对新闻的理解相当深。书中的内容，包含了新闻理论、新闻业务、新闻史、新闻心理学、新闻人才学等各方面的介绍与分析。从中可以看出，本书作者的确读了不少书，功底扎实，有相当高的理论水平，而且能消化这些理论的内容，用深入浅出的语言向读者一一阐述，娓娓道来。这本书，是新闻集大成的著作，内容十分丰富，每一讲都是一堂生动的新闻课，值得一读。

二是课程与实际结合得非常紧密，实用而耐用。书中有"怎样发现新闻？""新闻选题从何入手？""怎样改稿？"等精彩内容。许多基层通讯员体会到，按照文章中的方法去采访、写作、编辑，简单便捷，效果很好。这是与本书作者具有丰富的实践经验分不开的。书中讲的理论，不空洞；讲的实战方法，可以在实际工作中派上用场。因此，这些文章能够受到大家的欢迎。

三是作者与通讯员的关系很好，十分关心通讯员的成长与进步。他俩在年轻时都当过的基层通讯员，知道通讯员的优势与短板，了解他们的酸甜苦辣。为此，在写文章时总是换位思考，站在通讯员的角度来加以论述。"通讯员们提出了哪些问题？""怎样成为一名合格的通讯员？"等文章，都是面对通讯员写的，通讯员们感到特别实在。

四是本书作者十分勤奋，不断地学习新知识，笔耕不辍。他俩一直坚持读书，坚持写作，坚持讲课。在一年中，给学员们介绍了20多本新闻学著作，一年写的文字达20万字以上，即使在新冠肺炎疫情期间还讲了多次网课。

五是本书能够紧跟融媒体时代步伐，努力探索融媒体时代社会舆论格局与新闻采访写作的新特点。书中"遇突发事件怎样应对？""说说媒介素养与网络舆情""网络新闻如何做得更有深度？""抵制网络低俗语言"等篇章，对宣传干部努力提高媒介素养、学习新媒体、管理好新媒体、引导好舆论提出了很好的建议。

作为华文融媒云CEO的我，为有像姚赣南、常亮一样的许多优秀媒体人热情支持我们工作而感到高兴，信心倍增。

本书作者邀我写'前言'，实有力不从心之感，但又不便推托，于是写了以上的话，作为对本书出版的热烈祝贺吧！

（作者系中国企业报协会副会长兼常务副秘书长、华文融媒云CEO）

# 第 1 部分

# 怎样迈出新闻写作第一步？

# 第一讲：从零起步，走上新闻写作之路

北京的两位资深记者在撰写"说说我的首发稿"征文时，如实地"揭短""亮丑"，严于解剖自己的作品，以此来警醒新闻人。

一位资深记者说："我当报道员后的首篇见报稿，是一篇严重失实的虚假报道。"

另一位资深记者说：首次"发出报道却非常不理想。一是稿子被老同志改成了大花脸，二是新闻发出没有被采用，放了空炮"。

首发稿虽然失败了，但是经过长期的刻苦学习与新闻实践，他们从"走麦城"到"过五关斩六将"，写出许多优秀作品，成为杰出的新闻工作者。

看来，要迈出写新闻稿的第一步，是有一定难度的。但是，"没有比人更高的山，没有比脚更长的路"，只要勇敢地迈出第一步，就能纵横驰骋，笔下生辉。

**硬着头皮把稿子写出来**

大凡迈不出写新闻稿第一步的人，都是因为在写稿前考虑太多，有着各种各样的顾虑和担心："写出来稿子领导会不会看不上啊？""同事们看到会不会笑话啊？"有的人甚至怀疑自己："我是不是写作这块料啊？""与记者、文学家比，我不是在胡思乱想吗？"还有的人一提起笔，就觉得毫无头绪，无从下手，无话可写，脑子一片空白。

这一切，都是缺乏自信心引起的。

有位哲人说过："一个人，从充满自信的那刻起，上帝就在伸出无形的手在帮助他。"要学习写作，必须从树立起自信心开始。要知道，语文对于一个人来说，是关乎到一生的问题，无论你是学文科还是学理科。写作，是经常会遇到的实际问题，哪怕是你写一张请假条还是写一份年终总结，都要求有较强的文字表达能力。大文豪、大记者也都是从"豆腐块"开始写的，一篇获奖作品的后面，有着几百篇辛勤汗水堆积的稿件。只要我们有自信心，它就会激发我们写作的激情与生命的力量。

所以，你要迈出写作的第一步，就要硬着头皮把稿件写出来，要坚定地相信："我能！"

可是，当拿起笔的时候，又会遇到文章怎样开头、怎样把它组织起来等具体问题。怎么办？有一个简单的办法也许可以解围：你可以在白纸上写上什么时间、什么地点、参加人员、什么事情、什么原因、现在情况怎样、自己心里怎么想的、别人怎么议论的等内容，一条一条分开写。把这一条条列出来后，再把它们串起来，这就是文章的雏形，是文章的骨架。

有了一个雏形，事情就好办了。该加风景描写的地方加上，该插上人物对话的地方插上，该发感叹的地方发几句感叹，回想起有关历史材料的地方加点背景，再巧妙地排列组合一下，这样文章就有血有肉了。

"合抱之木，生于毫末；九层之台，起于累土；千里之行，始于足下。"从"不敢写"到"敢想"，就是迈出了关键的一步。"雄关漫道真如铁，而今迈步从头越"，勇敢地踏上写作征程吧！

**把阅读与写作当成习惯**

什么是写作？写作就是把自己的见闻与感受用文字表达出来。

在如今的互联网时代，人人都可以拿起"麦克风"，人人都有微信，人人都可跟帖，都有发言权，可以个性化地自我参与、自我表达、自由发声。自媒体的开放，为写作敞开了一扇大门。写作再也不是作家的专利了，而是成为大众日常生活中的一部分。

通过写作，直抒己见，放飞心情，互动演绎。无论是写微信也好，点赞一下评价也好,无不是在进行写作。写作使我们加强了与外界的沟通,与认识的朋友交流,也与从未谋面的网友讨论。是写作把大家联系在一起,互相了解,共同提高。我们的一些学生就是从来没有见过面的,但是,这一点也不影响我们在网上探讨问题,互相交流,互相学习。

"扁担从竹笋长大,博学从无知起步。"为了一步一步提高写作水平,加强阅读是必不可少的一个环节。有人会说:"我天天手机不离身,天天在看,写作水平也没有提高多少啊!"究其原因,虽然你似乎掌握了一大堆"碎片化"的知识,但系统化的知识太少。"碎片化"的知识需要有一点,但总得系统地学点什么。"书籍好比河流,使人四通八达。"为此,笔者建议学员每月读一至三本好书,一年可读二三十本书,肯定会有不同的体验。

读些什么书呢?新闻、历史、哲学、传记、诗歌、散文均可。

边读书边写作边交流,你的写作水平就可以迅速提高。当你把阅读与写作当成生活的组成部分时,每天清晨和晚上都能坚持一两个小时写作或阅读的时候,你会感到你正由内向外发生着可喜变化,成了你自己真正想要成为的人——一个充满能量、充满活力的人。

**学习基本概念与写作技巧**

在增强了自信心和阅读量后,在写作过程中学一些新闻基本概念与写作技巧是十分必要的。

关于实用新闻学的书很多,可以选择性地买几本看看。在读新闻学的书时,笔者建议遵守以下的"三要三不要"和"八项注意"。

"三要三不要":一是要有选择地读,不要盲目地读;二是要专心地读,不要走马观花地读;三是要结合实际读,不要死读书,读了要去实践。

"八项注意"即是把以下8点作为阅读时掌握的重点:

1. 加深对新闻的理解。知道什么是新闻,什么不是新闻。知道新闻与公文的区别。知道新闻最关键的两点:真实性、时效性。

2. 知道新闻的五要素:何事、何人、何时、何地、何故。有时还要加上一个"怎么样"。

3.知道新闻包括多种体裁和形式：消息、各种通讯、评论、新闻图片等，努力学习并加以运用。

4.培养自己的新闻敏感，善于发现新闻线索，甚至在上班下班、吃饭、出差、旅游等场合，都能发现新闻线索。

5.通过观察、访问、调研积累新闻素材，找准新闻角度，从打好"腹稿"到"胸有成竹"，成功地写出新闻稿。

6.在实践中逐步认识新闻除了"新"和"真"之外，还有其他一些特性：重要性、接近性、奇特性、趣味性等。

7.学会导语的写作方法，写出短小精悍而生动的导语。

8.学习制作标题的技巧，使标题像磁铁那样牢牢地吸引编辑和读者的注意力。

此外，在看报刊或网页时，要认真研究传播媒介，阅读并了解各种报刊、网站的结构、专栏设置、报道风格、征稿启事、出版或播出周期、投稿方式等，做到有的放矢，提高上稿率。

至于"如何丰富词汇""如何修改文章""文章如何结尾""如何安排文章结构"也很重要，可以慢慢摸索掌握。

新闻是一门实践性很强的科学。只有把理论与实践结合起来，坚持天天写，经常写，虚心向有经验的老师与同行请教，多比较，勤练笔，才能进步得越来越快。

**树立写出精品的雄心壮志**

学会写稿之后，不能只求数量，不顾质量。在写作时，不但要树立"发表意识"，还必须树立"精品意识"。

记者的新闻作品是他各方面水平的标志，包括认识能力、思想水平、写作水平和毅力。名记者之所以能写出精品，是因为他有一种精神、一种追求，他能坚持扎根人民，面向大众，肩扛重任，承担起时代使命和社会责任。"铁肩担道义,妙手著文章。"当记者把汗水、泪水变成墨水,带着深厚感情写作,精品就出现了。

带着"精品意识",多出"匠心之作",看起来是一件苦差事,会遇到许多困难。但是,在遇到困难的时候,想想高玉宝、吴运铎经过多少磨难,终于成为著名作家;想想张海迪从 5 岁起就高位截瘫,经过奋发努力,创作和翻译的作品超过 100 万字。我们眼前的这点困难又算得了什么?

困难对我们来说是一种挑战,灵感是从来不会拜访懒汉的。当我们经过努力,稿件能够在市级、省级、中央级的报刊或网站上发表;当我们出版了属于自己的专著;当我们用文字传播知识和情感,对读者有所增益;当我们的文章能够创造出巨大社会价值的时候;我们的全身就会充满生命的能量,我们的生活会变得更有意义。

写作像生命中的一点亮光,温暖着前行的你和我。怕攀登高峰的人,只能永远在洼地里徘徊。勇敢地迈出写新闻稿的第一步吧!从此开始,笔耕不辍,海阔天空!

# 第二讲：怎样发现新闻？

初出茅庐的记者到一个地方往往喜欢问这样一个问题："你们这里有什么新闻？"别人一说，他一记，回来就整理出一篇新闻稿，见报了。或者他参加新闻发布会和记者招待会，拿到一篇通稿，改几个字，署上自己的名字，发表了。长此以往，稿子虽然发了不少，但写作水平提高很慢，也写不出什么精品，很难成为优秀记者。

新闻是什么？是人们想知道、应该知道而还未知道的真实情况。如果大家都知道了的一件事，哪还叫什么新闻。新闻要靠发现，能发现新闻的记者才是好记者。

**发现新闻靠观察**

观察，对于采访也好，对于科学研究也好，都有着至关重要的作用。细心观察、善于观察，就能让头脑开窍，点亮灵感，创意连连。

生物学家达尔文经常观察动植物和地质结构的形态和变化，最终成为进化论的奠基人。生理学家巴甫洛夫说："自己动手，自己动脚，用自己的眼睛观察——这是我们实验室工作的最高原则。"

大文豪苏东坡就是一个善于观察的人。他的诗句"横看成岭侧成峰，远近高低各不同"，就是从多方位、多角度观察的体验。诗中的横、侧、岭、峰、远、近、高、低，各个部位都观察到了。他的另一首词《念奴娇·赤壁怀古》也是以观察开头的："大江东去"是向东看，"故垒西边"是向西看，"乱石穿空"是向上看,"惊涛拍岸"是向侧看,"卷起千堆雪"则是向四处散发看。然后,才得出"江山如画"的感慨。

鲁迅说过:"如要创作,第一须观察。"名记者范长江以独特的观察视角和优秀的采访成果写成了《中国的西北角》一书。

如今,到一个单位去采访写新闻稿,首先要细心观察这个单位的环境,工作状况,人们的精神面貌、生活、娱乐状态等。腿要勤快,多走多看,在观察中加深自己的感知,使之成为发现新闻的基础。

用眼睛观察的方法很多,"翠竹苍梧仔细看"是看,"一日看尽长安花"也是看。只有细致观察,通过点面相结合、动静相结合、远近相结合、表里相结合的观看,才能抓住事物的特征,从平凡中发现不平凡,才会有新的发现、新的感悟和联想,就有了新闻。

目前,在许多地方和单位,并不是没有新闻、缺少新闻,而是采访者缺少认真的观察,缺少细心的发现。如果我们眼力大增,拥有一双善于观察的"慧眼",就会感受到有许多可写的东西,就有了写作的欲望。

**捕捉新闻靠思考**

观察到一个动物,离开抓到这个动物还是有距离的,还得有一个过程。从观察到捕捉,要靠思考,要想出一个捕捉的办法来。

写新闻也是这样,要勤于思考,想一想你要写的这条新闻中有什么亮点,有什么能触动人心的地方,有什么新鲜感,有没有新奇与趣味,对推动社会发展有没有作用?新闻敏感度高的记者知道什么事情新闻价值大,什么事情没有新闻价值,所以他能合理取舍,精益求精,写出有质量的稿子。选择,是思考的结果,也是行动的开始。

记者在仔细观察后,还要认真听,善于问,甚至用鼻子闻,用手触摸,透过表面现象抓住事物本质,看全局,接地气,方能捕捉到好新闻。

如今,新闻界比较提倡写"现场短新闻"。记者通过深入新闻发生的现场,运用视听、录音、拍摄等多种手段,捕捉一个片断、一个现场,给予具体形象的报道。现场短新闻的要求：有效信息量大、宣传价值高、审美价值高、社会效果好、现场感强、短小精悍。许多思维敏捷、腿脚灵便、勤于采访、写作快速的记者，在这个领域大有用武之地。

在捕捉新闻的过程中，会发生一些意想不到的情况，或者遇到与以前的选题不符合的情况。这时，记者就要开动脑筋，多问几个"为什么"，及时改变对策。增强脑力，记者就能拓展思路，写出有新意、有深度的报道。

有一位记者在泉州采访，本来想采访当地的"情侣堤"，写一条社会新闻，想象在月色朦胧中，双双情侣在堤坡谈情说爱的情景。可是，到了"情侣堤"，往日情侣满座情况已不复存在，变得冷冷清清了。记者转变思想方式，经过采访发现，由于当地青年们晚间生活越来越丰富多彩了，住房条件改善了，经济收入增加了，许多人不到堤坡上谈恋爱了。于是，记者当晚就写出了《泉州"情侣坡"被冷落》的新闻稿，获得了第二届现场短新闻一等奖。

**写出好新闻靠笔力**

要写出好的新闻稿，笔头子要过硬。记者和通讯员是单位的"笔杆子"，握好笔杆，加强笔力，是一项基本功、一堂必修课。

加强笔力，要实现"四个转变"：一是从"不敢写"到"敢写"的转变，二是从"不会写"到"会写"的转变，三是从"写得一般"到"写得好"转变，四是从"写得不错"到"写出精品"的转变。我们只有一步一个目标地前行，努力实践，才能较快地增强笔力。

增强笔力，必须贴近群众，贴近实际，贴近生活。脚上有泥土，才能写出反映农村农民的好作品；脸上身上有尘灰，才能写出矿井或工地的好报道；与干部、群众有了深厚的感情，才能写出"走心"接地气的好文章。贴近生活对转变文风有着重要作用，它使我们的文章走出书斋，走到改革开放的第一线，走到火热的生活中，再也不是花拳绣腿、无病生吟，而是成为有担当、有温度、有道义的新时代的乐章。我的新闻界同行罗开富1984年10月16日至1985年10月19日重走长征路,爬雪山,过草地,在一年多的时间里,每天坚持写稿,写下300多篇报道,在接受精神洗礼的同时,笔力大增,重走长征路获得成功。

增强笔力,就要加强阅读,加强实践,多练多写。新闻是一座宝库,打开这座宝库的钥匙是实践,它就在你的手中。当我们把阅读与写作成为良好习惯时,写作水平就在不自不觉中提高了。

保持谦虚谨慎的作风,是增强笔力的重要条件。虚心向老师请教,向同行请教,向百姓请教,是必不可少的。现在是网络时代,我们既要向《人民日报》《光明日报》《经济日报》这样的大报学习写作思路与笔法,也要向网络上许多平台上的文章作者学习,扬长避短,取长补短,克服千篇一律的写作手法,把文章写活,写得生动有趣。

增强笔力,要有把握"多把刷子"的能力,既会写消息,又会写通讯,还会写评论,会写各种公文,甚至还可以写写散文、诗歌、报告文学、小说。当你十八般武艺样样精通时,写作将成为一件快乐的事、一件幸福的事、一件有益身心健康的事。

# 第三讲：新闻稿除了时间新，还可写什么"新"？

新闻是什么？是新近发生事实的报道。为此，新闻必须时间新，要尽快获得，尽快发出，尽快让读者看到。记者之所以要"抢新闻"，就是想在第一时间把新闻稿发出去，把握住"首发效应"。笔者在人民日报当编辑值夜班时，有时等一篇稿件要等到凌晨，就是为了拿到最新的消息，让它在第一时间见报。

对于新闻的时效性，许多记者熟记在心，时时提醒自己注意，这是一个很好的习惯。然而，新闻除了时间新，还有许多别的"新"。理解了这一层含义，可以迅速打开我们的写作思路，拓宽写作题材，你顿时觉得可写的东西多起来了。

**从游长城谈"新角度"**

写新闻时选好一个新的角度，选一个别人没选过的独特角度，往往会收到良好的、意想不到的效果。

比如，你到八达岭长城去写新闻，就有许多角度可供你选择：写长城的风景与游客，写长城的历史及现状，写长城周边的绿化，写长城旅游点的纪念品，写在长城脚下吃饭，甚至可以批评有人在长城上乱刻乱画、乱扔果皮纸屑等不文明行为……有了这些选择，你只要把握好一个角度，细心观察，调查访问，就能写出一篇好稿子。

摄影师是十分注重抓角度的，同样一个景，同样一个人，因选取的拍摄角度不同,照片效果就会不同。抓角度的技巧在于紧紧抓住拍摄的主体。写新闻稿也是这样,抓住了能表现主题的这个角度,就使文章有了主心骨,就是一篇好文章。

人民日报记者刘衡写过一篇稿子《妈妈教我放鸭子》(刊登于《人民日报》1983年12月12日)。这篇稿子是刘衡访问一位年仅18岁的全国"三八"红旗手。她巧选角度,运笔独特,采用第一人称自述的口吻与读者娓娓道来。文中采用通俗的民谚、民谣,融思想性于知识性、趣味性之中,展现了一幅色彩斑斓、清新明快的放鸭图。这篇报道被读者称为"一篇把平常事写得大放异彩的佳作"。

**从曹操墓说"新发现"**

许多事物看起来很陈旧,是老皇历了,没有什么新闻价值。然而,一旦有了新的发现,那就是写新闻的时机到了。

曹操墓是历史,然而,发现曹操墓就是新闻。关于河南发现曹操的墓的新闻,近几年常见报端。安阳发现的曹操墓究竟是真墓还是疑冢?一直存在不同的争议。民间比较流行的说法是,曹操生性多疑,一共修建了72个疑冢,真正的曹操墓很难发现。但是,有许多专家认为"安阳曹操墓"是真的。看来,在争论中,这个"新发现"的新闻还可以继续报道下去,还会不断引起读者的兴趣。

长沙马王堆是公元前100多年西汉时期的墓地,沉睡了2000多年了。在发现之前,它是个旧事物,是历史;一旦尘封开启、被人们发现之后,它立刻成了大新闻。从墓内的棺椁、丝织品到漆器、中草药,3000多件遗物,可写的新闻太多了。2013年5月,马王堆汉墓被列入第七批全国重点文物保护单位。2016年6月,马王堆汉墓被评为世界十大古墓稀世珍宝之一。

为此,我们要练就一双"慧眼",在看似陈旧、司空见惯的事和人中发现新闻。一旦发现,追踪下去,开动脑筋,把它写出来,就成了新闻稿。

**从抗疫看"新人物"**

在抓新闻中,抓住"新人物"十分关键。

在抗击疫情的战斗中,无数抗疫英雄奔赴前线顽强地与病毒作战,他们奉献自己,守护每个人的健康和生命安全。在以前,他们中的许多人可能就是普通的医务工作者,从未上过新闻稿。但是,这一次他们成了"新人物",应该大书特书。在这里面,有多少动人的故事可以写啊!

同样,在各单位里,时时会涌现出一批"新人物"。他们有的是技术创新的能工巧匠,有的是助人为乐的贴心大姐,有的身残志坚的无畏勇士,有的是埋头苦干几十年的老黄牛,有的是冲锋在前的时代弄潮儿。这些最先朝气蓬勃投入新生活的人,他们的命运是令人羡慕的。把这些"新人物"精神面貌和行为报道出来,可以大有作为。

新华社原社长穆青就是一位写"新人物"的高手。他的人物通讯得到读者很高的评价。穆青报道的焦裕禄、王进喜等人物的名字,几乎无人不晓。他笔下的人物大都是中华民族的脊梁,即使是写凡人小事,也是与国家民族的命运结合起来。这种能感染读者的人物报道是很受欢迎的。

只要我们紧扣时代脉搏,以深刻的思想内涵和高昂热烈的感情,就能写好"新人物",奏响时代的主旋律。

**从脱贫看"新经验"**

"经验为才智之父。"各单位在做工作总结时,常常会总结出一些新的做法、新的经验,这就是很好的新闻素材。把这些新经验加上新闻的时间、地点、人物等要素,加上生动的描写和人物对话,就能成为一篇好的新闻稿。

我读过一篇新闻报道,题目是《精准脱贫的"延安答卷"》(刊登于《人民日报》2016年3月21日)。在这篇报道中,作者用了3个小标题,它们分别是"托底""助力""自强"。细细读后,发现实际是在宣传当

地精准脱贫的3条"新经验":

经验一：精准识别出真正的贫困人口后，再分析出致贫的根本原因，汇总形成贫困户有档案卡、村有册、乡有档、县有精准的信息系统。

经验二：财政作保障，更要用好政策"组合拳"。

经验三："合作社＋贫困户"扶贫模式正逐步走向目标明确的"定制化"，精准扶贫也激励着农村专业合作组织健康发育成长。

"经验是最好的老师。"看来，把"新经验"写成新闻稿，不失为一个好办法。

**善于发现"新问题"**

新闻是什么？是真实，是问题，是矛盾，是焦点。新闻要有深度、锐度，发现"新问题"，找到问题的根源，提出解决的办法，这是记者的一条重要使命。

在弘扬主旋律、传播正能量的同时，许多记者和通讯员能直面存在的问题，直面社会的丑恶现象开刀，激浊扬清，针砭时弊。我在读《人民日报七十年通讯选》一书时，就读到了《沉重的代价换来什么》《决策为何连连失误》《矿难瞒报何时了》《追问紫金矿业污染事件》等多篇报道。这些文章既找出了问题又推动了问题的解决，它使社会肌体更加健康，成为媒体进行舆论监督的实例。

除上述的"新"之外，新事件、新成就、新动向、新观点、新预告等，都是我们可以开拓的领域。

"攻关有路志是梯。"只要我们大胆地投身于时代的浪潮，深深扎根于群众生活的土壤之中，那么，一大批活生生的带着"新"的报道就会涌现在我们的脑海中，就会激起我们强烈的写作欲望，就能促进我们成为讴歌新时代、谱写新华章的优秀新闻工作者。

# 第四讲：观察体验是作文之关键

观察与体验是写作中的重要环节。

写作高手都是在日常生活中细致观察之后，掌握了丰富的素材，进行了精妙的构思才动笔的。因此，他们写出来的作品能抓住特点，真实生动，把握本质。

我国古典四大名著《三国演义》《水浒传》《西游记》《红楼梦》的作者是罗贯中、施耐庵、吴承恩和曹雪芹，他们都是对生活观察极其细致又有亲自体验的人。他们正是因为通过观察体验、认真思考、勤于写作，才达到了写作的高超境界。

**罗贯中从民间艺术中汲取养分**

《三国演义》的作者罗贯中元末明初人。他从14岁起就随父亲去苏杭一带。当时的杭州是南方热闹的贸易港口和经济中心，当地市民文化相当发达。罗贯中与许多剧作家和艺人交往频繁，常在一起聊天、讲故事。他还曾到农民起义军张士诚幕府做宾，对军事情况有所了解和熟悉。

在这样的环境里，罗贯中细心观察和揣摩着，对各种杂记、遗闻轶事、野史小说、民间传说及民间艺人创作的话本、戏曲进行研究，从而在心理、智谋、公关、人才、军事方面阅历不断长进。"对于有心人，没有什么东西是无用的。"他搜集了数以百计的大小故事，用其卓越的文学才华使这些故事从情节到语言都得以升华。

罗贯中由于生活在社会底层，了解和熟悉人民的疾苦，期望社会稳定，百姓安居乐业，结束动荡悲局，最终写出了《三国演义》这部小说。

### 施耐庵寻虎写虎生动逼真

《水浒传》的作者施耐庵比罗贯中年长二三十岁，是罗贯中的老师。

施耐庵隐居写《水浒传》这部小说时，在当地结识了许多农夫、猎户和盐民，这些人生活中的许多生动、惊险、有趣的故事，成了施耐庵创作的素材。

《水浒传》中写了不少老虎与人的故事，有景阳冈武松打虎、李逵在沂岭连杀四虎、解珍解宝兄弟射虎等，都写得形象逼真、栩栩如生。为了写好老虎的威猛样子，施耐庵与猎户交上了朋友，在与他们的聊天中了解老虎的生活习性、动作特点，以及猎户与老虎搏斗的场景。

为了看到真的老虎，他常常一个人跑到深山老林里，爬上一棵大树，观察等待老虎的出现。在一个月夜，他听到了虎啸，看见一头老虎直奔而来。老虎的跳跃、捕食均被施耐庵看到了，他兴奋不已，随即画了一张草图，并记下了当时脑海里蹦出来的灵感词句。以后，他还多次跟着猎户去深山打猎。因此，他写出来的老虎才能那样逼真生动。

### 吴承恩为孙悟空找老家

《西游记》的作者吴承恩自幼聪明，喜欢绘画、填词及爱看神仙鬼怪、狐妖猴精之类的书。

《西游记》这部小说一是幻，二是趣，创造出一个神奇绚丽的神话世界。为了写好孙悟空，吴承恩想到了应当给孙悟空找一个"家"，即居住之处。他先到云台山，又上蔷薇峰，这里鲜花满地，树上挂着各种果子，香溢四方。通过询问当地老者，他找到了山脚下的一个奇妙的石洞。进山洞后他发现，这里洞中有洞，变幻莫测，别有洞天。从此之后，吴承恩天天到蔷薇峰的山洞，琢磨着猴王孙悟空在这里生活的种种情景。

有一天,乌云密布,下起了倾盆暴雨。山洞上方水流汹涌而下,形成一个巨大的水帘。坐在山洞内的吴承恩灵感即至:好!就把这个洞叫作"水帘洞",把这座山叫作"花果山",这就是孙悟空的老家!吴承恩就是通过这种认真观察体验,才把《西游记》写得如此精彩。

### 曹雪芹把水果"胡斯赖"当人名

《红楼梦》的作者曹雪芹原先是一个贵族子弟。他的曾祖曾任江宁织造,是豪门之府。后因皇室内部的纠纷牵连曹家,不但被革了职,还被抄家。那时,曹雪芹是个10岁的孩子,幼小的心灵受到很大打击。

回到北京老家后,生活越来越穷,曹雪芹只能在西郊几间简陋的屋子里读书,有时只好喝点薄粥充饥。从富裕豪门到贫穷潦倒,巨大的反差促使曹雪芹决定写一部《红楼梦》,写一部贵族大家庭贾家从兴盛到衰落的故事。

为了能随时记下精彩的情景,他走路时背一个大包袱,内放纸、笔,有灵感时便找块大石头当桌子开始写作。

《红楼梦》中写到贾府来了几个清客,曹雪芹把其中一个取名为"胡斯赖"。这个"胡斯赖",其实是北京香山地区的一种水果。这种水果是苹果和槟子嫁接而生成,样子非常漂亮,可是味道却很干涩难吃,只适合在果盘里摆着装样子。曹雪芹住在香山附近,给清客取这个名字,就是讽刺他们是外表光鲜但没什么内在涵养的人。可见,曹雪芹观察事物是相当细致的,用在小说中又十分妥帖。

他用了10年时间,在北京西郊写这部小说,辛劳和疾病把他折磨得十分衰弱。当他写完八十回的时候,他的一个心爱的孩子得病夭折。曹雪芹深受打击,不久后离开了人世。

### 观察体验是作文的关键因素

由此可见,作文的关键因素是观察与体验。只有认真仔细地进行观察和体验，才能对事物有所熟悉，才能抓住它的特点，才能把握住实质，写得准，写得实，写得深，写得生动，写得感人。

在观察中，要用眼睛，更要用脑子，要勤于思考，看在眼中，记在心中，凝聚在笔端。如果只是天天坐在屋子里东想西想，脱离实际生活，闭门造车，空发议论，是不可能写出好文章的。

"给人深刻印象的叙述，乃是文风第一位的东西。"罗贯中、施耐庵、吴承恩和曹雪芹的故事说明，只有经过长期的观察与体验，观察到别人尚未看到的东西，体验到别人尚未悟到的境界，你的才能会升华，才会写出有特色的文字，你的作品会受到广大读者的欢迎。

# 第五讲：新闻选题从何入手？

在写新闻稿的过程中，记者的写作水平固然很重要，但聪明的记者总会在选题上下功夫。在许多情况下，稿件的好坏往往取决于你是怎样选题的。

新闻需要选题。初学者并不明白这个道理，只是照本宣科地跑会、抄材料、发稿。殊不知，这样做新闻工作旷日持久，也难以提高水平。如果我们能亲身经历几次重要新闻的选题，真心投入进去，扎扎实实写出一些好报道，这种体会与成就感是终生难忘的。为此，有志于新闻者，应当研究并运用新闻选题。

**什么是新闻选题？**

新闻的选题是近几年来新闻界流行与热门词。一些媒体经常召开选题会，还专门成立了新闻选题策划部门。

选题的基本含义是指选择题材。新闻选题即选择新闻采访的题目。新闻选题使记者与具体对象之间的关系得以现实地建立起来，从而使采访活动得以有效地展开。同时，也是指在众多的题目的稿件中选出那些读者最关心的报道。

新闻选题有的是记者自己发现的，有的是集体讨论得出的，有的是上级领导布置的，不论何种选题，必须具有新闻性，具有关注度，具有可读性。既然要"选"，就不能全盘接收，有接收的，有淘汰的，要选出那些精品题目写好它。

选题就是不断发掘工作与生活中的亮点，精心筛选梳理各种题目，以确保有新闻价值的故事快捷顺畅地报道出去，而把那些无关痛痒的内容抛弃。

我们的媒体每天会接收大量来稿，有新华社通稿，有本报记者写的稿，有群众来稿，还有一些特稿。而报纸的版面有限，必须选。即使是网站，也需要筛选稿件。因此，报社的编前会、选题会都是在寻找并确定新闻报道的题目，并把它们放在适当的版面位置上。

比如，上海有一家晚报社，有一天收到两份都挺不错的稿件，一篇是《车牌拍卖均价跌至34000元》，另一篇是《内环外二手房价大幅下降》。选哪一篇放在头条呢？经过讨论，觉得后者涉及面更广，与百姓生活的关系更密切，如无其他更重要新闻，则决定以《内环外二手房价大幅下降》做头条。

有一位刚工作不久的新记者在网上求助："我没有什么经验，刚开始工作，手头也没有什么资源，怎么找选题呢？希望有经验的记者朋友多多赐教。谢谢了！"态度诚恳，言真意切。这也可能正是部分学员碰到的问题。

由于各种媒体报道的侧重面不同，各单位的报道要求不同，选题的方向也会有所不同。但以下这些共性是存在的，可以作为选题的"必答题"。

**以政策方针为导向的选题**

这项选题是经常的、普遍的、通用的。比如，宣传建设中国特色社会主义的报道，宣传弘扬社会主义核心价值观的报道，宣传扶贫的报道，宣传共同富裕奔小康的报道等，都是符合政策、方针的选题。但是，在执行这类选题时，必须防止雷同化、一窝蜂和贴标签式的报道。为此，记者首先需要吃透政策、方针的实质，并深入实际、深入群众、深入生活，把两者紧密结合起来，唯此才能选出生动而深刻的好题目。

获2016年度北京企业报好新闻一等奖《首钢成功研制"圆珠笔头用

超易切削不锈钢材料"》一文（详见 2017 年 4 月 5 日中国钢铁新闻网），是首钢记者王春亮写的。此文紧跟形势，结合经济工作会议提出的"去产能、去库存、去杠杆、降成本、补短板"五大任务，选取了钢铁工业中攻克生产圆珠笔头不锈钢这一典型事例，生动具体，振奋士气。

在 2020 年 5 月召开的全国人民代表大会上，对财政政策、货币政策、编制"十四五"规划、抗疫、减税降费、就业、创新、消费、投资、金融、脱贫攻坚、农业、教育、社保、对外开放等方面，都提出了新的要求，这些都可成为选题的内容。

**以节日纪念日为导向的选题**

这类选题方式也是报刊社和网站经常采用的，它的特点是有纪念意义、有群众的广泛的参与度、有承前启后继往开来的作用。

我国最热闹的节日是春节，最隆重的节日是国庆节，在这两个节日前、中、后，可选有关节日的各种题目来做文章，开展春节征文、国庆征文、征集图片、刊登专版等活动。

在一年之中，还有妇女节、青年节、劳动节、儿童节、党的生日、建军节等，都属于周期性的纪念日。

一些专门性的节日已逐步成为媒体做文章的选项，如教师节、记者节、护士节等。

许多中国传统的节日也是传媒施展才华的时机，除春节外，还有元宵节、清明节、端午节、重阳节、腊八节、破五、龙抬头、寒食节、七夕等。

一些国外的节日传进中国，风靡一时，引起了媒体关注，如情人节、父亲节、母亲节等。

还有一些特定的日期，各媒体可根据自身的需要及读者的情况，予以关注。如 3 月 15 日消费者权益日、4 月 26 日世界知识产权日、5 月 12 日国际护士节和全国防灾减灾日、6 月 23 日国际奥林匹克日、9 月 20 日全国爱牙日、12 月 1 日世界艾滋病日、12 月 13 日南京大屠杀死难者国家公祭日等。

节日、纪念日对各媒体是一样的，大家都可用，关键是看你怎么来做文章。适时地推出征文、专栏、专版、人物专访、特写、解释性报道、深度报道都不失为抓住机会的好办法。不过，写这类报道易发生"年年岁岁花相似"、老调重弹的情况，这是应当避免的。

2014年12月13日，首个南京大屠杀死难者国家公祭日，成为国内外关注的焦点，各类媒体竞相报道的热点。中国江苏网精心策划，及时推出大型专题《祭·忆——南京大屠杀死难者公祭日》。专题紧扣"国家公祭"主题，从"祭奠"与"记忆"多维视角切入，在历史、现实和未来的交汇处触摸祭奠缅怀的痛点，于昨天、今天和明天的角度，创新表达"国家公祭"这一深刻主题。在2015年第二十五届中国新闻奖评选中，这条新闻被评为一等奖，成为以纪念日为导向的报道范例。

**以有影响的事件为导向的选题**

这类选题可以是突发事件，也可以是大家经常关注的事件。以下这些关键词都可作为以事件为导向的选题，如抗疫、公共卫生、就业、脱贫攻坚、两岸、三孩、减税降费、房价、5G、电商、反腐、反毒品，等等。

中央人民广播电台的《巡航钓鱼岛亲历》新闻作品，面对钓鱼岛问题的尖锐复杂，以记者亲历第一现场贯穿全篇，用环境音响、当事人口述、口播，生动地体现中国海警编队在钓鱼岛海域维权执法的场面，把握了舆论主导。

《解放军报》的《寻访甲午战争遗址·国耻十思》系列报道，从国殇、作风、海权、创新、忧患等多个角度，通过历史与现实、思想与事例的有机结合，对甲午战争进行了全景式、多层次、宽领域的深入梳理和总结，是对国家命运的追溯，更是对军人使命的追问，把对国殇的反思推向了一个新的高度，网上阅读量突破2000万。

**以某种社会现象为导向的选题**

大学生就业、医疗改革、农民工子女上学、走路看手机、开车不系安全带、空巢老人、金融诈骗、老人摔倒扶不扶、乱停车、校园凌辱现象、旅游不文明、各种浪费等，都是社会现象，都可作为选题。

前几年，中央电视台播出了《你幸福吗》的节目，由于这个问题出得不理想，一些人难以回答，弄出了一些笑话。

后来有了改进，中央电视台又推出《新春走基层·家风是什么》社会问题节目，通过脚踏实地的采访、客观真实的纪录和大胆创新的手法，在向海内外观众生动展示中国社会主流价值观、普通百姓"家国情怀"的同时，也展示了主流媒体强烈的社会责任感，播出短短 8 天就在海内外产生了极大反响，网民点击和转发量数以亿计，仅在央视新闻微博中，网民的点赞就达 60 多万条，跟帖评论成千上万，受到好评。

**新闻选题的灵魂与核心**

新闻选题的灵魂是新闻敏感，新闻选题的核心是新闻价值。如何才能有新闻敏感？如何增强对新闻的鉴别力？记者必须通晓受众的心理需求，做到"三贴近"，立足全局，深入一线，捕捉新闻典型，提炼出符合时代要求的信息。

新闻敏感不是天生的，它是在长期的新闻实践的磨炼中获得的。新闻选题要挖掘本质，要深挖细究出隐藏在事物中起决定作用的事实来进行报道，这样的报道才具备新闻价值。

新闻线索只是新闻选题的萌芽与渠道，是指新闻事物表现出的某些信号或迹象，并不是题目本身。上级精神和指示、记者主动发现的事物、通过新闻媒介相互传递的共享信息、新闻热线、受众来访、新闻多发区的信息都会产生新闻线索。新闻线索多，质量高，渠道通畅高效，顺藤摸瓜才能最终确定选题。

# 第六讲：反对"按图索骥"，赞赏"顺手牵羊"

**两个成语故事的由来**

怎样才能找到一匹好马？中国古代《伯乐相马》的故事是很出名的。伯乐是一位识马专家，为了让更多的人识马，他写了一本图文并茂的《相马经》，让人们一看即可识马选马。他的儿子不得要领，生搬硬套，认为癞蛤蟆的样子符合书中好马的描述，闹了笑语。

这个成语本意是含贬义的，说的是做事拘泥于成法，不能灵活变通。后来，这个成语用于正面的叙述多起来了，如："你带着地图，只要按图索骥，很快就会找到露营的地方。""来到这化石博物馆，大家打开图册，按图索骥地比对各类化石吧！"

至于怎样才能得到羊？有一个成语叫"顺手牵羊"。这个成语出自《礼记·曲礼》，文中有一句话："效马效羊者右牵之。"这里的"效"是进献的意思。说的是用右手牵着马和羊就能很方便进献，不费力。后来，这句成语演变成了乘机顺便取走他人财物。在"三十六计"中第二套敌战计中，最后一计即为"顺手牵羊"。

如果我们把写出的新闻稿当作"马"和"羊"的话，要获得的办法是"按图索骥"好呢，还是"顺手牵羊"好呢？

**总编辑赞赏"顺手牵羊"**

在1994年6月的一天，人民日报的一名记者顺手拍了一张国家领导人和中央电视台记者交谈的照片。这张照片很鲜活、很亲切,反映了中央领导对记者的关心,被编辑看中,很快就见报了。可是,这位记者却说,我"本意不在发稿",是随手拍的。看来,他还是带着一些旧观念,认为只有"一本正经"拍的照片才能见报,随意抓拍的难登"大雅之堂"。

人民日报时任总编辑对这件事发表了看法。他说,"天涯何处无芳草",在记者的眼皮子底下,到处有新闻,问题是能否发现,发现了能否抓住。我反对当"按图索骥"的记者,即采访之前向领导要题目、要路子、要点子,带着框子到下面去套;而赞赏能够"顺手牵羊"的记者,即在采访某一新闻过程中,突然发现另一新闻,立刻敏感地抓住。这种顺手牵来的"羊",往往比按计划去采访得来的更新鲜、更生动,因为它是记者用自己的眼睛发现的。

当然,这里指的"顺手牵羊"不是指乘机拿走别人的材料,而是记者依靠本人的新闻敏感捕捉到了好新闻。

**一枚小徽章成了"羊"**

是的。记者只有用自己的眼睛去发现新闻,才能写出独具一格、与众不同的稿件,才能出彩。

有一次,有一位记者"按图索骥"到县里去采访教育工作。教育局长抱来一大堆材料,谈了半个下午还是没有什么有价值的材料。

在教育局长即将离身时,记者却"顺手牵羊"地牵到了一个线索。记者看到了局长胸前挂的那枚小徽章。一问,原来是"教龄纪念章"。于是,记者又与局长谈了起来。

在深入交谈中,记者得知这枚徽章是县委决定制作的,分为教龄25年、30年两种,由县委书记、县长亲自为老教师颁发。县委还规定了这两种教龄以上的教师相应的物质待遇。

记者心想,要提高教师地位,增强荣誉感,鼓励安心工作,这一枚小徽章反映了一个大政策。于是,他把这件事写成新闻稿,很快在《光明日报》头版登出,新华社发了通稿,全国各地纷纷效仿,一时影响很大。

**看刘伯温怎样牵"羊"**

古人写文章也常用这种"顺手牵羊"之法。

元末明初著名的政治家、文学家、明朝开国元勋刘伯温,他写过一篇文章《卖柑者言》,假托卖柑者的一席话,深刻讽刺了世间邪恶现象。

他写这篇文章的起因,完全是"顺手牵羊"的结果。那一天,刘伯温去逛市场,被一份鲜润的柑子吸引住了。买了几个后,打算尝尝鲜,打开一个一看,里面竟如破棉絮一样,不能吃了。他愤怒地指责卖柑者,怎么可以卖这种柑子?没料卖柑者却讲出"世之为欺者不寡矣,而独我也乎?吾子未之思也"一番言论。

卖柑者从那些佩戴虎形兵符、坐在虎皮上的将才,说到戴着高帽子、拖着长长带子文官,说他们盗贼四起却不懂得抵御,百姓困苦却不懂得救助,官吏狡诈却不懂得禁止,法度败坏却不懂得治理,奢靡地浪费粮食却不懂得羞耻,真是外表如金似玉、内心破败得像破棉絮。

刘伯温受到启发,回到家中,放下柑子,写下了《卖柑者言》一文,流传至今。刘伯温正是从生活的细节中抓住了一个主题,才写出了立意高远、寓意深刻的好文章。

**从一草一木中看大局**

一滴水可以折射太阳的光芒,一件小事可以表现出深刻的内涵。"按图索骥"式的采访与写作,循规蹈矩,四平八稳,虽然也能写出稿子,但总觉得缺少点灵气,显得大路与平淡。

初入媒体之人,往往会就事论事去采访写作;而当记者成熟与老练之后,便能努力从一草一木之微、一砂一石之细中看到事物的大局与规律。

由此可见,要做到从"按图索骥"到"顺手牵羊"的转化,必须加强政治修养、文化素养,努力提高思辨能力和写作水平,唯此才能牵到更多的"羊",才能写出更多鲜活生动的新闻作品。

# 第七讲：怎样培养新闻敏感？

一批记者和通讯员去参加采访活动，结果有人成功，有人不成功；有人写出了好稿子，有人却写得像一笔流水账，没味道。这是什么原因呢？这里面，固然有文字功底深浅的问题，但最主要的是新闻敏感度不一样。

**什么是新闻敏感？**

什么是新闻敏感？新闻敏感是指从事新闻工作的人在采写新闻时，能够既快又准地抓到有新闻价值的内容，并把它写出来。就是说，他不仅眼睛尖、鼻子灵、脚步快，而且善于动脑子，有灵感，巧捷万端，一下子就能把有价值的新闻抓到手。

怎么样的新闻才是有价值的呢？除了真实、新鲜之外，还要看这条新闻能不能对社会进步有促进作用，对人们的思想有没有激励与指导作用，是否能引起读者的兴趣。

新闻敏感是从事新闻工作的记者和通讯员必须长期坚持的一项素质。它既是知识、经验的积累，又是政治、业务水平的表现。敏感，就是反应要快，不能迟钝，不能动作太慢，更不能无动于衷，而要快捷的领悟，准确的判断。

在一次次的采访实践中，会遇到许多人、许多事、许多问题。如何在复杂纷繁的事物中找出那个"亮点"？这是对新闻从业人员的实际考验。

## 从五个方面验证

怎样在实践中检验自己有没有高度的"新闻敏感"呢?可以从以下五个方面加强锻炼并得到验证:

1.看看自己是否有"以小见大"写新闻的本事。

"以小见大",即把一件看起来的小事情围绕着大主题来写。这样的文章比那些空喊口号、套话连篇的文章要精彩,能为读者接受。

在这场抗击新冠肺炎疫情的战斗中,出现了许多好新闻。四川省广元医务人员赵英明的事广为传播。2020年1月28日,赵英明从广元赴武汉支援抗疫,坐大巴车出发时,她的丈夫小蒋在车下喊:"赵英明,你要平安回来。听到没得?你平安回来,我包一年家务!"当这个报道出来后,被读者誉为"最美情话"。小蒋虽然只讲了短短的一句话,但这句话是在抗疫战士上前线时说的,与抗疫的大主题联系起来了,"以小见大"的作用就显现了。如果在平常情况下的夫妻送行,说十句秀恩爱的话也是难以成为新闻的。

2.看看自己是否有从"平凡"的人和事中找出"不平凡"的新闻的本事。

"平凡中的不平凡"就是新闻。日常工作千件万件,不是每件都是新闻。只有那些在平凡中蕴涵着不平凡的人和事,才能成为有价值的新闻。有新闻敏感的人,就有这种发现的本领。

人民日报原总编辑范敬宜是个新闻敏感度很强的人。当年,他在辽宁日报任农村部主任时,与一名通讯员一起去一个公社采访。晚上,他俩就睡在公社办公室内。第二天早上,范敬宜问通讯员:"你晚上发现新闻了吗?"通讯员答:"没有啊!睡得很香。"范敬宜笑了笑:"睡得很香不就是新闻吗?"原来,他了解农村过去搞形式主义很严重,上面要情况,下面讨救济,公社干部晚上别想睡安稳觉。为此,他又深入采访,写出了《两家子公社干部开始睡上安稳觉。夜无电话声 早无堵门人》。这条消息被评为当年全国好新闻。

3.看看自己是否有能找出"对比反差"强烈事物的本事。

拾金不昧、落水相救,都可写成"表扬稿"式的新闻。但要真正成为能感动人、吸引人、有价值的新闻还要找出"这一次"新闻的特点。比如：《女环卫工人捡到14万现金 婉拒失主酬谢》《九旬老汉勇救六岁落水儿童 中国好大爷》这样的稿子，"对比反差"强烈，自然会受到欢迎。

2020年6月24日，东莞一位农民工在图书馆的留言成了热门新闻。究其原因是"对比反差"强烈。农民工一般文化程度不高，图书馆是知识的代名词。借阅一次书容易，坚持读12年书不容易。这条新闻一下子火了。

4. 看看自己是否有"随机应变"采访的本事。

在采访过程中，情况会发生多种变化。如何在采访环境发生变化之时及时调整采访对策，这是对新闻敏感的重要考验。有的记者因为能迅速转变思路而获得成功。

我国当年申办2000年奥运会时，在最后一轮以两票之差失利，许多人流下了伤心的眼泪。当时，许多想报道申办成功消息的记者泄了气，不采访了。但是，有一位记者坚持采访，询问社会各界人士申办失利后的心情，写出了鼓舞人们奋发图强、振兴中华的好稿子。

5. 看看自己是否有从大量书面材料或口头报告中找出"亮点"的本事。

采访时会遇到汇报材料一大堆，开会听报告时间很长，内容很多。有新闻敏感的人能够较快地在大量的书面材料中找到最精彩的部分，从会议中的一段话或一个场景中找到新闻点。

某单位召开安全生产3000天祝捷大会，有20多名记者参与采访。当作报告的分局长讲到劳模事迹时，泪水夺眶而出，他离开讲台，向坐在前排的劳模们深深地鞠了一躬。这时，只有一名记者敏锐地感觉到这就是新闻。于是，他以"向劳模鞠一躬"为题，写了一篇560字的短新闻，被10多家报纸采用，获得了中国新闻奖二等奖。

**如何增强新闻敏感度**

实践证明，新闻敏感不是天生的，而是可以逐步培养并加强的。怎样才能迅速地增强新闻敏感度呢？

第一，记者和通讯员必须在政治上有清醒的头脑，对党的方针、政策和国家大事有清楚的认识，了解群众心声和社会形势，有正确的立场，有社会责任心。平时要注重学习，处处有心，对当前的"大主题"有清醒的认识。不懂的地方要多问多请教。不能墨守成规，而要与时俱进地学习。

第二，必须是有扎实的采访基本功，有广博的知识。当看到和听到一件事情后，用自己的"新闻鼻""新闻耳""新闻眼"，把看到的、听到的、嗅到的、问到的事情通过头脑，迅速地与"新闻价值""读者兴趣""社会效益"等关键词相连变，作比照，兔起鹘落，敏捷地把那些有用的材料筛选出来，写入稿件中。

第三，善于"挖掘"与"发现"新闻，不是等、靠、要，不是拿一份现成的材料编个稿完事，不是拿个通稿就交差，而是有一种锲而不舍的精神，能够深入下去，沉下心来，认认真真地调查研究一番，从沙堆里淘到金子，从大山中挖出宝藏。多年前，笔者去山东采访，在省会济南看到了一大堆书面材料，觉得没什么新闻好写。最后，下去调研采访，走了诸城、平度、潍坊、淄博、五莲等地，发现了许多好新闻，写出了一批质量较好的稿件。

古人告诫人们要"敏于事"。新闻敏感，就是要敏锐地认知客观世界。这是衡量新闻工作者是否优秀的重要标志。它是一种能力，一种思维活动。目前，一些会议报道的程式化、日常报道的平庸化，就是写作者缺乏新闻敏感的表现。我们要通过创新激励机制，不断提高新闻从业人员素质。只有那些在采访中善于捕捉"亮点"的人，才能在写作中迸发出灵感，写出一篇又一篇脍炙人口的好新闻。

# 第八讲：电话采访如何进行？

新闻采访在大多数情况下是面对面进行的。个别采访、会议采访、现场采访、蹲点采访、走动采访，记者和通讯员都要与采访对象见面。这样的采访，通过口问、耳听、笔记，现场感强，与采访对象直接交流，采访内容具体而深入。

然而，由于种种特殊的原因，记者和通讯员一时到不了现场，在这样的情况下，可以不可以用电话采访的形式来完成任务呢？

**电话是传递信息的重要方式**

笔者认为，在确保新闻真实性的原则下，电话采访是可以的。它是在某些特殊情况下的有效采访方式，而且采访成本相应较低。

电话作为远距离通话方式，可以冲破千山万水的阻隔，传递最新的信息，在新闻报道中发挥着重要的作用。

在 2011 年利比亚撤侨大营救前夕，中国驻利比亚大使馆通过电话，在 2 月 19 日就给外交部发来当地中资企业遭袭的信息。外交部当晚便通过媒体发出"旅游预警"，要求在当地的中国公民加强安全防范，并随时准备撤离人员。撤离行动从 2 月 22 日至 3 月 5 日，共撤回中国公民 35860 人。

电话采访在 2020 年的抗疫斗争中发挥了重要作用。有些地区和单位因疫情实行全封闭管理，外来人员不让进入。有些记者和通讯员通过电话采访，把白衣天使救死扶伤和志愿者助人为乐的感人事迹及时向国内外做了报道。

由于手机的普及，电话采访不仅可以用语音采访，还可进行文字交流与视频交流，可以通过对方在手机屏幕上的语音表情，了解对方的内心情感。再加上电脑的作用，传输各种信息变得便捷通畅。

**学习打电话的礼仪**

然而，电话采访毕竟隔着长距离的空间，给采访带来一定的难度。为了做好电话采访，首先要学习一下打电话的礼仪。

打电话前要心中有数。通话前应列出要点，避免浪费时间，不要现想现说。打电话时，不要吃东西、喝水或抽烟。可用左手接听电话，右手便于随时记录有用信息。对方问你姓名时，不要让对方"猜一猜"，避免浪费时间。请受话人找人或代转时，应说"劳驾"或"麻烦您"，不要认为这是理所应当的。若非要紧事，早上7点前、晚上10点后尽可能不要给人打电话，以免打搅别人休息。

电话铃响后要尽快接听。接听电话，最好3声铃声之内接起电话。这会让对方觉得你很尊重他，很重视他的时间，不希望让人久等。接起电话后，迅速停止一切不必要的动作。方便的话，可准备笔和纸，以便记录要点。不要唐突地问"你是谁"，可以说"请问您是哪位"。接电话时切忌使用"说！""讲！"这是一种命令式的方式，既难让人接受，又不礼貌。给人的感觉是"有什么话快说，没空和你在电话里啰唆"！

通话过程注意语调语速。通话语言的表达态度往往决定谈话的成败。要注意语调语速，让人感到在微笑着谈话，听起来很舒服。语调保持平稳柔和、亲切礼貌，不用装腔作势、发嗲等不礼貌的语言方式。听到对方谈话很长时，必须有所反应，如使用"是的""好的"等来表示你在听。临时搁置电话时应给予说明。

挂电话时要尊重对方。不可只管自己讲完就挂断电话。最好是在对方挂断电话后你再挂断。或者双方说好"挂了"后，基本上同时挂断。

与领导、长辈通话时应让对方先挂断。用座机打电话时要轻拿轻放，不能"摔电话"。

公务或商务拜访他人、宴请客人时，都不宜拨打、接听电话。电影院、报告会、音乐会、戏剧等演出场地应设置至静音状态，避免手机铃声干扰。

**电话采访的基本要求**

电话采访前必须做好"功课"。对采访对象的基本情况有所了解，并列出采访提纲。所提的问题要精练，不但自己想知道，而且让对方想表达。问题不要提得太大、太笼统。注意保护对方隐私，不提那些可能会引起对方误会或不悦的问题。尽可能地不提外行的问题。

电话采访要选好时间。要选对方有空的时间，避开吃饭、午休时间。最好是让对方定时间。在采访中，边交谈边作记录或录音，以便通话后整理文字。电话采访的时间不宜过长，有的几分钟或十分钟二十来分钟即可。不足部分可以通过邮箱发文字、图片予以补充，不必全部都在电话内完成。

获得的信息要认真核实。在通话中，说话中有些字会有同音字、多音字，应该加以甄别。对一些地名、典故、人名、书报名称等，凡在互联网或辞典上可查的，都要查一遍。对一些诗词或名人名言等引语的出处，要找到原文核对。对一些"听说""据说"的内容，无出处者一律不用，以确保新闻的真实性。稿件完成后要让对方审阅修改，同意后再发表。

电话采访也可用视频方式。陕西西安的一名记者做了一次电话采访，说的是一位乘客乘坐出租车时多付了钱，的哥把多付的钱还给了乘客。为什么要电话采访呢？因为当事人已经去了外地。记者在采访当事人时，用了手机微信视频，增加了节目的真实感，让画面动了起来，更丰富了。看来，在时间紧、距离远、无法当面采访的时候，可以用微信视频的方式来进行。

电话采访有不足之处。电话采访的缺点是明显的，因为通话时间限制，受访人回答问题思考时间少,故内容略显粗糙,资料不够完整。此外,在电话采访中也可能会遇到双方交流不够顺畅,卡壳了。这时,要客气地及时中止采访,想方设法通过其他途径弥补。另一种情况是对方此时有急事,或者不方便接受采访,此时就要请对方定出下次约谈时间,以保证今后采访能顺利进行。

# 第九讲：好新闻是"跑"出来的

新闻是用笔写出来的，更是用双脚跑出来的。记者和通讯员脚力强健，视野就开阔，接触的人和事多，采访线索多，就能从中选择出好题材，写出好新闻。

那些想坐在办公室就想写出好新闻的人，无异于缘木求鱼、闭门造车，是不可能获得成功的。而那些写出名篇的优秀记者，首先是一个敢跑、会跑新闻的人。

**脚力造就非凡判断力**

无论记者多么聪明，脚力总是起着全部工作的支撑作用。只有多跑动，多与各方联系，多走多看多问，才能练就一双火眼金睛，成为采访高手。

民国时期著名报人邵飘萍在长期的新闻实践中，锻炼出了非凡的发现力和判断能力，练出了一身过硬的采访本领。他甚至冒着危险闯入段祺瑞政府国务院这个"虎穴"，采访发布了引起当时全社会关注并轰动一时的新闻。上至总统总理，下至仆役百姓，他都说得拢，谈得来，人们称他是采访独家新闻的大家。

1917年张勋复辟时，北京电报局禁止向外发送新闻稿。邵飘萍作为上海申报驻京特派员，采访后便从北京赶到天津，发电报把新闻稿传至上海，半途中遇到枪火，差点儿丧命。有时，他采访获得重大消息后，为防泄密，还得用密码电报发稿。1916~1917年间，他为《申报》写的251篇《北京特别通讯》都是来自第一线的报道。他的文章真实、生动，深刻、犀利，分析在理，常常是一针见血，有独到之处，因此脍炙人口，风靡大江南北。

邵飘萍认为，新闻记者要密切注视时局的风云变化，做到"其脑筋无时休息，其耳目随时警备，网罗世间一切事物而待其变"，随时捕捉重大的新闻。著名报人、政论家张季鸾称赞道："飘萍每遇内政外交之大事，感觉最早，而采访必功。"报界对邵飘萍的采访手段敏捷、观察精深、善于取舍、内容系统多有赞誉。

**带着问题跑出好新闻**

跑新闻是带着问题采访，是深入地进行调查研究。在20世纪30年代，有两位年轻记者带着问题用脚力进行新闻实践取得巨大成功。他们中一位是中国人范长江，一位是美国人斯诺。

范长江出生于1909年。在1935年他26岁那一年，范长江从成都出发，过大雪山，临白水江，途经陕西、甘肃、宁夏、青海、内蒙古，历时10个月，行程2000多公里，一路走，一路调研，一路发问，一路采方，在《大公报》上发表报道了红军北上抗日的政治影响和西北社会状况，采写出了《中国的西北角》《塞上行》等经典作品。

另一位美国年轻记者斯诺出生于1905年。他于1928年来华，当时才23岁。到华后曾任欧美几家报社驻华记者、通讯员。1936年6月，31岁的他带着一大堆"未获解答的问题"，决心冲破层层阻拦，冒着生命危险，迈开双腿"西行"。在历时4个月的边走边采访中，他成功地访问了陕甘宁边区，写了大量通讯报道，成为第一个报道红区的西方记者。1937年10月《红星照耀中国》一书在英国伦敦公开出版，在中外读者中引起极大轰动。1938年2月，中译本《西行漫记》在上海出版，让更多的人看到了中国共产党和红军的真正形象。

**要有坚忍不拔的精神**

用脚力跑新闻，绝不能走马观花、浅尝辄止，而要善始善终、善做善成，能吃苦耐劳，甚至不惜牺牲自己的生命。

在当代，脚力稳健有力的记者总是受到读者的欢迎与尊重。经济日报原常务副总编辑罗开富于 1984 年 10 月 16 日起重走长征路，至 1985 年 10 月 19 日走完全程，共走了两万五千里。他一边走一边采访一边发稿。在一年零三天的长征途中，经受了大腿骨折、急性黄疸肝炎等生死考验，爬雪山，过草地，共写出 300 多篇报道。他的重走长征路，是我国新闻史上的一个创举。他的著作《红军长征追踪》一书内容翔实感人，得到了读者高度肯定。

**做用脚力丈量大地的人**

增强脚力跑新闻，就要亲身参与社会实践，多层次、多方位、多渠道地调查了解情况，放下架子，扑下身子，接地气，通下情。

内蒙古日报社原首席记者刘少华被人们称为"用脚力丈量草原的新闻人"。在 40 多年的新闻采访中，他深入基层、深入群众，行走在内蒙古大地的每一处。无论是在大草原上，还是在蒙古包里，无论是在矿井深处，还是在救灾一线，都有他的足迹。

1998 年抗洪救灾期间，刘少华在救灾现场说："我用我的目光、我的大脑记忆现场，回来用我的笔还原现场，亲临一线。"刘少华为采访矿工生活，曾三下 800 米井下，升井后，他满身满脸已经和矿工一样黑了。2006 年，刘少华获得第七届范长江新闻奖。2019 年 1 月，刘少华因病逝世。当年 9 月，内蒙古自治区党委、政府追授他"北疆楷模"荣誉称号。

提倡广大记者和通讯员迈开双脚到基层去，到群众中去，到实践中去，到第一线去,就是抓住了新闻源头的关键。无论是你有多么高的写作才华,归根到底新闻素材要从脚力中得到。只有越过千山万水,走过千寨万村,吃过千辛万苦,记者和通讯员才会有坚实的实践基础,才会有深厚的人民情怀,也才能写出一篇又一篇鼓舞人、感召人、塑造人的好新闻。

# 第十讲：怎样培养写作兴趣？

作为一名新闻宣传干部，写作是工作，是分内事，应当很好地完成领导交办的任务，同时创造性地写出好稿，办好媒体。

然而，随着岁月的流逝，有些人的写作热情出现了减退的状况：有的认为写作内容总是老一套，缺乏新鲜感；有的觉得写作手法难以更新突破，存在畏难情绪；有的因为几次改稿后领导仍不满意而感到焦虑。在这种情形之下，写作的兴趣随之而减弱，甚至不想动笔。

**写作的三个基本问题**

是什么原因造成新闻写作提不起劲儿来？我们从写作的三个基本问题说起：

一是谁来写。应当肯定地说，既然我们当上了新闻宣传干部，又是单位的"笔杆子"，新闻作品就应由我们来写，没有任何推托的理由，更不能逃避。这是时代赋予我们的责任，也是我们应当肩挑的担子。

二是写什么。写时代的变化，写人民的心声，写改革开放的局面，写先进模范人物和事迹，写工作中需要改进的地方，对那些丑陋的社会现象进行揭露与批评。

三是怎么写。这就需要不断地学习新闻写作技巧，深入基层一线，注重调查研究，充分发挥写作者的观察力、记忆力、思维力、想象力，确立主旨，安排结构，美化语言文字。

明确了以上三点，我们的写作便可以心中有"谱"了。

作家王蒙说过:"我为了我们的国家、社会、生活更加美好而写作。""在写作的时候我能够比我自己还要好一点,聪明一点,丰富一点,有时候更执著一点,也有时候更豁达一点。"

在明确了写作目的与要求之后,我们可以通过有效途径,较快地培养起新闻写作的兴趣。

**培养写作兴趣五条途径**

常言道:"兴趣是最好的老师。"没有兴趣的工作是枯燥的,而枯燥乏味的工作是坚持不了多久的。应当说,兴趣是我们进行新闻写作的一块基石,把这一块基石夯实了,可以少走许多弯路,可以早出成果,早出人才。

写作的兴趣可以从以下五个方面加以培养并激发:

一是在看以平凡的生活中细心观察。单位的日常工作有时候比较平淡,没有什么兴奋点,也激发不起写作欲望。但是,冷静地观察后发现,总会有一些事会激起心中的涟澜,拨动胸中那根久寂的心弦。

比如,在某一次会议中为领导和员工的一句话感到振奋,在一次技术比武中因一位技工的杰出表现受到鼓舞,在一次下乡活动中为某位农民的生活窘迫而生怜悯之心,这时,就要马上把它们记录下来,哪怕三言两语也可。这些,都可以作为日后的写作素材。

二是要为写某个专题文章深入下去。当接到任务后,不是坐在空屋子里冥思苦想,而是信心满满地去走访,去交流,去调研。把自己置身于写作对象的环境之中,想他们之所想,急他们之所急,面对面地谈,便可写出最真实的东西。

凡是亲身体验过的事情,会写得比较细腻、生动、实在。凡是空想而写出来的文字,总是那样飘浮、老套和粗糙,言之无物,空洞乏味。

三是要通过广泛阅读来增强写作能力。写作如学字画,熟读范文是"临帖",深入生活是"写生"。朱光潜说:"以前中国文人学文大半全用临帖法,每人总须读过几百篇或几千篇名著,揣摩呻吟,至能背诵,然后执笔为文,手腕自然纯熟。"多读好书，多读名著才能学识广博，写作时便可信手拈来，引经据典，这是一条宝贵的经验。

四是树立发表意识，争取更多作品发表。写作虽然有审美功能与宣泄功能，但作为新闻写作来说，最主要的是传播功能。要让自己的作品能够造成影响、得到读者的认可，只有通过发表才能实现。

在当前融媒体时代，发表的途径很多，报刊、互联网均可。发表不了的，多次修改后，争取发表。即使是一段小小的跟帖，发表了也是有影响力的。

五是要有刻苦的精神。写作的实质是把脑子里想的事情、口中说的话用文字的形式表达出来，这就需要有相当强的文字表达能力。而这种能力的增强不是一蹴而就的，必须下苦功夫不可。

古人说："人之于文学也，犹玉之于琢磨也。""百锻成字，千炼成句"说的就是刻苦磨炼的道理。有了这种思想准备，在写作中遇到挫折与失败就不会退缩了。

**外功内功一起修炼**

一位作家说过："我的创作简直是从我内心流注出来的，不是凭空造作而敷衍成章的。"另一位作家则说："所谓写得好，就是同时又想得好，又感觉得好，又表达得好；同时又有智慧，又有心灵，又有审美力。"

作为一名写作者，必须做到外功和内功一起修炼，一起提高。外功指的是抓好素材，吸收养分；内功指的是提高素质，加强修养，做一个有责任心、有爱心的人，做一个有水平、有见识的人，敢于讲真话，善于听意见，把阅读与写作当作日常生活的必修课，作为生活的重要组成部分。

当你逐步培养起写作的兴趣时，这时你会发现，以前的"领导要我写"变成了"我要写"；以前的写作枯燥无味，变成了兴趣盎然；以前的写作无题材，变成了"为有源头活水来"。

到了这个境界，写作带给我们的不是痛苦，而是进步，而是提高，而是快乐。

# 第2部分

# 写作技巧与新闻策划

# 第十一讲：用讲故事的方式写新闻

人们为什么都喜欢听故事？因为故事有情节、有细节、有人物命运、跌宕起伏、生动有趣，引人入胜。

如今，我们的新闻宣传工作正在大力提倡"讲好中国故事，传播好中国声音"，为此，各地各单位都在努力讲好自己地区的故事，讲好自己单位的故事，以增强新闻报道的客观性、可读性、趣味性，使新闻宣传工作取得良好的社会效果。

用讲故事的方式来写新闻，是使新闻报道充满趣味性和人情味、使之入情入理的有效方法之一，有时能起到"一招制胜"之功效，值得学习与运用。

**《西行漫记》就是在讲故事**

著名记者埃德加·斯诺的《西行漫记》是一本新闻通讯集，值得一读。在此，作为推荐书介绍给大家。此书作者真实记录了自1936年6月至10月期间，在以延安为中心的陕甘宁边区进行实地采访的所见所闻，向全世界真实报道了中国共产党和中国工农红军以及许多红军领袖的情况。

读完这本通讯集的便可知道，埃德加·斯诺是在向人们讲述一个又一个生动的故事：

探寻红色中国—去红都的道路—在保安—一个共产党员的由来—长征—红星在西北—去前线的路上—同红军在一起—战争与和平—回到保安—又是白色世界。

就是在讲述这一个又一个亲身经历的生动的故事中，作者对中国共产党和中国革命作了客观评价，并向全世界作了公正报道。作者在采访的日子里，通过观察与体验，用生动的环境描写、人物刻画、语言对话，用独特的叙事角度，成功地写出了一篇又一篇报道，在中国乃至全世界引起了强烈反响。

"咬定青山不放松，立根原在破岩中。"有志于新闻工作的人，都应该认真地读一下《西行漫记》这本书，学一下斯诺用讲故事来写报道的本领。

### 《中国的西北角》也在讲故事

在这里，我再推荐一本书《中国的西北角》。这本书是由著名记者范长江写的，记录了作者从1935年7月起在中国西北地区的沿途见闻，向读者真实地还原当时中国工农红军长征的情况。当时，范长江是大公报记者，以后担任过人民日报社社长等职。全国优秀新闻工作者最高奖"长江韬奋奖"，就是以范长江、邹韬奋的名字命名的。

《中国的西北角》讲述的故事包括：从成都出发，过雪山，岷河沿岸，洮江上游，长安剪影，兰州印象，渭水上游，到了西宁，过大坂山（今达坂山），祁连山中，嘉峪关头，敦煌返张掖，路过中卫，宁夏赴青铜峡，临河、五原到包头，等等。

该书于1936年8月出版，因书中包含中国国内第一次在报纸上公开如实报道工农红军长征的通讯而影响巨大，使人们对红军有了正确的认识。书中所涉内容广泛，描绘的人物形形色色，既有军政要人又有平民百姓，揭露了当时的社会黑暗与吏治腐败，揭示了民族矛盾等问题。此书的出版在中国的通讯史上具有重要的里程碑意义。

### "讲故事新闻"实例分析

"讲故事新闻"常见诸报端、网页。这里，我们通过一篇实例来分析一下这种新闻稿有什么特点。

前进报社的杜树人撰写的通讯《老红军和他的三个兵》。就是一篇讲故事的好新闻。这篇通讯讲述了老红军余新元送雷锋、郭明义当兵,送自己和孩子当兵的感人故事,展现出老红军的坚定信念,反映出心系国防的真挚情感,文章十分感人,在第23届中国新闻奖的评选中荣获通讯类一等奖。

此稿的特点是牢牢抓住了以下七个要点:

1. 鲜活。新闻中的故事必须是新鲜的、活生生的,而不是陈旧的、死板的。新鲜的故事,才能吸引读者的注意力。这篇通讯是12月3日采访的,12月15日发表的,相当及时。

2. 选题。通讯选题选得好,选了几个最生动、最能吸引人的当兵故事,运用对话、人物描写、背景材料等手法,使故事引人入胜。

3. 可信。完全是采访对象的亲身经历,据实写作,尊重历史,尊重史实,保持新闻的真实性。没有故意拔高(如写到雷锋身高和体重都差一点点,评议时被拿了下来,雷锋是最后一个穿上军装的),看了以后让人信服。

4. 细节。故事中有生动传神的细节描写(如老伴给雷锋买了背心、裤衩、毛巾,雷锋当时月工资为38元8角5分),显示出新闻的生动性、独特性和丰富性。没有空洞的、口号式的套话。

5. 情感。古人说:"感人心者,莫先乎情。"通讯努力挖掘新闻事实中具有人性、人情的素材(如:雷锋吃菜包子时哭了;余老全家得知雷锋牺牲的消息后哭了;余老的儿子当了侦查员,余老知道干这行很危险,天天担心;等等),展现人性的真善美,把情感因素融入文章之中,作品感动人,激励人。

6. 视角。"文似看山不喜平。"通讯选了一个好的切入点——当兵,以独特的视角写好新闻故事,写出了风格,写成了精品。

7. 简约。努力把握好讲故事的技巧,简明扼要地把故事叙述清楚,让人听得懂,记得住,不繁杂,不啰唆。余老当兵后76年经历用300多字就写毕,4个小故事总共才用1000多字。

"讲故事新闻"是用形象的事实在说话。通讯作者杜树人能沉下去，融入社会，融入群众，细微地发现和挖掘出这样好的新闻故事。他在自己受到感动的情况下，一气呵成，写出了感人的、接地气的这篇好通讯。杜树人在谈到作品获奖时说，精品来自精神，来自精心，来自精确，来自写史的态度。

今后，我们在写"讲故事新闻"时，是否也可以用一下以上这些方法呢？下面，我把这篇获奖通讯全文引在此，供大家阅读赏析。

## 老红军和他的三个兵
### ——送雷锋当兵、送郭明义当兵、送老儿子当兵是余新元最自豪的事

12月3日，记者来到家住鞍山干休所的老红军余新元家。走进客厅，一幅雷锋的照片出现在眼前，雷锋的嘴角挂着微笑，像是在和我们打招呼。

"我就是余新元！"犹如洪钟响过，一双大手捂住了记者的手。落座后，记者同余老像多年未见的老朋友一样，亲热地唠了起来。

### "送"自己去当兵

余老先是轻描淡写地谈了自己当兵后的76年。

"1936年10月，红军来到会宁，会宁离我家不远。毛主席也来了，他讲话我去听过，好多话我没大听懂，但他说'红军是咱穷人的队伍'，这句话我听懂了。所以，我把放羊的鞭子一扔，当了兵。那时，我差一个月满13岁。"

"我参加过大小500余次战斗。黄土岭战役，左腿被敌人机枪打成了马蜂窝，是白求恩主刀保住了我的腿；狼牙山反扫荡中，我与'狼牙山五壮士'同在一个团，受伤后昏迷了200多天；百团大战中，我的屁股被炮弹炸出7个眼儿……"

"我是1981年离休的，最后一站是鞍山军分区副政委。退休30多年

来就干了一件事儿——宣传雷锋。你看，我的聘书，一铁箱子都装不下。我是全国146所大中小学校的校外辅导员，还是多家单位的党课教员和顾问。30年间，我作雷锋专题报告、上党课4000多场，听众差不多有400万人……"

### 送雷锋去当兵

接着，余老流着眼泪谈了送雷锋当兵的经过。

"1959年年底雷锋报名参军，当时我是辽阳市武装部政委。雷锋身高和体重都差一点点，评议时被拿了下来。我问小雷子，你现在拿38元8角5分工资，不是挣得挺多吗？雷锋回答说，我报名参军是想到前方打仗。听了雷锋的话，我一连叫了几声好。后来，雷锋搬到我家来住，一住就是58天。有一天改善伙食吃菜包子，我问雷锋，你当兵爸妈同意吗？雷锋把刚咬了两口的菜包子放下了，眼里全是泪水。雷锋是最后一个穿上军装的，那天他可高兴了。他对我和老伴说，首长，让我叫你一声爸爸吧！阿姨，让我叫你一声妈妈吧！走那天，我老伴给他买了背心、裤衩、毛巾，一直把他送到车站，嘱咐说：'小雷子啊，阿姨希望你到部队好好干，当毛主席的好战士'。"

"雷锋牺牲的消息我是在《前进报》上看到的。我老伴把报纸递给我，流着泪说：'咱那儿子走了！'想到雷锋和我们全家相处的日子，想到跟雷锋经历的那些往事，我们全家人都哭了，连中午饭都没吃……"

### 送郭明义去当兵

再接着，余老笑着谈起了送郭明义当兵的经过。

"1976年年底，有一天郭明义的父亲来到我这儿，没进门就喊：'老政委啊，我来找你来啦！'见到他，我就乐了。我说，啥事啊？他爸说：我今天来没别的事儿，就是送我儿子郭明义当兵。我问，检查上了吗？他爸说，检查上啦！我说，检查上了不就行了嘛！他爸摇着头说，不行不行，今年检查上的可多了，听说走得少，反正你得让我儿子走上！我说，你怎么跟当年雷锋一样的调，还赖上我了是不是。我拿起电话，打给军分区动员科科长车文普，问了一下郭明义的情况。小车说，郭明义体检、政审都过关了。我说，郭明义他爸、他叔是鞍钢工人出身，郭明义是个好苗子，部队需要这样的。"

"新兵出发时，郭明义代表全体新兵发言。郭明义精瘦精瘦的，说话倒很有力量：'我们要向雷锋学习，做毛主席的好战士！'前些日子，郭明义到我家来，我对他说，当雷锋传人，不能当带引号的，你说我说得对不对？郭明义说，对！对！"

## 送老儿子去当兵

最后，余老神情严肃地又谈起了老儿子余锦旗。

"孩子们对自己要求都挺严，从不干越格的事儿，大格小格都不越。老儿子余锦旗1978年当兵，到部队后他给我写信，让我找人调动调动。我回信写了11页纸，我说你别埋怨老爹对你要求严，你不要和别人比，要和雷锋比。老儿子看我不开口，就闷着头干了下去。这小子干得还行，入伍一年多就被评为军区装甲兵优秀共青团员，入伍第二年就入了党，还当上了班长。1981年年底，老儿子退伍回来被分到鞍钢最北的选矿场当工人。后来，公安局选警察，他被选中了。老儿子对我说，'老爹，我最后一次求你，找人说句话，让我进一个条件好一点的公安分局'。我摇了摇头。结果，老儿子被分到鞍山郊区一个分局，当上了一名侦查员。你知道干这行很危险，我天天担心。老儿子干得挺出色，被评为全国优秀人民警察、鞍山市劳动模范、辽宁省优秀青年卫士等，荣誉标兵得了一大堆！"

告别余老时，余老和记者来了个拥抱。他把脸贴在我的脸上，紧紧的、紧紧的，一股暖流涌遍我的全身……（原载《辽宁日报》2012年12月15日，作者：《前进报》杜树人）

# 第十二讲:"细节"在文章中的重要性

人们常说:"细节决定成败。"在工程建设中是这样,在日常生活中是这样,在写作中也是这样。运用"细节"写文章,是使文章达到较高水准和较为深刻的境界的关键一环。

**"细节"的要点在于"细"**

不注意细节就会失败。当年笔者考大学的时候,作文题目是"说不怕鬼"。有一考生可能是过于紧张,把题目看成了"说不怕兔"。由于这一字的差错,他写了兔子的红眼睛、三瓣嘴、白细毛、胆子小,整篇作文彻底失败。

注意细节可避免差错。笔者最近在读一本书《编辑戒律——人民日报案例解读》。书中列举了一个案例:《人民日报》在2009年2月5日发了一篇关于两会的消息,标明了十一届全国人大二次会议新闻中心网址:www.npc.gov.cn/pc/11-2.

初看上去,没什么毛病。最后签样时,版面编辑多留了心,将该网址上网核查了一遍,发现登不上网。经查找,发现问题出在小小的横杠上,网址中细横杠应该居下端,而不是居中。如果按原稿付印,会给读者带来许多不便。

除了错别字和标点符号的细节外,一篇文章中的描写细节,用与不用,用得是否妥当,都会影响文章的质量。写好人物容貌的细节、心理的细节、动作的细节、语言的细节,写好环境的细节、背景材料的细节,可以塑造鲜明生动的人物形象,营造配合主题的氛围,增加文章的真实性、生动性、可读性，使人物和事件更加传神、更加丰满、更加动人，使人难忘。因此，捕捉并写出传神的细节，是使文章出彩的重要一环。

**"细节"对刻画人物至关重要**

成功在于积累，细节在于观察。用心观察，选取典型细节，彰显人物个性，是许多作家常用的方法。这样写，有利于突出人物形象，给人留下深刻的印象。

鲁迅的《孔乙己》一文在细节刻画方面有几处令人难忘：一处是孔乙己的衣服。初次来酒店时，他"穿的虽然是长衫，可是又脏又破，似乎十多年没有补，也没有洗"。最后一次来时"穿一件破夹袄，盘着两腿，下面垫一个蒲包，用草绳在肩上挂住"。作者从服装的变化让读者看到了一个日趋落魄的孔乙己。二是孔乙己给孩子们分茴香豆，一人分一颗后，直起身又看一看豆，自己摇头说："不多不多！多乎哉？不多也。"三是教酒店小伙计写"茴"字，孔乙己将两个指头的长指甲敲着柜台，点头说："对呀对呀！……回字有四样写法，你知道么？"这些细节写出了孔乙己既是个善良的人，又是一个深受封建腐朽思想和科举制度毒害的人，深刻揭示了当时社会对知识分子的精神压迫。

吴敬梓的《范进中举》一文在描写范进中举前后胡屠户离开范家的情形十分逼真细腻。范进中举前，胡屠户"横披了衣服，腆着肚子去了"。中举后，胡屠夫"说了一会，千恩万谢，低着头，笑迷迷地去了"。这前后反差强烈的细节描写，揭示胡屠户的心理，反映的是人情冷暖世态炎凉，产生了强烈的讽刺效果。

当代的新闻报道，在写雷锋、焦裕禄、王进喜等先进人物的通讯中，许多感人的细节已成经典的记忆，永远留在中国新闻史的篇章内。

**"细节"能增强文章说服力**

对微小事物的仔细观察，是一个人在事业、艺术、科学及生命各方面的成功秘诀。细节要抓,但在文章中不是越多越好,而是要选择那些具有代表性、概括性、能增强文章说服力的情节。

我的老师商恺在《鹰厦铁路纪行》(见《人民日报》1956年12月10日)一文中,用一个小故事讲出了当年福建北部交通相当不便的状况:

过去,光泽城里只有县供销社的一个百货食品门市部,价格贵,货色又不全,至于要吃新鲜的水果,那比什么都困难。县贸易公司经理杨立祥同志讲了一个故事。他说:"有一年,我们运来了一批香蕉。这批香蕉坐了船又坐汽车,最后用担子挑到了光泽城里。没有卖,就烂掉了一千多斤。后来,随卖随往垃圾箱里倒,没卖光就烂光了。"

这里,作者只用了"香蕉烂掉"这一个例子,便把当年光泽城的商品运价高、费时长、损耗又大的情景说清楚了。建了鹰厦铁路后,运价降低了56%,百货商店里商品由过去的二三百种增加到三千多种。这是多么大的变化啊!

"一滴水能折射出太阳的光辉。"一个好的细节可极大地增强文章的说服力,这是空洞的说教无法比拟的。

## "细节"是文章中的亮点

注意细节其实是一种功夫,这种功夫是靠日积月累培养出来的。笔者的校友杨良化在《南极,请你作证》(见《人民日报》1985年5月6日)一文中,写了两个细节特别感人。一个细节是说到晕船的时候,"有位新闻记者,经常是身旁摆个脸盆,一边呕吐一边写稿,有时甚至是跪在大幅度摆晃的卫星通讯室里,一手持电话,一手抱脸盆,边吐边念,坚持把稿件发到北京"。另一个细节是讲考察队员聚精会神的工作状态:"南大洋考察队副队长花峻岭渴极了,错把柴油当绿豆汤喝下一大碗,身体当即发起高烧,可别人怎么劝他也不休息……"

这两个细节,读者在阅读时仿佛到了现场,亲眼见到了这些场景,表现了赴南极考察勇士们的意志与决心,成为文章中的鲜活亮点。

1963年5月8日,《人民日报》上刊登的《无产阶级战士的高尚品格——"南京路上好八连"纪事》一文中,作者用了"一根背包绳""捡到一分钱"这两个细节,引出了好八连战士纪律严明、从小事做起的优秀品格。

"一根背包绳"的细节是:八连的几名战士刚入驻上海南京路时,有点松散,集合时动作稀稀拉拉。"一位战士竟连背包也不打了,把背包绳拿去拴在凉台上晒衣服了,夜晚都不解回。"针对这种情况,"一天晚上,连部忽然发出了'紧急集合'的命令,那个把背包绳拴在凉台上的战士果然忙得手足无措,迟到了"。领导因势利导,各班进行讨论,终于明白了不能让纪律严明、艰苦奋斗的作风失传的道理。

"捡到一分钱"的细节,说的是有一名战士捡到一分钱,跑到指导员面前说:"我拾到一分钱,交公!"这时,站在旁边的一名新战士扑哧一声笑了。第二天,捡到钱的战士名字上了光荣榜,指导员对那位发出笑声的新战士进行了教育。一件小事带动了全体,之后,八连拾金不昧的事迹越来越多,达到1390多次。毫不利己、专门利人的精神在八连不断发扬光大。

"于细微之处见精神。"细节是新闻稿件中一个小小的单元,然而,以小见大、见微知著一直是新闻人的追求。由于细节能触动人们的情感与灵魂,它所发挥出来的作用是十分巨大的。有的细节可以直接成为文章的标题。在采访中,我们一定要勤观察,仔细听,多积累,多感悟,唯此才能捕捉到生动鲜活的细节,写入文章,使作品具有打动人心的艺术魅力。

# 第十三讲：写新闻怎样选角度？

"横看成岭侧成峰，远近高低各不同。"高明的摄影师在拍照时会选择一个好的角度。可供选择的角度有正面角度、斜侧角度、侧面角度、反侧角度、背面角度、仰视角度、俯视角度等。摄影师运用不同的角度，拍出不同的照片，异彩纷呈，各具风格。

写新闻也一样，需要选好角度，选准角度，找对入手处和落笔点。在动笔写作之前，我们不妨花点时间，反复揣摩考虑一下，从多元视角出发，选取一个角度。选对了，就能很快进入写作状态，达到事半功倍的效果，较快地写出好新闻。

**角度要小**

有的记者写新闻时，喜欢选择小角度。这个"小"，指的是集中一点，深入一点，不面面俱到，不把内容铺得太大。角度虽小，反映的主题可并不小。以小见大，见微知著，"窥一斑而知全豹"。找准一个点，由这个"点"来反映"面"上的情况，来揭示事物的本质，是写作的好方法。

有的人写文章喜欢戴个"高帽子""大帽子"，选择的角度太大，看上去是要写鸿篇巨著似的，又是"高度重视"，又是"狠抓落实"，又是"反复彻底"，一口想吃个胖子，结果往往事与愿违。不是说这些词汇不能用，而是说不能把一些套话当作法宝，让形式主义的毛病在写作中泛滥。

《人民日报》1954年4月2日发表的《一个代表的产生》一文，文章不短，有3000多字，但角度选得很小。此文讲述了陕西省潼关县北东村选举代表的事。这个村总共才 27 户人家，大人孩子共 121 个人，有选举权的人只有 72 名。在选代表的日子里，这个小村里发生了一系列动人的故事。记者写出了各种人物的对话、表情、心态、动作。文章语言朴实，人物有名有姓，情节生动，反映了"毛主席给了咱'印把子'，让咱人民当家作主"这个大主题。

写一个"北东村"，就是在写全省的许多村，在写全国的许多村。这种看似角度很小的文章，是作者胸中有全局、手中有典型、善于"解剖麻雀"的思路与做法的结晶。

**角度要新**

角度新，指的是不落俗套，新颖别致，不是人云亦云，不是去炒冷饭。焦裕禄有句名言："吃别人嚼过的馍没味道。"新的角度意味着新的思路、新的内容，与众不同，有创新意识。

成都的 10 名小记者去动物园观看新来的熊猫嘟嘟。主办方要求每人写一篇报道。大多数人写得比较平铺直叙，泛泛而谈。而有两名小记者写得比较好，文章被选中发表。

其中一篇是《我看到了大熊猫》，写的是熊猫嘟嘟的一系列动作。文章写道：

大概是嘟嘟被这热闹气氛感染了，它在大家面前不停地走来走去，仿佛在为我们表演时装秀。你看，它双脚站立，整个身体立起来了，好像在说："看我多威风！"

嘟嘟，你怎么了，怎么老往角落里钻？我还没给你说话呢？我心里不禁着急起来。这时，饲养员叔叔早看出它的心思，给它送来了加餐，嘟嘟一会儿就吃完一个苹果和一碗牛奶，噢，原来它饿了。我还以为是来了这么多人它害羞，想躲起来。

看着嘟嘟讨人喜爱的样子，我多么希望它永远留在这里，那样的话，我就可以经常来看望它。

从熊猫嘟嘟的"身体立起来""往角落里钻"等动作描写作为写作的切入点,读来新意盎然,如沐春风。

另一位小记者写的是《饲养员答小记者问》。小记者向饲养员提出了"嘟嘟一般吃什么食物?嘟嘟爱洗澡吗?嘟嘟适应郑州的生活吗?嘟嘟它要生病了也不吃药怎么办?"等一系问题,角度新颖,一问一答,很有童趣,受到读者好评。

## 角度要实

角度实,即对焦要准,不要虚幻,不能模糊,而是有一说一,实话实说,不夸大,不虚报。这个"实",既是真实,又是实在、实证、实质。

笔者的老师林里20世纪80年代初去深圳特区采访。当时,深圳正在开展工资制度改革。这件事对全国来说是新鲜事,林里想把它写出来。他深入到工资制度改革的试点单位深圳市友谊餐厅调研,还到罗湖区、蛇口工业区了解情况,写出了《深圳见闻》(见《人民日报》1983年1月11日),描述了深圳通过工资制度改革打破"大锅饭"、调动职工积极性的状况,写出了技术人才得到重视的新面貌。

在《深圳见闻》一文中,作者所选的角度很实:

友谊餐厅职工人数为579名。

三种工资的比例:基本工资每人每月平均39.22元,职务工资每人每月平均40.40元,浮动工资每人每月平均88.38元。

其中,浮动工资比例最大,占52.6%。

正因为这么"实",实到了几角几分,这个餐厅制定的《工资改革暂行条例》被内地很多单位拿去参考。

这个"实",反映出来的是新闻最本质的东西,即新闻是对新近发生的事实的报道,而不是虚幻、估计、猜测的东西。

### 角度要细

角度细，指的是选题时细心揣摩，写作中有细节描写，包括环境的、心理的、动作的、语言的细节。有时候，选一个好的细节入手来完成一篇新闻稿，常常会起到良好的效果。这需要作者细心地观察，细致地体验，才能巧妙地找到这个切入点。

《老郭脱贫记》（见《人民日报》2016年12月25日）写的是河南省封丘县王村乡小城村农民郭祖彬脱贫的故事。老郭当年56岁，儿子患病，老郭借钱借遍"村里一条街"，为了还钱，他到天津打工六七年。窟窿没补上，还落下脑梗病。乡邻们忧心地说："老郭脱贫——猴年马月的事！"

后来，村里选定通过种植中药材地黄帮助贫困户脱贫。文中有一段关于老郭夫妇的心理描写：

老郭的老伴儿着急了："万一出不来苗，地黄收不着，麦子也毁了。"

"村支书一心为咱，能把你带到沟里？"老郭坚持己见……专心种药。

半个月后，地黄没出芽。村民议论，老伴数落。老郭一天到地头转几遍，悉心照料。40天，地黄出齐，一地绿色。老郭长出一口气，"心里石头落了地，我瘦了18斤。"

细处看变化，细处看品质。正是这细致的心理变化，使得文章波澜起伏、生动感人。

古诗云："觅处细形容""心路玲珑格调高"。选题角度细，加上采访细致，注意细节，遣字造句精细，写出来的稿件必定是上乘之作。

### 角度要正

"正"，指的是立场正确，传播正能量。目前，网络上常会出现一些媚俗的、低级的甚至是造假的新闻，有的宣泄负面情绪，有的"三观"不正。

这些问题都是把角度选歪了造成的。

有的媒体为了博取读者眼球，热衷报道明星离婚、小三插足等桃色新闻；有的为了金钱利益昧着良心，突破了社会道德底线，违背了社会主流价值观。选题角度不正，即使用花哨的文字与包装，也掩盖不了其丧失新闻道德的本质。

笔者最近读了一篇通讯《"四有"书记谷文昌》，感受很深。通讯写的是一位去世了30多年的福建省东山县原县委书记。当地人尊称他为"谷公"。谷文昌生前勤奋踏实，一心为民。他"心中有党，心中有民，心中有责，心中有戒"，堪称"四有"干部的楷模。"先祭谷公，后祭祖宗"成为当地多年的习俗。文章深刻地指出，干部的政绩再丰，"金杯银杯，不如老百姓的口碑。金奖银奖，不如老百姓的夸奖"。"政声人去后，丰碑在人间……"

这是一股什么气？是正气。"天地有正气，杂然赋流形。"天地之间，依靠正气，万物生长，生生不息。谷文昌有响亮的正气之言："当领导的要先把自己的手洗净，把自己的腰杆挺直！"

把握好写新闻"正"的角度，就能汇集正能量，引领主流价值，凝聚时代共识，增强我们为实现中华民族伟大复兴而奋斗的信心与力量。

# 第十四讲：怎样运用背景？

我们在画山水画时，往往会在远处画上几道淡淡的山脉作为背景。我们在拍人物风景照时，往往会把树木、建筑物作为背景，把人物放在聚焦位置上。这样画出的图画、拍出的照片，层次丰富，立体感强，主题突出。

在绘画和摄影上运用背景的这一手法，同样可以运用到写文章中来。我们在写文章时，巧妙地插入背景材料，能对新闻事实起到说明、补充、加强、衬托的作用，从而满足读者想了解更详尽、更深层的新闻需求。

文章中的背景有对比性的背景材料、说明性背景材料和注释性的背景材料，我们来一一加以了解。

**对比性的背景材料**

在《新唐山扫描》（见《人民日报》1991年7月26日）这篇通讯中，多处运用对比性的背景材料，来说明15年前"化为废墟的唐山"的翻天覆地的变化：

有人预言"将从地图上被抹掉"的唐山，如今那整齐的楼群间、棋盘式的交通干道两侧……就将回响起全国运动健儿的笑声。

……

旧唐山是1878年后，随着开滦煤矿的发展而形成的，布局混乱，污染严重，住房矮旧，交通不畅……

新唐山，不仅市区面积比原来扩大了2/5，而且具有现代的气质……

在全部地面建筑都毁于地震的开滦煤矿，全国最大的范各庄洗煤厂昂然崛起……

这些15年前后的正反、今昔的一一对比，使题目中唐山的"新"更加突出，强化了文章的主题。

在脱贫攻坚战的报道中，对比性背景材料经常会使用。《军队助力脱贫 谱写鱼水新篇》（见《人民日报》2020年6月7日）一文中有这么一段话：

"感谢解放军让我的孩子上了学！"新疆和田县塔瓦库勒乡喀提其村贫困户阿依孜木·古丽激动地说。有数千户村民的喀提其村，原本连一所小学都没有。2017年，西部战区空军帮助该村建起一所占地82亩、拥有8个多功能教室、可容纳35个教学班1500名学生的现代化学校，成为当地办学条件最好、规模最大的优质小学。

这一对比，具体而准确，有人物，有语言，有地点，有数字，使人看到了当地教育工作巨大而深刻的变化。

一批作家下乡去采写"有温度的脱贫故事"时，十分注重运用对比性背景，使主题凸显，文章耐看。

据《人民日报》2020年6月10日报道，作家郑彦英在河南兰考的采访中，重点关注了脱贫攻坚事业中一系列改善人民生活水平、提升居民生活质量的惠民政策与措施，记录下兰考从"灰头土脸"到"阳光灿烂"的巨变，以及背后"敢教日月换新天"的豪情壮志。作家秦岭在甘肃采访中，以元古堆为轴心，由点及面考察了周边十余个县、市的历史变迁和风土人情，先后采访1000余人，力图呈现这里脱贫攻坚的真实面貌。

**说明性背景材料**

在新闻稿件中，可以对所报道的事实中有关的历史背景、地理环境进行介绍与描述，这这就是说明性的背景材料。

《中原我军占领南阳》（见《人民日报》1948年11月9日）这篇消息中，就用了大量的背景材料，其中一段是这样写的：

南阳为古宛县，三国时曹操与张绣曾于此城发生争夺战。后汉光武帝刘秀，曾于此地起兵，发动反对王莽王朝的战争，创立了后汉王朝。民间所传二十八宿，即刘秀的二十八个主要干部，多是出生于南阳一带。在过去一年中，匪首蒋介石极重视南阳，曾于此设立所谓绥靖区，以王凌云为司令官，企图阻遏人民解放军向南发展的道路。

在这段时间跨度长达1700多年的背景材料中，列出的人物就有曹操、张绣、刘秀、王莽、"二十八宿"、蒋介石、王凌云等。还有，"争夺战""起兵""战争""所谓绥靖区"等词的运用，更是道出了南阳自古以来作为战略要地的历史渊源，加重说明了我军解放南阳的重大意义。

《上海把人力车送进了博物馆》（见《人民日报》1956年2月26日）这篇消息中，对"人力车"是这样交代背景的：

人力车最初出现在日本。远在1874年，上海也有了这种交通工具。解放前夕，上海有5000多辆人力车，7000多人力车工人。

这段文字虽然很短，却说明了人力车的诞生历史以及它在旧上海的状况，让读者获得了更多关于人力车的信息。

**注释性的背景材料**

有些新闻报道中，涉及新技术、新科学、新概念、新原理、新名词，有的涉及一些典故或专用名词，在文中有必要适当进行解释，才能使读者理解新闻的有关内容。

在《人类首次"看见"引力波事件》（见《人民日报》2017年10月17日）这条科技报道中，对于"引力波"这个新名词，很多读者还是第一次见到。因此，在写新闻稿时，就有必要解释一下什么是引力波、研究引力波有什么意义，为此，该消息写了这么一段背景材料：

引力波是1916年爱因斯坦建立广义相对论后的预言。极端天体物理过程中引力场急剧变化，产生时空扰动并向外传播。此前，引力波的直接探测刚刚获得了2017年度诺贝尔物理学奖。探测引力波电磁对应体对研究引力波事件、宇宙学以及基础物理具有不可替代的决定性作用,因此,人们普遍认为引力波研究的下一个里程碑是发现引力波事件产生的电磁辐射。

这样一说明,读者对"引力波"这一概念有了初步的认识。

2000年6月16日,世界首例体细胞克隆山羊"元元"在杨凌西北农林科技大学诞生。记者在接到采访任务时,首先想到的是自己对克隆技术中很多专业术语还未弄懂。他到达采访地时,克隆羊还未降生,便利用这段时间进行前期的外围采访,弄明白了这只克隆羊与世界上第一只体细胞克隆绵羊多利有何不同;弄清楚了这只克隆羊降生的意义;也明白了"胚胎克隆""体细胞克隆"等专业术语。有了这些知识的铺垫后,写报道就轻松了许多,《世界首例体细胞克隆山羊诞生》获得了第十一届中国新闻二等奖。

使用注释性背景材料,可以增强文章的知识性和趣味性。作者在写作时,对那些专业性较强的名词和问题,首先自己要了解其中含义,然后以浅显易懂的文字加以表述,这样才能达到注释的目的。

**人物通讯的背景材料**

在人物通讯中,背景材料用得更多、更广泛。固然,人物通讯必须具备新闻性,必须表现出人物的时代亮点。但要达到这一目的,必然要写他的经历,写他在人生成长道路上的几个关键节点。背景已成为人物通讯当中不可或缺的事实材料。

我读过一篇写红学家冯其庸先生的人物通讯《冯其庸:神游书海 淡泊人生》,文中好几处运用了背景材料:

20多年来,冯先生致力于西域文化研究。上世纪八十年代以来,他曾八进新疆,旁及河西走廊,对西北之汉唐文化进行考察。他坐汽车穿越沙漠,睡帐篷,身上挂着3个相机,对西域文化的研究非常痴迷。

……

早在 1964 年，冯先生在陕西终南山下与朋友一起，发现了一个蕴藏十分丰富的原始文化遗址；"文革"中他曾抢救出 5 件战国时楚国的青铜器。

……

先生的诗作，很多写于旅途舟车之中……

以上的背景材料，足以证明冯先生在各研究领域的成绩。

人物通讯的背景包括出身、学历、身份、职务、家庭、经历和性格特点的形成等，在写作中可摘其精彩要点，通过故事化的手法融入文章之中，就能写出有鲜明个性的人物，给读者留下深刻的印象。用背景材料时要用得精，用得恰到好处，不能弄成类似人物简历那样。

我们在读人物通讯时，关注背景材料的运用，可以从中学到许多有益的写作技巧。

# 第十五讲：新闻稿中怎样巧用议论？

在消息与通讯的写作中能不能发表议论？在新闻稿的哪个部分发表议论为好？议论要遵循什么原则？怎样把"叙"与"议"结合起来？为此，我们通过几个实例来探讨一下。

**要不要议论：两种看法**

有人认为，在消息或通讯中进行议论，会增加作者的主观臆断成分，使报道失去客观性，甚至有故意拔高之嫌。要议论，可以通过加"编者按""编后"，或者在消息和通讯的旁边加上短评、本报评论员文章来发表观点，不必在消息或通讯的文章中直接议论。

但是，另一种意见是，虽然消息和通讯是叙事为主，是客观、真实地报道新近发生的情况，但是写作者是有立场和观点的，在文章中加入少量议论，直抒胸臆，能起到画龙点睛的作用，使报道的主题得到深化，使文章更生动有力。

这两种观点，各有各的道理，成为不同的记者写文章的偏好。

笔者认为，一篇消息或通讯，总会带倾向性，提倡什么还是反对什么，鼓励什么还是抑制什么，作者意图会在字里行间表露出来。在文章中适当加入议论，就是在表达观点，抒发情感。在消息和通讯中加一点议论，在深化主题、增加文章说服力、感染力方面作用显著，功不可没。

**开头的议论：开宗明义**

有些消息、通讯的文章开头，不是景色描写，不是年月日，而是直接用议论的开头，很有特点。它能起到一锤定音、开宗明义的作用。俗话说："响鼓也要重锤敲。"在文章开头大胆地议论几句，一下子就把读者的眼球抓住了，提纲挈领地把文章的主题显现了。

请看《人民日报》1950年4月10日的消息《京沪物价开始稳定》一文，导语是这样写的：

统一国家财政经济工作的决定执行不久，北京物价已呈现初步平稳。这一巨大的转变，得到广大人民的拥护。他们已看出这是中国经济建设新局面的开端。由于物价稳定，人民币的信用愈益稳固了。十多年来，中国人民饱受物价波动之苦而形成的"轻货币，重实物"的畸形心理，在许多新的事实面前开始扭转过来。

这一段夹叙夹议的文字，为记者写后面大段新闻事实定了基调：人心稳，物价稳，物资丰，人民币可信。果然，记者接着分别以"人心普遍安定，物资充满市场""人民币信用更高，货币储蓄户骤增""大量货币回笼，金库制度建立""全国密切配合，奸商无机可乘"等作为小标题，写出了北京、上海在解放之初出现的物价稳定的好现象。

我们再看通讯《让伤害远离孩子们》（见《人民日报》2001年11月30日）的开头，记者是这样写的：

青少年是民族的希望和未来。然而，随着自然和社会环境的变化，由各类灾害、人为暴力、邪教迷信、校园事故和暴力等导致的意外伤害问题，致使近年来青少年受伤害人数急剧上升，给本人、家庭带来痛苦和灾难，给学校、社会乃至整个国家带来无法弥补的损失，而成为一个突出的社会问题。

这一段议论，明确地指出青少年安全的"头号杀手"是各类事故，必须引起高度重视。这一振聋发聩的呼声，直达家庭、学校和社会各界。

**文中的议论:承上启下**

在消息、通讯的文章中间,适当地插入一段议论,能够对文章起到承上启下、转换衔接的作用,读起来会觉得文章更连贯,更有味,更富有哲理。

消息《中原我军占领南阳》(见《人民日报》1948年11月9日)一文的中间,就有这么一段议论:

白崇禧经常说:"不怕共产党凶,只怕共产党生根。"他是怕对了。我们在所有江淮河汉区域,不仅是树木,而且是森林了。不仅生了根,而且枝叶茂盛了。

短短的几句议论,把当年我军的武装不断壮大与敌人的完全孤立巧妙地连接了起来,使文章前后融为一体,读起来十分舒畅。

通讯《大庆精神大庆人》(见《人民日报》1964年4月20日)一文中有这样一段议论:

大庆人钢铁般的革命意志,不仅表现在他们能够顶得住任何艰难困苦,更可贵的是,他们能够长期埋头苦干,把冲天的革命干劲同严格的科学态度结合起来。这正是他们在同大自然作战的斗争中,战无不胜、攻无不克的法宝。

这段议论起到了承上启下的过渡作用。在这段议论的前面,写的是大庆人艰苦奋斗的事迹;往下写,要写大庆人秉持科学精神、精益求精、一丝不苟的工作作风。这段议论,使前后内容衔接自然。

这就是记叙文中夹叙夹议的手法:在记叙事件或人物进入佳境之时,加上一段精辟的议论,把道理轻轻地点明一下,引人产生联想与回味。

**结尾的议论:深化主题**

笔者曾看过这么一段电视新闻,说的是有一个中国人在海外赌博,一个晚上赢了1300多万美元,合8000多万元人民币。这样的报道不是宣扬赌博吗?怎么能播?然而,电视台编辑却在画面最后加了一句议论,把它扳过来了。议论是这么说的:"不过,赌博容易沉迷,而且十赌九输,大家还是敬而远之为好。"由此可见,议论的作用不可小看。

在舆论监督的报道中,文章结尾议论几句是常用的手法。《沉重的代价换来什么》(见《人民日报》1998年2月24日)一文的结尾大声呼吁:

仅就打假而言,如何在广阔的农村健全市场行为,教育农民提高自我保护意识,确实已经提上了议事日程,至少是我们不能再让甲醇横流毒害生灵了!如果我们从这次假酒案中吸取足够的教训,找到"解毒"良方,我们的市场和我们的经济无疑会具备更强的生命力。

以这样的议论来结尾,进一步升华了文章主题,引发读者深思,为避免类似事件提出了方案,让主管部门予以重视。

古人云:"文章谐律吕,议论足精神。"消息、通讯中的议论要坚持"实在""深刻""精辟"的原则,要做到叙述与议论完美结合,叙与议的过渡要自然,防止"空洞""浅显""松散",生搬硬套。

我们可以通过多读书,多看佳作,多写作,多比较,逐步达到熟练掌握运用议论的技巧,为稿件"点睛",使作品"升华",从而使文章更加出彩。

# 第十六讲：学会对比文章妙

通讯员小张写好一篇稿件后，发过来让笔者帮他看一下。他说："总觉得自己写的稿子比较平，不突出，不能给人留下深刻的印象，有什么办法可以纠正？"

笔者对他说，你可以再读一遍范仲淹的《岳阳楼记》，把文中有关对比的句子找出来，体会一下，试一下学习运用对比手法来写作，补充些背景材料，文章就可以从'平躺"到"站起来"。过了几天，他把文章改了以后，果然好了不少。

**《岳阳楼记》中的对比手法**

什么叫对比？对比，就是把两件不同的事物甚至是对立的事物安排在一起，进行对照和比较。在写作中运用这种手法，可以反映矛盾，表现冲突，达到生动有力的效果。

在《岳阳楼记》中，范仲淹就充分调动了写作中的对比手法，使文章文采飞扬。他在写洞庭湖的景色时，天气差的时候是这样写的：

若夫淫雨霏霏，连月不开，阴风怒号，浊浪排空；日星隐曜，山岳潜形；商旅不行，樯倾楫摧；薄暮冥冥，虎啸猿啼。

天气好的时候，作者这样写道：

至若春和景明，波澜不惊，上下天光，一碧万顷；沙鸥翔集，锦鳞游泳；岸芷汀兰，郁郁青青。而或长烟一空，皓月千里，浮光跃金，静影沉璧，渔歌互答，此乐何极！

这一组景色的强烈对比，为文章写情写理打下了基础。果然，作者在写了景色后，就写登楼者的心情。天气坏时，登楼者"去国怀乡，忧谗畏讥，满目萧然，感极而悲者矣"。天气好时，登楼者"心旷神怡，宠辱偕忘，把酒临风，其喜洋洋者矣"。

接着，范仲淹又以"物喜、己悲""庙堂之高、江湖之远""民、君""进、退"等相辅相成的比照与呼应，最后写出了"先天下之忧而忧，后天下之乐而乐"的千古名句。

这种通过对比步步推进、层层深化的写作手法，值得我们学习。

**向诗词学习对比手法**

"诗言志。"说的是诗歌要表达思想、抱负、志向，抒发情感。为此，许多诗人在写诗时，会运用对比的手法，写出了富有哲理的句子。

刘禹锡的诗句"沉舟侧畔千帆过，病树前头万木春""芳林新叶催陈叶，流水前波让后波""莫道桑榆晚，为霞尚满天""东边日出西边雨，道是无晴却有晴"等，都是运用对比手法写成的。"沉舟与千帆""病树与万木""新叶与陈叶""东与西""无晴与有晴"，强烈的对比，凸显了诗的意境与情感。

在读诗时，只要多加留意，对比的诗句就常常会遇见："朱门酒肉臭，路有冻死骨。""四海无闲田，农夫犹饿死。""山重水复疑无路，柳暗花明又一村。""少小离家老大回，乡音无改鬓毛衰。""横看成岭侧成峰，远近高低各不同。""少壮不努力，老大徒伤悲。""会当凌绝顶，一览众山小。"写得多么鲜明，反差多么强烈，多么有立体感。

在诗歌中运用对比，使事物对立的两方面互相映衬，相得益彰，使情景步步推进，抒发强烈的感情，能引起读者共鸣，达到强烈的表达效果。我们在写稿时，这种手法是可以学习并运用的。

**文章标题巧妙运用对比**

稿子要想有吸引力，标题运用对比是好办法。

人民日报原总编辑范敬宜的成名作《分清主流与支流 莫把开头当过头》，标题即从改革的"主流"与认为改革乱了套了的"支流"的碰撞中、从认为扩大农民自主权是刚"开头"与认为"过头"的讨论中，通过扎扎实实的调查，用事实来回答那些对十一届三中全会精神有怀疑、有抵触的人。

以下这些稿件的标题对比强烈，可以借鉴。

《小地摊彰显大民生》，说的是疫情过后适当发展地摊经济，成为搞活各地经济的一个"润滑剂"，是低成本的创业方法。

《一口方言讲出千万流量》，说的是一位用方言口音讲唐诗的老师的故事，读来饶有兴致。

《爷爷的粮票和孙子的股票》，说的是居民生活的变化。"爷爷"与"孙子"成一组对比，"粮票"与"股票"成一组对比。

《51岁养生专家去世，发人深思》，养生专家是讲长寿之道的，是对长寿有诀窍的人，怎么51岁就去世了？

《为了忘却的纪念》，这是鲁迅的一篇文章的标题。"忘却"与"纪念"本来是对立的，但鲁迅把它们统一起来，要"忘却"的是悲哀的重压，决心化悲痛为力量，以战斗来记念白莽、柔石等左联五烈士。文章表现了作者深沉的悲愤和坚韧的战斗精神。

这些文章标题，一看就很吸引人，就会引起读者读完全文的欲望，起到了画龙点睛的作用。常言道："题好文一半。"在标题中，巧用对比的效果实在是太好啦！

**文章中对比手法的运用**

富与穷、大与小、先进与落后、文明与野蛮、成功与失败、廉洁与贪腐、事实与谣言，都是具有强烈对比的事物。在文章中间运用对比，作用很大。

在对敌我双方的力量比较上，对比是常用的方法。

《中原我军占领南阳》（见《人民日报》1948年11月9日）一文的导语就是一句强烈的对比："在人民解放军伟大的胜利的攻势下，南阳守敌王凌云于四日下午弃城南逃，我军当即占领南阳。"

在《南京完全解放》（见《人民日报》1949年4月25日）一文中，对敌我力量对比，是这样写的："在发起渡江作战后三天时间内，人民解放军便攻占全中国第一个大城，这说明解放军威力的强大，国民党匪军一触即溃，已经无法进行有组织的抵抗。""在人民解放军百万大军攻击之下，千余里国民党长江防线全部崩溃，南京国民党反动卖国政府已于昨日宣告灭亡。"

富与穷的对比，是在各种消息、通讯中经常出现的。《"赵光腚"的后代富了》（见《人民日报》1995年4月3日）一文，在写到当年穷时，"队里欠27万元，社员干一年挣不到20元钱，全村大约有30%的农户有变成'赵光腚'的危险。"而在写到改革开放后富裕起来时，"元宝村富了，全村有80余人坐过飞机旅游，孩子上学和医疗全部免费，'赵光腚'的梦想终于实现了。"

正确思想与错误思想的交锋，是对比中又一可写的内容。在《县委书记的榜样——焦裕禄》（见《人民日报》1966年2月7日）一文中，就多次提到焦裕禄对错误思想的批评。其中，有对县委干部想装潢办公室的批评，也有对自己孩子没花钱就看电影的批评。

事物都有正反两个方面。重视安全生产，是为了杜绝忽视安全生产；讲提高质量，就要反对粗制滥造；反对形式主义，说明以前有形式主义存在；强调劳动纪律，必须纠正违反劳动纪律的行为。写稿件，从正反两个方面来看问题，就会比较客观与真实。

总之，文章中运用了对比的手法，文章就从"平躺"变成"站起来"了。

把具有明显差异、矛盾和对立的人和事，安排在一篇文章中，让读者去作比较，就能分清好坏、曲直、是非，文章的感染力就大大提升了。

读完此文，请记住13个字："富与穷，大与小，学会对比文章妙。"

# 第十七讲：写新闻稿的"铁三角"

要写出好新闻稿，有一个"铁三角"必须抓在手。

这个"铁三角"的一条边叫"细节刻画"，笔者已经在《"细节"在文章中的重要性》一文中讲过了。

"铁三角"的另外两条边，一条叫"语言对话"，一条叫"环境描写"，今天来探讨一下。

正是有了"细节刻画""语言对话""环境描写"的这个"铁三角"，边边相连，十分稳固，把文章支撑起来了。可以这么说，凡是有"铁三角"的文章，都是比较好看的。

**"语言对话"的动感共鸣作用**

如今，不少新闻稿上常常出现"纷纷表示""大家异口同声"等句子，把所有人的心得体会都加以概括与汇总了。请看如下两段句子：

领导的讲话引起了参会人员的强烈共鸣，大家纷纷表示要将会议精神传达落实好，结合自身工作实际，精心组织好、开展好、参与好教育实践活动。

领导下达任务后，大家异口同声地一起说："坚决完成任务！"

新闻稿中写这些句子行不行？应当说，有的时候还是可以的。但是，如果一直用，反复用，那就说明记者采访不够深入，不够具体。如果我们真想把新闻稿写得精彩一些，接地气一些，就有必要考虑一下，慎用或者少用"纷纷表示""大家异口同声"等词句，让更具体的人来"说"，效果会更好。

新闻不是文学作品，但在语言文字运用上要像文学作品一样精心打造。如果我们只会按格式化的模块写新闻，写出来的新闻就会给人似曾相识、千篇一律的感觉，没有味道，没有特点。如果能在稿子中用一些个性化的语言对话，就能增加生活的气息，让稿子有动感，活了起来，引起读者情感上的共鸣。

有一位资深记者说过，好记者会让人物的语言和动作来讲故事，让人物说话，让他们动起来，让读者听到他们的声音、看到他们的活动，让故事产生镜头感。

1949年10月1日的新闻采写，是十分严肃的政治任务。《人民日报》10月2日的报道《记中央人民政府成立盛典》，仅1500余字，却把大典的盛况报道出来了。在这篇报道中，有一段语言对话是这样写的：

步兵部队、炮兵部队、战车部队与骑兵部队以等距离、等速度整连整团整师地稳步行进，是检阅中历时最长的一段，一直顶到太阳西下。但是，人们不厌其多，不厌其久；人们互相询问着："这是什么炮呀？""这是什么人呀？"每个人都把别人当成全知者，想更多地得到自己对部队的知识。指挥台上久经战阵的军官们向身旁的非部队人员不断地解答道："头两辆并排的小吉普车是指挥员和政委，后两辆是参谋长和政治部主任，后面一辆是旗兵，这队野炮是日式九零野炮，能打三十华里，这是美国的十五生的大榴弹炮，这是中型坦克，这是装甲车营……"

这段语言对话的字数占整篇通讯的六分之一。它生动而具体地说出了参加盛典观众的喜悦心情，细致地描述了人民解放军的威武雄壮。在这么重大的事件报道中，能把语言对话用得如此自在，足见作者采访的深入与深厚的笔力。

让典型人物来"说"，而不是一般性的"纷纷表示"，能够使文章具体化，增加文章的可信度。《人民日报》1999年5月9日第一版上发表的《北约野蛮轰炸我驻南使馆》消息中，用了两个人的"说"，加重了文章的说服力和愤怒的力量。

这两段文字是这么写的：

爆炸发生后，中国驻南联盟大使潘占林一直在现场指挥抢救。许多华侨对使馆给予了极大帮助。潘大使在被炸毁的使馆废墟前，愤怒地指出："这是对中华人民共和国的攻击。"

南联盟外长约万诺维奇说："使馆是中华人民共和国的领土，北约炸弹是对外交的轰炸。"

让代表人物来"说"，而不是华侨和外国友人们"纷纷表示"，这正是作者认真采访、仔细取舍的结果，这种表达方式是我们需要学习的。

**"环境描写"的烘托渲染作用**

"铁三角"的第三条边叫作"环境描写"。

一位通讯员告诉我一件事：有一次，他在一条会议消息中写了两句环境描写，领导审稿时，那两句话被删掉了。通讯员很是困惑，便向我询问写新闻时能否用环境描写。

我回答他："有时可以用。用得好，可烘托气氛，增添文采与可读性。"

熟练地在写作中运用环境描写，是记者的一项基本功。我在读中国领导人会晤外国领导人的消息时，特意关注有无环境描写，发现果然有。例如，写到晚间的中南海，是这样写的："晚上的中南海，水波荡漾，树影婆娑。"例如，写到5月的大连，是这样写的："5月的大连，青山紫翠，碧海流云。" 例如，写领导人在颐和园见面，则有"湖光晚霞""朱门灰瓦的园林建筑"等描写。

在会议开幕的新闻中，环境描写是常用的手法。"人民大会堂里今天洋溢着团结、喜悦的气氛。""今天的重庆大礼堂灯火辉煌，装饰一新。""鲜艳的党旗簇拥着由镰刀和锤子组成的党徽。主席台前摆放着盛开的鲜花。"这些都是常用的环境描写的句子。

《中国2010年上海世界博览会隆重开幕》一文是这样描述现场的："夜幕降临，浦江两岸华灯璀璨，世博园内流光溢彩。"

《纪念中国人民抗日战争暨世界反法西斯战争胜利70周年大会在京隆重举行》一文，描写环境的笔墨很浓重："今天的首都北京，蓝天白云，风和日丽。天安门城楼庄严雄伟，天安门广场气象恢宏。人民英雄纪念碑前，以长城为主题的大型花坛展现出祖国山河的壮美画卷，花坛上1945、2015字样十分醒目。长安街沿线布置了舞庆中华、播种梦想、共同繁荣、美好明天等花卉景观，烘托出隆重热烈的气氛。"这些描写对会议的举办起到了有力的渲染作用，使读者如置身于会场一般。

对于一些重要的活动，环境描写也显得十分重要。因为这些描写已成为主体活动的一部分，成为新闻的重要内容。如《我国第二艘航空母舰下水》一文的现场描写："随着一瓶香槟酒摔碎舰艏，两舷喷射绚丽彩带，周边船舶一起鸣响汽笛，全场响起热烈掌声。航空母舰在拖曳牵引下缓缓移出船坞，停靠码头。"

《庆祝中国人民解放军建军90周年阅兵在朱日和联合训练基地隆重举行》一文的现场描写气势宏大："盛夏的草原极目青天，火热的沙场鼓角铮鸣。检阅台前，'1927—2017'字样十分醒目。1.2万名受阅官兵、600多台受阅车辆装备集结列阵，犹如钢铁长城巍然屹立。100多架战机在6个机场整装编队。"

这样的描写，写出了志气、锐气、勇气，写出了我军全面加强军队革命化、现代化、正规化建设的步伐，写出了一支听党指挥、能打胜仗、作风优良的人民军队的精神面貌。

环境描写在文章中的作用是多方面的，它既有利于交代事情发生的背景，又能增加新闻的真实性，在渲染烘托气氛、为下文做好铺垫等方面作用明显，也是表达思想感情的一种方式。

我们在消息、通讯中均可运用这种手法。

# 第十八讲：会议新闻怎样才能写出新意？

会议新闻是企事业单位新闻报道中的一项重要内容，经常会碰到。我看过一份企业报，头版共有6条消息，其中有5条是会议新闻。可见，会议新闻是记者、通讯员的"老朋友""老对手"。会议新闻既不可或缺又难以常写常新，写稿人常常苦恼于"一般化、老一套"的状态之中。因此，"如何把会议新闻写出新意"是一个值得研讨的课题。

**程式化的会议新闻要会写**

学习书法要临帖，要学习传统的东西，在传承的基础上才能提高，才能创新。不然的话，刚学毛笔字就写狂草、写榜书，往往会跌入江湖书法的泥淖。

写会议新闻也一样，先要了解会议新闻的程式化。在掌握了程式化写法的基础上，再求创新，才能逐步摆脱程式化，使会议报道面目一新。

程式化的会议新闻基本上是这样写的。

第一部分：导语。点明会议的时间、地点、主要参会人员、什么原因、讨论什么事、取得什么成效。导语要尽可能地短，又要尽可能地清晰，"立片言以居要"，使人一目了然，从而引起读者继续读完全文的欲望。主要参会人员有时也可放在第二段上。

例如，消息《三沙市成立大会暨揭牌仪式举行》的导语是这样写的：

今天上午，海南省三沙市成立大会暨揭牌仪式在西沙永兴岛举行。三沙市正式成为我国第285个地级市，也是我国领土最南端、陆地面积最小、

管辖总面积最大、人口最少的地级市。(《人民日报》2012年7月25日)

不足百字的导语就把会议的时间、地点、事件、地域特点等都讲清楚了。

第二部分：主体。要提炼领导讲话、嘉宾发言的主要内容，对于会议讨论了什么问题、制定了什么政策、通过了什么决议、有哪些具体部署等，必须重点写，因为这是会议最重要的实质内容，在报道时应抓住这个重点。这一部分必要时可写上两三段。

第三部分：背景。有的会议必要时可介绍一下会议举办的背景，以及会议间的一些相关活动（有的会议不只是开一天）。

第四部分：结尾。概括一下举办这次会议的意义及其成效。有时，可以选取一两个代表人物的语言来表达全体代表的心声，不一定用"纷纷表示""一致好评"。必要时，还可以写上其他参会人员职务、姓名及会议人数。

程式化的会议新闻写法基本上是上述这样的。有时，还可以加一些现场描写、议程等内容。这种写法是会议新闻的基础，要会写。

**模板式会议新闻要少写**

现在，网上有一种会议新闻的模板，可以下载，是要收费的。这种模板把会议新闻的全过程都写好了，你只要填入"会议名称""地点""主办主""承办方""会议目的""参会人员与头衔"，以及作报告的领导就"什么问题"讲话，与会人员的"肯定意见"等。当你把这些内容全部填好后，一篇会议新闻报道就完成了。

简单是简单了，但是毛病也出来了。这种模块式的报道千篇一律，各种不同的会议成了一个模式。在我阅读的这一个300来字的模板中，就有"精彩致辞""一致肯定""详细介绍""极大的兴趣""纷纷表示""初步战略意向""充分的理解和信心""一致好评""标志着""提升了"等话。不是说这些词不能用，如果你老用这些词，就会显得比较乏味。

对这种模板式的会议新闻要少写,甚至不写。

**把会议新闻写出新意**

怎样才能使会议报道面目一新、写出新意呢?

我们要努力克服一股化报道会议的习惯,决不把几个会议写成同一个模式。认真研究策划,把不同内容的会议特点加以突出,加以强化,强调每个会议的不同重点,发掘出每个会议的新闻价值。在写作上要新鲜亲切、生动活泼,不落俗套。

以下几种不求面面俱到的写作手法值得借鉴。

一是摆脱一大堆职务与人名的状况,突出重点,专写一件事。

如消息《中国量子通信领跑世界》(刊登于《人民日报》2017年8月10日),是中国科学院在京召开的新闻发布会的会议新闻稿,全文500字左右,只提到一个领衔科学家的名字,就把中国量子通信在哪几项科学目标上领跑世界的事情说清楚了。

二是写活导语,用数字说话,概括会议内容。

如消息《中央和国家机关公车改革首场拍卖会举行》(刊登于《人民日报》2015年1月26日),全文仅300来字。

记者写道,第一批拍卖的公车有303辆,由3家拍卖公司负责拍卖,其中106辆当天全部拍出,总成交价660.9万元,溢价71.17%。通过这些数据,简洁明了地说出了公车用车制度改革的进展情况。

三是突出领导讲话内容,适当解读,完成新闻稿。

在会议新闻中,领导的讲话内容十分重要,但又不能将这些讲话的所有内容搬进新闻稿,可以对讲话内容加以提炼后发表。写会议新闻要选好角度,加强重点。

如《王岐山说了哪些反腐新话》(刊登于《中国纪检监察报》2015年1月17日),实际上是报道中纪委的一次会议。记者从大量的材料中选取王岐山在会上的讲话,回答了为什么说反腐永远在路上、怎样牵住主体责任这个"牛鼻子"等问题,得出了"2015年必将是'问质年'"的结论。在整篇报道中,记者把领导讲话通过连接词、评论语相连,把会议新闻写出了新意。

在写会议新闻中,有的记者善于现场描写,用精彩的词语写出会场气氛,让读者有身临其境的感受,不失为好办法。有的记者则通过会议花絮、侧记、专访等形式来报道会议,也是可取的。

会议新闻的标题,除了"某单位在某地召开什么会议"这样的传统标题外,应当提倡把会议发出的最重要的、读者最关心的事实作为主题。有时候,领导的一句精彩讲话就可成为新闻的标题,而会议名称则可在肩题或副题中出现。

在写会议新闻时,还有一点有必要提醒一下:对各级领导同志的各种活动报道,慎用"亲自"等词。除了党中央、国务院召开的重要会议外,一般性会议不用"隆重召开"字眼儿。这是应当十分注意的。

# 第十九讲：什么是新闻策划？

什么是新闻策划？新闻策划就是为媒体的内容确立新闻点，并通过文字、图片、影像来进行宣传报道，从而达到预定的目标。

新闻采访策划是编辑部的一场"战役"。这个"战役"由谁领导、怎样实施、要达到怎样的目标，都要事先进行系统、周密的安排。一次好的策划可以管几十篇、上百篇稿件，时间上可以管一个月、几个月甚至一年，效果特别显著。因此，越来越多的媒体与企事业单位十分重视新闻策划，并付诸实施。

新闻策划是在打新闻采访的主动仗，是有计划地进行报道。策划到位，写出来的新闻会更连续、更好看、更深刻、更受读者欢迎。

实施新闻策划，要选那些题材比较重要、有连续报道可能的项目展开。有的媒体策划以总编辑挂帅，有的成立专门的新闻报道策划组，有的召集有经验的记者、编辑组成班子，还有的还要配上行政后勤人员给予物资上的保障。

**罗开富"重走长征路"策划获成功**

1984年夏天，时任经济日报总编辑的安岗策划并批准了记者罗开富重走长征路的设想。

这次新闻策划提出了"六个必须"：

一是重走长征路全程每一米都必须是走路，并要有向导签字以示证明，绝不弄虚作假；

二是必须按五十年前红军主力出发的同一时间,即 1984 年 10 月 16 日起程,每天走的路程和宿营地,要和当年红军同一天的行程和驻地一致,绝不能走到哪里算哪里;

三是必须走原路,即使山下或山上有了公路,也要走红军走过的原路,该爬崖时爬崖,该涉水时涉水;

四是必须每天写一篇文章,并保证见报,找不到乡邮电所,也要设法找电话发稿;

五是学习红军要来真的,小伤小痛克服,大伤大病坚持,如实在不行了,就近就医再接着走,只要还有一口气,就要设法走完春夏秋冬,必须在 1985 年 10 月 19 日走完全程;

六是在中央主力红军因战事休整的路段里,特别是在雪山草地的腹心沼泽地,徒步采访红二、红四方面军的路线并进行报道。

按照这个计划,罗开富从 1984 年 10 月 16 日至 1985 年 10 月 19 日,走完红军长征的全程。那一年,他 42 岁。在徒步重走长征路的一年间,368 个日日夜夜,他每天平均走 75 里路,每天写一篇报道、一篇日记。几乎每天只能睡 3 个多小时,身体逐渐虚弱。途中曾得了疥疮、眼疾、肝肿大、胆囊炎、腿疾、腰肌劳损等,有时发高热或累至昏迷,被救醒后还是按日程坚持走,在草地沼泽地,罗开富还险些遭遇"灭顶之灾"。一年间,他写下 300 多篇报道,在《经济日报》头版连载。这一创举轰动中国,声名远扬。

后来,罗开富在他的著作《红军长征追踪》一书中,以大量第一手珍贵资料,用叙事的日记体手法真实记录了他徒步追踪长征路的亲眼所见、亲耳所闻、亲身所感。他说,长征路上的一草一木、景情人事令我感动一生、受益一生。笔者与罗开富老师一起讲课时,专门听了他的两次讲课,听得热泪直流,激动不已。

这就是新闻策划的力量与成果。既使报纸办得更好看,吸引了广大读者,留下一笔精神财富,又锻炼了记者和编辑,增加了报纸发行量,提高了报社的美誉度,可谓是一举多得。

## 《舌尖上的中国》策划有特色

央视纪录片《舌尖上的中国》好多人都看过,很好看,创造了高收视率和网络点击量。刚开始策划时,申请选题叫"柴米油盐酱醋茶",后来觉得这些内容别人都拍过,炒冷饭没啥意思,便改为"舌尖上的旅行",最后才定下叫《舌尖上的中国》。

从拍摄开始,导演就没打算在"八大菜系"里纠缠,他的目的很明确,"人情比美食更有嚼头"。策划人员先从《中国烹饪大全》《国家地理》杂志等书中找灵感,把这些资料按地域划分,汇集成表格。确立了的分集主题后,第一集:自然的馈赠;第二集:主食的故事;第三集:转化的灵感;第四集:时间的味道;第五集:厨房的秘密;第六集:五味的调和;第七集:我们的田野。

通过文案写作、调研、找美食、找人物、成故事,再行拍摄。这部纪录片用味道营造出了一个个真实的故事,有亲情,有师徒,有爱情,都是普通劳动者,传递了价值观。创作者从文化角度探讨,食品的问题并不只是"吃"这么简单,从传统劳作到食物创新,生活的艰辛和几代人的智慧结晶,中国人从"吃"的传承和变化已经逐渐凸显出特有的气质。《舌尖上的中国》成功播出掀起了我国纪录片的新热潮。

## "任仲平"怎样策划选题写文章

在《人民日报》上,有时会看到署名"任仲平"的文章。有的朋友会问:"任仲平是谁?"其实,"任仲平"不是一位实名作者,而是一个创作集体。人民日报编委会历来重视评论工作,多位社领导直接创作"任仲平",有的社领导直接领导"任仲平"写作小组,主持策划、选题、修改、定稿的全过程。"任仲平"意谓"人民日报重要评论",展现了舆论引领的独特作用。

"任仲平"创建于1993年年底，此后20多年，发表文章超过一百篇，十几次获得"中国新闻奖"。

"任仲平"文章策划选题的特点：政治的视角。"任仲平"文章关注国际、国内大事，关注改革、发展、稳定，关注干部思想和群众切身利益，选题和立意的方向毫无例外的是社会思潮、改革进程、发展战略等时代课题。

"任仲平"文章正确处理政治性和业务性的关系，从具体问题入手，从改革、发展、稳定更高层面揭示论题的意义。

"任仲平"文章正确处理理论性与说理性的关系，自觉地把理论与实践相结合，找准两者的结合点，既有哲学的睿智，又有生活的朴素。

"任仲平"文章始终把清新文风作为努力方向，既全面准确又生动活泼，有新颖的表述，有感动的传达，有深入探讨后的深刻见解，有朗朗上口的优美韵律与节奏的文字。

准确切入当下的工作和思想实际，鲜明地阐述党的主张，是"任仲平"的基本遵循。"任仲平"的写作，有深厚的基础和深沉的积淀，获得了"理论有高度，视野有广度，思维有深度，说理有力度，文笔有温度"的赞许，成为中国新闻界的著名品牌。以后，当我们读到《人民日报》"任仲平"文章时，就可以循着这条思路去领会它，读懂它。

新闻策划必须遵循真实性的原则，不能作假、虚构。同时，要注意时效性，反映当时发生的人和事，有新鲜感。要关注它的传播性，通过报刊、广播、电视、网络等媒体传播。此外，由于媒介不同，受众不同、策划应有自身特点，有舆论导向作用。这样的新闻策划，目标明确，切合实际，有新闻价值，必定能获得成功。

企业在营销过程中也可进行新闻策划。策划可以根据企业营销需求，按照新闻规律，整合企业优势资源。通过新闻媒介，借助热点事件，制造新闻点，以此来树立企业和产品形象，营造企业良好的外部发展环境，赢得市场，扩大企业的知名度，塑造行业整体形象。

# 第3部分

# 消息、通讯与评论的写作

# 第二十讲：写好消息

新闻中的消息稿，指的是那些对新闻事实进行直接、迅速、及时报道的稿件，如会议消息、事件动态消息、综合消息、人物消息、经验消息等。这些稿件在各类媒体上使用的频率最高、数量最多，是新闻工作者最常用的一种体裁，也是出稿速度最快的一种稿件。在各通讯社的发稿量中，消息稿约占60%以上。

**写消息莫入误区**

与其他新闻体裁通讯、评论、专访、述评等相比，消息的特点是"新""快""短"。它直截了当地叙述事实，具有极强的说服力。写好消息，是记者和通讯员的基本功，因此必须首先把它掌握好。

在写消息的过程中，容易走入以下这些误区：

一是认为消息写作比较简单。写起来不用动什么脑筋，把"5个W"（何时、何人、何事、何地、何因）往上一搬就可以了。这就会给人写作不够认真、不能精益求精的印象，写出的稿件平平淡淡，老一套。

二是认为写消息不需要什么文采。只要把事情交待清楚、文章通顺就大功告成了。因此，不注意捕捉最佳角度，不精心遣词造句，不会描写与叙述，常用套话来写作，读者不感兴趣。

三是认为写短消息没有分量。写"豆腐块"稿件没意思，常常会刻意地写得全一些、长一些，甚至用一、二、三、四的写法来写消息。这种稿件如同工作总结，失去了新闻的特点。

那么，怎样才能写好消息呢？

消息的写法通常是"倒金字塔结构"，即把最重要事实放在最前面；同时，要注意不遗漏和"5个W"。除此之外，有以下几点是必须注意的。

## 确定报道的重点

消息稿件不能只是罗列现象，而要讲出新闻事实的重点。只有突出主题，才有看头。这个重点和主题，应当是读者最感兴趣的内容，是最有新闻价值的内容。

《人民日报》1985年1月1日第2版发表的《五星红旗首次插上南极洲》这条消息，就是紧紧抓住了"南极洲""五星红旗""中国南极考察队""第一次"这些重点内容，以中国南极考察队员心怀祖国、顽强拼搏为主题，报道了刚刚发生的事实，一下子就吸引了读者的目光。

有一位通讯员写了一篇表扬老会计师的稿子，内容是"会计师提出5项合理化建议均被推广，一年为国家增收一千多万元"。稿子寄到报社，被否定了，改了几次也未能被采用。

报社编辑说，此稿素材不错，但新闻稿不是总结，也不是表扬稿，关键要选好角度，主题要新。

后来，这位通讯员从"把远大理想同当前目标以及本岗位工作紧密结合起来"这一主题入手，突出了"主人翁责任感促使勇于改革"这个重点，稿件很快在《工人日报》头版发表了，《人民日报》也作了转载。

## 把导语写出水平

消息的写法，一般用倒叙法，先用极简要的几句话说明全文。这"几句话"就是人们常说的导语。消息中的导语，短则几十字，长则一二百字，是报道的开端，是告诉读者将要讲述的内容，一定要写得引人入胜，想看下去。

现在有的导语写得又长又平淡，有的用几个"为了"作为开头，有的则用几个"在……下"作为开头，有的是列出一大堆名单作为开头，都显得比较死板。

导语有两种写法：直接式、延缓式。在长年的新闻实践中，记者们创造出多种写导语的方式：概括式、描述式、提问式、结论式、评论式、比喻式等。不论用何种方式，都是要把最有新闻价值的东西奉献给读者。因此，导语必须做到醒目、简短、生动。

1953年7月28日《人民日报》发表的《朝鲜停战协定签字仪式经过》这条消息的导语是这样写的：

新华社开城二十七日电 本社记者报道：朝鲜停战协定已经在二十七日上午十时（朝鲜时间）在板门店签字。朝鲜停战协定的签订，是走向和平解决朝鲜问题的首要步骤。继续了三年零三十三天的朝鲜战争，将因双方执行自七月二十七日二十二时起停火的规定而结束。

这条约100字的导语，概括而清楚地交待了事件、时间、地点、当事双方、背景、原因、结果等要素，而这些正是读者迫切需要知道的内容。

导语最忌公式化，千万不要用一个固定的框框去套多种内容，这样写出来的导语必定是平淡无味，毫无新意。

**标题上巧用动词**

消息的标题中应该至少有一个动词。

我曾看到报纸上的一则消息的标题："5年来同期最强冷空气"。这个标题不完整，应改为"5年来同期最强冷空气到达我市"或"5年来同期最强冷空气即将来临"才对。

用好动词，巧用动词可以使标题活起来，动起来。如："我国钢产量跃居世界第一""上海自贸区挂牌运作""北京图书馆更名国家图书馆""我国第二艘航空母舰下水"等标题，其中的动词"跃""挂""更""下"都用得很到位。

消息的标题除有主题之外，往往还会配上引题和副题。引题配主题、主题配上副题是常用的方法，重要的消息可以"三管齐下"，引题、主题、副题都用上。看文先看题，题好文一半。做好消息的标题有很多办法和诀窍，其中，把握好动词是重要一条。

**选择好背景材料**

在写消息时，一般采用的结构：标题、导语、主体、背景、结尾。

有的消息用了背景材料，可以帮助读者深刻理解新闻的内容和价值，起到衬托、深化主题的作用，使报道的来龙去脉更清晰、更立体化。

背景有人物背景、地理背景、历史背景和事物背景。背景材料要紧扣主题，介绍适度。

《人民铁道报》1999年9月29日发表了《中国地铁列车今天穿过天安门广场》。该消息在介绍了这条新建成的地铁后，用了以下3个背景材料：

30年前的国庆节，北京建成了从苹果园到北京站全长23.6公里的地铁一号线，结束了中国无地铁的历史。

15年前的国庆节前夕，北京又开通运营了16.1公里的地铁第二期环线。

自1863年伦敦建成世界第一条地铁到136年后的今天，全世界的地铁长度已接近6000公里。

这些背景材料与新闻事实相映衬，深化了主题，使报道更加充实。

**尽量把文字缩短**

老新闻工作者穆青说过："新闻不简短，报纸无法用，读者无法看。全世界的报纸、电台都欢迎短新闻，看来这是新闻的一条规律。"

提倡短消息，既能增加信息量，又能增强时效性，增强可读性。它是新闻界改进文风、突出"消息"主角位置的重要一环，是改变消息"少、慢、差"的现状的重要手段，也是读者喜闻乐见的。多用简短、有力、生动的消息，有利于迅速地反映人民生活，报道各种事件，介绍先进人物。

短要短得实在，短得精悍，短得生动。一块金子的价值要超过一堆废铜烂铁。这个道理是十分明白的。

# 第二十一讲：经济报道的写作方法

许多年前，我的研究生毕业论文题目是《论经济报道》。后来，在人民日报工商部和其他一些新闻单位搞了十几年经济报道。虽然写过一些经济类的消息、通讯与评论，但总的来说，还是觉得经济报道不容易写，这块"硬骨头"可不好啃。

因为数字多、专业术语多、政策性强、工作性质多样等原因，在当初采写时往往习惯于从工作角度来写，写出来的稿件不生动、不感人，缺乏引导力和震撼力。后来，慢慢琢磨思考，才稍稍摸到一点门路。

怎样把经济报道写得出彩、写出精品呢？笔者的体会有以下4条。

**从距离群众最近的角度来报道**

人民日报有一位新记者，参与采访才一年多。有一次，他去采访市场蔬菜价格猛涨的问题。

如果从政府经济工作角度写，他可以采访市区工商局长，或者物价局长，搞一篇访谈记，说菜价上涨原因，"档次"也高。

可是，他没有这样做。而是扎扎实实地实地采访，4天内冒着严寒，搭乘送菜的拖拉机、卡车，到北京大兴、河北固安等地做调查，跑了北京大钟寺、甘家口、三里河、劲松、水碓子5个菜市场，掌握了大量第一手材料，写出了《节日追踪问菜价》一文，在《人民日报》头版发表，编辑部还配了评论。稿件得到总编辑表扬，认为"从距离群众最近的角度来报道经济工作，是搞活经济宣传的重要一环"。

### 写出生动的人和事，写出视觉效果

经济报道之所以会产生枯燥的感觉，是因为写的人和事不生动。有的报道就事论事，不见人影。为了吸引读者的关注，在经济报道中既要关注事，又要关注人。最好的办法是去采访当事人。要尽可能地寻找到与新闻主题有关的人，让他们谈观点、谈体会，甚至了解他们的性格、心态、表情。这样的经济报道就好看了。

《人民日报》1993年6月10日发表过一篇通讯《守水记》，讲的是四川省什邡县龙居乡旱情严重，水贵如油，如何合理分配用水的问题。在这篇文章中，既写了事，又写了人。写到了县水电局局长余存忠、龙居乡乡长吕贤江、乡党委书记刘朝荣、红星村的店主刘友庸、乡干部惠运德、副乡长唐庆光、乡水管员文少奇、农民梁廷贵等。他们有对话，有动作，有表情，好似一个电影片断。正如记者在文中所说："乡亲们是这一幕幕的见证人。"因此，这篇文章才写得如此精彩。

### 专业术语通俗化，数字运用形象化

经济报道有宏观、中观、微观之分。人民日报原副总编辑、经济日报社原社长武春河说："宏观讲形势，中观讲思路，微观讲案例。"

无论哪种，都会涉及经济术语和数字。一个好的经济记者，应当能把专业的问题用通俗的语言讲清楚，能把经济数据讲得准确、清晰、具体，让数字起到画龙点睛的作用，而不是累赘。如《人民日报》刊发过一篇报道《四天渝洽会　签约八千亿》，将4天和8000亿元这两个数字放在标题中，抓人眼球。

要想把专业术语写得通俗化，记者必须先学懂经济学的一般原理。如果一个记者连K线图和涨停板的概念都不懂，是写不好股市报道的。

有的记者没有弄明白"市场经济"的概念，在谈到经济生活中的不良现象时，往往会笼统地说，这是在市场经济的条件下，出现了这种不好现象。好像市场经济是万恶之源似的。有人反问道："既然如此，为什么还要实行市场经济体制？岂非自相矛盾。"

经济报道的通俗化，通过想办法是可以做到的。比如，"专款专用"是财政审计中的一个专用名词。有位记者写稿时，取了个通俗化的标题《从"打酱油的钱不能买醋"说开去》，读者一看就明白了，增加了文章的可读性。

说到报道中数字的形象化，那也是很有讲究的。如果在文章中有"58013261名司机中有14654231名驾驶进口车"这一数据，在写作时可以改成"平均每4名司机中，就有1名驾驶进口车"。这样一改，读者就容易理解了。又如，有位记者采写北京将建卢沟桥文化旅游区、占地面积42平方公里的消息。记者在写这条新闻时，在句子后面加了几个字："相当于14个颐和园"。这一下子使42平方公里形象化了。

在报道中切忌数字堆砌，使整篇文章排列了密密麻麻的数字。这样做会使新闻主题变得模糊，读者感到厌倦。

同时，一些数字"倍""翻番"的概念要弄清楚。比如，"今年事故减少了一倍。"应改为"减少了50%"。又比如，"利润从30万元增加到90万元，翻了两番。"应改为"增加了60万元"或"是去年的3倍"（翻两番应为120万元）。

**把握经济活动规律，写出深度报道**

经济活动是有一定规律的，记者只有掌握了一些经济专业知识，才能对规律有所了解。为此，建议经济记者读一些宏观经济学、微观经济学、政治经济学、货币金融学、国际贸易学方面的书，同时，向经济学家、企业家学习，就能较快入门，并进入深层次的思考，写出有深度的经济报道。

经济报道的重点有两头：一头是宣传好中央的重大经济决策并把它们在群众中具体化，另一头是抓住群众最关心的经济问题予以关注与引导。这样做，经济报道就与最广大的读者联系在一起了，写经济报道就能从难入易了。

# 第二十二讲：通讯怎样开头？

"写消息怎样开头？"当我在新闻培训课堂上提出这个问题时，好多学员举手。他们都知道要用"倒金字塔"手法，知道"5个W"和"一个H"（何人、何事、何时、何地、何因，如何）。

"那么，通讯的开头怎样写呢？"笔者接着问。没有人举手，学员们好像都在思考。

看来，对通讯应该怎样起笔开头的问题，可以与大家一起探讨一下。

在阅读各类通讯的过程中，我们会发现，通讯的开头各不相同，各有千秋。然而，目的是一致的，都是为了开启读者的思路、找准切入点，联系并突出主题。各种开头有个性，更有共性，是有规律可循的。

让我们来读一下以下这些通讯的开头。

**场景描写法**

以现场景物描写开头，这是写通讯时最常用的手法。

人物通讯《司令退休之后——记回乡带领乡亲致富奔小康的李守发》（见《人民日报》2003年7月7日）是这样开头的：

青山满目。夕阳脉脉。

这是一个老兵的第二战场，一名退休干部的常青本色，一位共产党员的坦荡胸怀。

事件通讯《海啸过后访普吉》（见《人民日报》2004年12月29日）的开头是这样的：

倒塌的房屋，损毁的车辆，凌乱的海滩，这是记者27日甫抵泰国南部旅游胜地普吉岛时映入眼帘的悲惨一幕。

《吉林日报》刊登过一篇工作通讯《寒冬暖流——我省抗严寒保民生纪实》（见《吉林日报》2011年1月14日）开头是这样的：

风雪肆虐、寒潮频袭。入冬以来，吉林大地天寒地冻、雪覆千里。

严冬蓝色预警，大雪橙色预警，极端最低气温-37.6度……5次暴雪、4次寒潮席卷全省，"冷，太冷了！"一时成了人们的口头禅。天气预报，成为吉林人"每日一听"。

以上这些现场描写的开头，是在为主题服务，起到了加深主题的作用。因此，这样的开头是值得学习效仿的。

## 名言诗词法

用名言名句或诗词作为通讯的开头，通过一句话、一段诗直奔主题，这是记者们常用的手法。

人民日报原总编辑李庄写的通讯《"中国人从此站立起来了"——中国人民政协第一届会议特写》（见《人民日报》1949年9月22日）的开头，引用的是毛泽东的一句话。通讯开头这样写道：

"占人类总数四分之一的中国人从此站立起来了。"毛主席在中国人民政治协商会议的开幕词中说："我们团结起来，以人民解放战争和人民大革命打倒了内外压迫者，宣布中华人民共和国的成立。"

人物通讯《关牧村：蹉跎岁月的歌》（见《人民日报》海外版2006年7月25日）的开头用的就是两句歌词：

青春的岁月像条河。

岁月的河啊汇成歌。

……

老式唱片机缓慢转动。

已被时光抚摸得近乎灰白的这首老歌，从黄铜扬声喇叭中流淌出来。

旋律依旧悠扬，浓情依旧荡漾着。

这种开头方式简洁、明白、有力，一下子就调动起了读者的情绪，引起读者共鸣，是一种值得借鉴的好办法。

**悬念疑问法**

悬念式的开头可以迅速激发起读者阅读欲望，请看人民日报著名记者李克林写的《今日大寨》（见《人民日报》1985年10月5日）这篇通讯的开头：

金秋时节，我来到大寨，第一个印象是，这里山村静悄悄。虎头山默默无语，大柳树长丝低垂，几条牛在山坡慢悠悠地吃草，小雀在枝头鸣叫……往昔那"红火"的景象，那无尽的人流，都已悄然逝去，那曾经踏上四面八方的参观者的千千万万个脚印的大寨之路，如今已长满荒草，只留下窄窄的山道。夜晚，我住在大寨国际旅行社，偌大一层楼只我一人，静得令人发怵。清晨，我站在虎头山边，遥望蓝天白云，不禁思绪万千：大寨！你为什么这样寂寞？

接着，记者用一个"然而"，话锋一转，写了大寨的另一种景象：到处生机勃勃，热气腾腾。写出了新大寨的活力、信心与新气象。

人物通讯《擦鞋者说》（见《人民日报》2006年3月19日）写的是一位普通的打工者，文章的开头设置了一个悬念：

南京有一个"郭师傅擦鞋店"，别人擦鞋1元一双，这里却要2元，可生意依然红火。

为什么价格比别人高出一倍依然顾客盈门？郭师傅有何绝招？记者听郭师傅娓娓道来。原来这里的鞋油有"独门秘方"，服务靠的是"优质优价"！写出了一个平凡的劳动者在改革开放后的愉悦心情。

**故事叙述法**

用故事作为通讯的开头，不失为一种细腻而生动的办法。《不夜的香港——民间万众欢庆回归》（见《人民日报》1997年7月1日）一文的开头是从一个古老的传说开始的：

有这样一个传说：香港太平山上的那只石龟会走路，什么时候走到了山顶，香港就会回到祖国的怀抱。

这个传说不知始于何时，但可以肯定，是在美丽的香港岛被侵略者占领之后；不知出自何人之口，但可以肯定，是生活在这个岛上的一个中国人。

一个动人的传说，一个缠绵的梦想，一个美好的愿望。

通讯《唤醒"大红袍"》（见《人民日报》2003年7月7日）也是以故事开头的：

武夷山麓，是地道的茶乡，沟沟岔岔都流传说一个充满传奇色彩的"大红袍"故事。

故事的梗概为：传说古代有一位穷书生途经武夷山赴京城赶考。在武夷山生病了，后被僧人救起，僧人让书生喝了一种茶叶，书生竟奇迹般地病愈，得以赴京殿试中了状元。回家时，状元郎为感恩僧人，再次来到武夷山。僧人带他去后山看那株茶树。书生便将状元红袍披在茶树上，故此茶得名"大红袍"。

有了这个故事的铺垫，挖掘"大红袍"的价值，让它为发展地方经济服务，让人读来很有趣味。

通讯开头的方法还有许多，如"时间定格法""抒情感叹法""总结归纳法""背景铺垫法"等。只要我们多动脑筋，多学习名家的写作手法，结合实际，大胆创新，找准切入点，以奇句夺目，然后便能得心应手驾驭全局，文思泉涌，顺利地写出一篇出色的通讯。

# 第二十三讲：写好人物通讯的"十六字"方法

不久前，一位企业宣传干部对笔者说："在基层写稿，写消息比较多，写通讯比较少，尤其是不会写人物通讯，能否介绍一些写作技巧？"

笔者对他说："写人物通讯只要把握好 16 个字的方法，就能入门。"

他接着问："哪 16 个字？"

笔者答道："这 16 个字就是功课、提问、背景、开头、结构、结尾、标题、感情。按这思路去写，就能写好人物通讯。"

## 一、功课与提问

首先，在采访前要做好功课，尽可能地了解该人的生平事迹。所以，在见面采访时，关于姓名、年龄、学历、职务、工作经历等简单问题就免了。

其次，要准备一个采访提纲，准备好提的问题。主要捕捉"四个活生生"：

活生生的典型事迹，

活生生的"金句"语言，

活生生的思想情感，

活生生的感人细节。

在采访中，不能提过大过空的问题以及粗俗、猎奇与主题无关的问题，不能提收入、财产等个人隐私问题。

提问题可以从以下 4 个方面入手：a.能逗起被采访者兴趣的问题，b.读者关心的问题，c.心路历程的问题，d.除专业外，还可问专业以外的细节问题。

全国政协原副主席、水利部原部长钱正英对记者说过这样的话："你的问题要是逗得起我的兴趣,我就愿意讲;逗不起我的兴趣,我就不想讲。"记者在采访她时,就提了一系列能逗起她兴趣的话题,采访获得成功。

一位记者在采访作家琼瑶前做了大量功课,准备了十几个问题。记者问琼瑶:"您认为,一个人从出生到死亡的幸福一生应该是什么样的?""有研究说'写作是长寿的一大法宝',您是否有同感?""最近在酝酿什么新的作品?""在您看来,幸福婚姻至少应该包括哪些要素?""您笔下的爱情被定位为纯爱,在现代快节奏的生活中,'琼瑶式爱情'的意义在哪里?"这些问题正是读者关心的。整篇访问记一气呵成,可圈可点。

此外,可以提出心路历程的问题,使采访对象说出"脖子下面的话",即心里话。

当然,还可以提些专业以外乃至生活细节的问题。比如,对音乐、诗歌、京剧的爱好;又比如,是否做家务?会做什么拿手的菜?喜欢什么运动?等等。其目的是为主题服务,更全面地凸显这个人物的个性、思想、情操、志向,使文章更立体化、更多彩化。

## 二、背景

写人物通讯,少不了运用背景材料,应尽量多地收集。在使用时,要选用那些能突出主题的材料。

这些背景材料包括:a.以往的历史;b.从别人说、生活中各选几个背景材料;c.采访对象曾说过的生动的话;d.有趣而意想之外的材料,等等。

比如,写雷锋,就写了雷锋的童年的苦难,也写了他当工人时受到的锻炼,最后才写他在参军后全心全意为人民服务的事迹。

写陈景润,主要是写他在攻克哥德巴赫猜想中的奋斗历程,但也写他喜欢《小草》这首歌的细节。

在写科学家黄大年时,记者是这样运用背景材料的:7年前的那个冬日,他顶着纷飞的雪花,从英国归来,大步流星走进这里的时候,震动海外。有外国媒体报道说:"他的回国,让某国当年的航母演习整个舰队后退100海里。"

写黄大年生活的细节:"早起,冷水洗脸,一大杯黑咖啡,转头埋在小山似的资料中。中午,大家去食堂,他盯着电脑喊一声:'两个烤苞米。'没有烤苞米,他就从书包里掏出两片皱巴巴的面包。"

把采访对象说过的"金句"作为文章材料是十分关键的。焦裕禄说:"吃别人嚼过的馍没味道。""榜样的力量是无穷的。"让人永远难忘。王进喜说:"石油工人一声吼,地球也要抖三抖。""宁可少活20年,拼命也要拿下大油田。"令人感动,催人奋进。

## 三、开头

文章通常结构为:起承转合。"起",就是起因,就是文章的开头。人物通讯的开头可以有5种方式。

1. 从时间开始。这是常用的手法之一。

写焦裕禄的长篇通讯是这样开头的:一九六二年冬天,正是豫东兰考县遭受内涝、风沙、盐碱三害最严重的时刻。这一年,春天风沙打毁了二十万亩麦子,秋天淹坏了三十多万亩庄稼,盐碱地上有十万亩禾苗碱死,全县的粮食产量下降到了历史的最低水平。

就是在这样的关口,党派焦裕禄来到了兰考。

2. 描写环境开始。这也用得比较多。

例:夜色降临,古朴典雅的首都剧场又迎来了一天中最辉煌的时刻。

又例:阳光透过阳台的玻璃折射进来。虽是寒冬,但屋里听不到北风的呼叫,暖洋洋的。

3. 走进现场或家开始。这不失为一个好方法。

例:车从长沙一路向北,个把小时就到了岳阳境内。下了高速,七拐八拐,很快就到了西冲村。

又例：先生的家简朴如其人：旧式的沙发、拥挤的书柜和铺着笔墨纸砚的桌子，与主人吻合得天衣无缝。

4. 描写采访对象容貌开始。这种手法可以快速直接见人。

例：一位年近七旬的老人，一身干练的灰色西装，一副能遮挡阳光的大框眼镜，一颗激情燃烧的心脏。

又例：白色西装，黑色短衫，白色凉鞋，烫过的短发，略施粉黛的面容……

她的外表上处处显露出细腻与精心。

5. 从采访对象从事的工作开始。这不失为巧妙的安排。

例：她守护国宝41年，从青春少女到满头花发，她有愧于家庭，有愧于孩子，也怠慢了自己。但她却用41年的守望告诉世人，她无愧于敦煌。

又例：他是中国新闻史学界的泰斗。人们不称他教授，亦不称老师，而是尊称"方先生"。

## 四、结构与结尾

人物通讯的文章结构主要有：

顺叙法：按时间顺序排列写。

倒叙法：先写现在，再写从前到现在。

截叙法：截取几件事来写。比如，用以下3段来写一个人："勤奋的老黄牛""学习的追赶者""职工的贴心人"。

提问法：一问一答。一般十几个问题，环环紧扣。

特写法：抓一个瞬间、一个印象、一个特点来写，短而精。

其实，文无定法。其他还有追记式、插叙式、夹叙夹议式、跨界式的写法。

结尾是文章的"合"，要给人以回味、启发，最好与文章开头呼应。

人物通讯的结尾通常有以下5种手法。

1. 以感叹式结尾

例：焦裕禄同志……你是千千万万在严重自然灾害面前，巍然屹立的共产党员和贫下中农革命英雄主义形象的代表。你没有死，你将永远活在千万人的心里！

又例：大德无碑，大道无形。谁心中装着百姓，百姓就把你刻上心碑！历史就这么公道！

2. 以提问式结尾

例：大爱无我，大爱无边，环顾宇中，达此神境者能有几许？今天，当历史走向20世纪末、即将奔向新世纪，有谁敢说，中州腹地黄河两岸的几千万农民不能再创新的辉煌？

又例："以心中的火点燃诗，以诗照亮生活"，这难道不是他一生的写照吗？

3. 以总结式结尾

例：其实，他的经历就是一本厚重的书，也许称不上完美，但堪称精彩。他的人生，亦诗亦画。

又例："老骥骨奇心尚壮，青松岁久色愈新。"他作为一位老将，虽然已经卸甲，却永不卸下他对人民的真爱。

4. 以情景交融式结尾

例：时间不早了，该我们说道别了，他再一次伸出温暖的双手，笑呵呵地说着再见。他那挺拔的身影，与那棵百年古枫树一道，定格在我们的数码镜头里。

又例：我想，这经久不息的掌声固然是为了音乐美妙的旋律，但同时也是为了一个有着"岁月如歌"精彩年华的老人，为了他对生命、生活和音乐无比热爱之情。

5. 以采访对象精彩语言结尾

例：面对许许多多喜爱她的观众，她说过，自己的座右铭："踏实做人，认真做事。拥有一颗平常心。"

又例：在为民族寻找记忆的路上，他走过了65个年头，当年那个壮志踌躇的青年，现在已经是耄耋老人了。他说他将继续走下去，能干多少，就干多少。"当你真心爱上这个行业,你就发现自己离不开它了。"

## 五、标题

人物通讯的标题必须突出人物思想、品格特征,在此基础上,名字有几种安排方式:

第一种方法,把名字放前面:

钟南山:守住真实

巴金:巨星陨落,光还亮着

陈景润精神魅力永存

第二种方法,把名字放后面:

铁人王进喜

人民之子穆青

红学"书生"周汝昌

第三种方法,名字在破折号后:

县委书记的榜样——焦裕禄

毛主席的好战士——雷锋

为了周总理的嘱托——记农民科学家吴吉昌

第四种方法,标题上不署姓名:

谁是最可爱的人

梅花高洁香如故

擦鞋者说

## 六、情感

文以情动人,写作要真、深、纯。带着感情才能写好人物通讯。

文章要感动别人,先要感动自己。

你有流着泪写文章的经历吗?

最近，笔者在整理纪念人民日报社一位老干部李敬人的文章中，读到了以下文字：

90岁的李教授写他的同乡、发小李敬人时说："我所写的这些文字，是带怀念敬人的深情、含着泪水写的，我永远怀念敬人。"

李敬人的女儿玉梅说："40多篇追思纪念文章，从一件件貌似于平平淡淡的琐事回忆中，用非常朴实无华的话语，表达了对我父亲的一片真情、一份怀念。很多文章写得情真意切，我是流着眼泪看完的。"

笔者的追思文章结尾："正值清明时节和李伯父逝世3周年之际，我含泪写下这篇小文，寄托哀思，深深地怀念李敬人先生和李伯母，把他们的恩情永远铭记在心。"

带着感情，抓住动人的故事，突出典型事例，要写出思想的波澜，写出深刻的变化。用最精简的文字、最感人的细节表现主题。

鲁迅投入写作的初衷是，他在日本学医的时候看了一个电影，这个电影反映的是日俄战争期间，日本人抓了些中国人，然后就当众处决他们。周围围着很多看热闹的中国人，这让鲁迅先生受到了极大的刺激。为此他在《呐喊》自序里说，"为改变他们的精神而开始投身文艺创作"。

巴金说："我只是一个普通的人，我写作不是我有才华，而是我有感情。对我的祖国和同胞，我有无限的爱，我用作品表达我的感情。"

魏巍采写《谁是最可爱的人》之前，进行了为期三个月的战地采访，掌握了大量感人的故事和细节，但他只精选了松骨峰战斗、马玉祥烈火中救朝鲜儿童和防空洞中与战士对话三个故事，用最精简的文字、最感人的细节表现了重大主题，收到了良好的效果。

采访时让自己带着激情，写作时让自己带着感动，你就一定能写出有血有肉、鲜活的人物通讯。

# 第二十四讲：现场短新闻的写法

"小小笔尖写出百味，传播真情褒扬善美。"许多记者、通讯员通过走基层、转作风、改文风，了解民情，调查研究，深入一线，在沸腾的工地采访，在广袤的田野调研，在前线的哨所写作，使新闻快起来、活起来、亮起来，写出了许多好稿件。其中，现场短新闻就是一个好品种，它越来越受到新闻单位的重视，也越来越受到读者的欢迎。探索现场短新闻一些带规律性的东西，学习优秀的现场短新闻写作思路与手法，是记者练好基本功的途径之一。

**现场短新闻有哪些特点？**

什么是现场短新闻？现场短新闻是记者深入现场，捕捉一个片断，用简洁生动的语言写出的感人、新闻价值高的报道。它必须具有4个基本要素：新、真、活、短。不新，就是旧闻，就是历史；不真，就是传言，或是谣言；不活，就缺少生活气息；不短，就不叫短新闻。

在确保新与真的前提下，现场短新闻的主要特点有三个方面。

一是必须有活生生的现场感。短新闻中的人和事，都应当是记者在现场见到或听到的。所描写的情景、语言、人物表情是身临其境了解到的，而不是虚构或想象的。背景材料可以用，但不宜长。

二是所写的事物要有新闻价值。即这条新闻对社会进步是有意义的，是读者喜欢看的。这就需要记者对新闻事实进行梳理，不是看到什么写什么，而是在大量事实中精心筛选出那些值得报道的东西。

三是文章短小精悍。这是改进文风的重要一环。短，也要短得有内容、有深度、有含金量，"秤砣虽小压千斤"，要有闪光点，而不是为短而短。现场短新闻的稿件在 500~1000 字为宜。

《华阳礁上补给忙》一文（刊登于《解放军报》1989 年 11 月 21 日），曾获中国记协组织首都新闻单位评选的现场短新闻一等奖。在这篇 700 字左右的现场短新闻中，笔者"乘南海舰队 155 号拖船，在南海华阳礁目睹了惊心动魄的海上补给场面"。笔者不仅目睹，还参与了同补给队员一起扛食品箱、跳海推艇的惊险行动。在返回永署礁休整时，精疲力竭的作者在采访本上写下了这篇作品，歌颂了南海水兵的精神风貌。全文既见人又闻声，又有亲身体验，读后使人身临其境。作者在总结采写经验时说，这是"以身体做笔、以汗水为墨"的努力结果。

**怎样才能写好现场短新闻？**

一、深入生活，深入基层，进入角色是关键的一点。记者只有沉下去，贴近广阔的社会生活，脚上沾泥土，身上有汗水，才能于微末处寻真章，于朴素处见真情。走基层才能转变作风，才能写出有温度、有锐度的文章。有一位记者深有体会地说："一个农村记者，一年能为农民说一句话，比评上 10 篇 20 篇好稿的意义还大。"有的记者认为，自己的优势就是紧贴基层，只要沉下身子深入采访、选好角度精心写作、以小见大展示典型，同样能写出社会反响良好的优秀新闻。

二、现场短信息既要关注日常琐事，更要用心抓住社会热点，通过以小见大方式，选准一个角度来写。有一篇现场短新闻题目是《鲜花不知送给谁》。这篇报道是武钢工人报记者李军写的，获第二届全国现场短新闻一等奖。说的是一位 17 岁的中学生在国际数学竞赛中得了金牌，下火车时接受了一束鲜花。回到母校时，父母来了，老师、校长也来了。有人让这位学生把鲜花送给妈妈，妈妈却要儿子把鲜花送给辛勤培养的老师。最后，鲜花被这位学生留在学校会议室了。文章通过戏剧性的送花过程和每个人的语言、动作，突出了社会主义精神文明建设深入人心、人与人之间互相尊重的美德得到弘扬的主题。

如果按常规写法，学生获奖—车站欢迎—校长讲话—家长讲话—学生讲话—合影留念—欢迎仪式结束，文章就显得十分平淡。

三、现场短新闻虽然短，但内容必须扎实，要写出思想高度，使文章富有感染力。《人民日报》2006年3月19日刊登了记者龚永泉的《擦鞋者说》现场短新闻。记者通过采访一家个体擦鞋店的鄢师傅，用生动的笔触、通俗的话语讲述最普通的劳动者的生活经历，反映出人民群众在改革开放进程中的思想与行动。

四、短小而精粹、生动，是现场短新闻的写作要求。文章字字珍贵，决不拖泥带水。《人民日报》1996年8月19日发表的记者孟仁泉写的《虎林笑看虎怕牛》一文，他开始写道，摄影记者们带着一头小牛去东北虎林园，大家"扛着长短镜头、大小相机"，目的是为了拍一幅群虎争食的画面。没想到把小牛放进虎园后，老虎们与小牛"相持约十几分钟后，又来了六只老虎，但谁也不主动出击，最后还是第一只老虎扑向小牛，将小牛按在地上。人们不禁替小牛捏一把汗，心想：小牛完了！谁知顽强的小牛蓦地一顶，兽王倒退两步，别的老虎则眼巴巴地在一旁静观。小牛越斗越勇，兽王狼狈逃回草丛。见此情景，人们哄然大笑"。记者绘声绘色的描写，增强了现场感，小牛竟然把老虎赶走了，文章妙趣横生。

**倡导现场短新闻意义何在？**

倡导现场短新闻，是新闻改革的重要步骤，也是一个突破口。要把报刊、广播、电视办好，必须要有好的内容，要给读者提供好的精神食粮。现场短新闻正是由于它的又短又活的特点，使新闻报道活起来了。一些报纸在版面重要位置开辟了"现场速写""目击新闻""现场新闻""现场特写"等专栏，改变了报纸呆板面孔，使读者喜闻乐见。

倡导现场短新闻，促进记者和通讯员走出书斋，到现场去，到工地去，到农村去，到技改现场去，到军营去，使记者得到了锻炼，改掉了飘浮作风，工作更加扎实，从而培养出一批优秀新闻人才。人民日报"编采业务"发出这样的号召："下决心干记者这一行而且想干出点名堂的同志，抓住'现场新闻'这个突破口，多练练笔。"

倡导现场短新闻，促进了"改文风"。写文章反对假、大、空，反对八股文，提倡短、实、新，就是在反对形式主义。记者在写短新闻时，会听到许多老百姓朴实的语言，看到许多感人的细节，把它们写进文章中，文章的面貌为之一新。改文风永远在路上，要坚持。不良文风与不良作风是相连的，如果任由不良文风滋生蔓延，让记者、通讯员的精力都耗费在炮制文山会海的材料上，是很难写出精品稿子的。

倡导现场短新闻，打开了一扇新窗口，有了一个新目标，其意义不可低估，有志者当奋力实践。

# 第二十五讲:"间接性导语"的写法

导语在消息写作中有着至关重要的作用。有人曾说过:"导语写好,消息就至少写好一半。"因此,我们应当十分重视并研究写好导语。

导语有直接性与间接性之分,如果既掌握了前者又学会了后者,写作多了一招,何乐而不为?

**两种导语　各有千秋**

在消息导语的写作中,通常是用直接性导语。

直接性导语是最常用的一种导语写法,即开门见山,把新闻发生的时间、地点和最重要、最新鲜的事实集中概括、简明扼要地写在新闻稿的最前面。

另外一种导语,叫作间接性导语,又叫作延缓性导语。

这种导语在新闻稿的开头,只是突出某一个最生动的事实,或者是写感受到的现场气氛,还可以用引用轶事、制造悬念等手法来引起读者的注意与兴趣。

学会运用间接性导语,使我们又增加了一种写作的手法,在必要的场合"亮"一下,往往会起到意想不到的效果,使报道别出心裁,胜人一筹,获得赞许。

我们来看以下这条间接性导语,它用的是"悬念法":

9月初的一天早晨,从钟祥县开往武汉的长途汽车就要起动了。考取了北京大学的农家子弟柯洪云欢欢喜喜地登上了汽车。这时,一位中年妇女急急忙忙地赶来，把一件棉大衣塞到了他手上。乘客们以为，这一定是这个学生的妈妈。可是，人们怎么也没有想到，这位妇女却是柯洪云的老师。

这个导语设置了一个悬念，为什么老师要赶到长途汽车站送棉大衣？肯定有故事。这就吸引了读者继续往下看。往下再讲整个事情的过程，让读者知道全貌。

**先有感性　再达理性**

间接性导语的巧妙之处，在于它是让读者先有感性认识，先写一些看到、听到、想到的形象的东西，再引导读者进入理性认识，从而达到强化新闻效果的作用。

有一条间接性导语这样写道：

"六万一千元，一次。""六万一千元，两次。""六万一千元，三次。""成交！" 25日下午，起拍不到5分钟，中央和国家机关公车改革取消车辆首场拍卖会的第一辆公车拍出。

把拍卖师的语音直接写在新闻的开头，让人如亲临其境、亲听其声，然后再写拍卖会的全部成果。这样写，很生动，很鲜活。

有一条消息，讲的是出租车司机通过遗忘在车上的物品协助警方破案。如果用直接性导语可以这样写：

今天，一位出租车司机由于将窃贼忘带走的赃物交给警方，帮助破获了一起大案而荣获三等功。

然而，写这条新闻的人却另辟蹊径，把一个反常的现象（不把失物交回失主而获奖）展现在人们眼前，让读者先是"惊"一下，收到了出奇制胜的效果。

他是这样写导语的：

人们大都因为将遗失物及时送归原主赢得赞誉，但一名出租车司机却因为没有这样做而受到表彰。今天，他荣获了三等功证和奖金。

不是直接叙述新闻事实，而是通过迂回曲折的手法表达主题，这便是间接性导语的功效。

以下这条间接性导语是这样写的,用的是"镜头法":

一眨眼之间,他已在青藏高原奋战了 27 个春秋了。原来的满头青丝,现在已染上了祁连山的霜雪;脸上的皱纹,就像是风沙雕刻的痕迹。这是少数民族地区科技工作代表座谈会上,高级地质师胡贤农给记者留下的深刻印象。

这种用速写或快镜头的描写手法,先写直观形象,再写人的行为与精神,给人留下深刻的印象。

**同一消息 两种导语**

同一条消息,可以用直接式导语,也可以用间接式导语。1987 年 11 月,中国癌症基金会组织建造的"战癌女神铜像"在北京落成,许多家报纸发了这条消息,我们看以下两条消息的导语,一条是直接性导语,一条是间接性导语。我们来比较一下:

直接性导语:

昨天,一尊 3.5 米高的仿古青铜战癌女神塑像,傲然耸立在中国医科院肿瘤研究所广场上,她身材修长、秀发如瀑,双手高擎智慧之剑,脚踏一只巨型螃蟹。

间接性导语:

一只十脚螃蟹被一位女神牢牢踩着,女神手托一把利剑,双目坚定地望向远方——象征着我国人民同癌症作斗争的战癌女神铜像今天在北京落成。

间接性导语不是先说时间,而是先说形象,让人对扩癌女神印象更深。同时,在用词上,间接性导语中的"牢牢踩着""利剑""双目坚定"等词汇,突出了战癌决心,紧扣主题,显然要比直接性导语中用"身材修长、秀发如瀑"等词要强。

### 抓住瞬间　精心设计

要写好间接性导语,就要善于抓住最精彩的瞬间。

我们再看《人民日报》2004年5月26日第11版上《中德燃料电池车比肩驶过天安门》这条消息的导语:

"过来了,过来了!"时钟指向13时16分,一列特殊的车队驶过天安门城楼,驶向人民大会堂东门外广场。两辆分别由中国和德国制造的氢燃料电池汽车走在车队的前列。掌声响起,越下越大的雨水中,700多名参加国际氢能论坛的中外专家共同庆祝这一具有历史意义的时刻。

这段间接性导语是以场景描写开始的,然后引出主题。

这则报道见报后一炮打响,共有30多家中外网站进行转载,并获得2004年度中国新闻奖二等奖。

写导语的方法很多,可以用概括叙述法、悬念镜头法,也可以用拟人引喻法、提问作答法,还可以用小中见大法、联想假设法,等等。不论用哪种方法,都要在新鲜、精练、准确、能引起读者兴趣上下功夫。这样,我们写出的导语就会"活"起来,"动"起来,让人难忘而又有回味。

# 第二十六讲：概貌通讯的写作技巧

通讯的种类有人物通讯、工作通讯、事件通讯、采访札记、述评、专访、概貌通讯等，其中，概貌通讯是记者常用的体裁。

概貌通讯是着重记述国内外社会变化、风土人情和经济发展情况的报道。它的一个显著特点是写"新"与"变"，写新的面貌、新的变化、新的人物、新的问题。概貌通讯给读者带来新的惊喜、新的知识、新的画面，回顾过去，展望未来，是时代变迁的忠实记录者。

人民日报记者在采写概貌通讯时常采用以下五招，以展示并透视社会人生的新画卷。我们可以从中学到不少写作技巧。

### 第一招：抓住特点　突出时代动感

概貌通讯是以新闻形式来表现的，不同于一般的游记或散文。因此，在写作时，一定要突出时代动感，有新鲜性，有时效性，而不是单纯叙述陈旧的往事。

《人民日报》记者费伟伟写的《新唐山扫描》（见《人民日报》1991年7月26日），开头是这样写的：

仅仅15年。

15年前化为废墟的唐山，今年9月将以东道主的身分，迎接前来参加第二届全国城市运动会的体育健儿。唐山的电视台、报纸、广播每天告诉人们："据城运会开幕，还有××天。"在占地25万平方米的唐山体育城内，工人们正顶着炎炎烈日扩展着绿色的草坪……

"15年前大地震，15年后办城运。"这句话成为唐山时下最响亮的口号，它把人们的目光再次引向这个地震后新生的凤凰城。

短短的几段话，几个场景，就把新时代的唐山和盘托出，令人眼前一亮。它牢牢抓住了唐山大地震后社会发生的深刻变化，让人们看到了时代的进步和生活的希望。

人民日报记者顾兆农在《让历史变成财富——江苏省办公机构迁出"总统府"前后》一文（见《人民日报》2001年2月12日）中写道：

作为南京人，无数次到过"总统府"。前不久，陪客人又一次来到"总统府"参观时，却陡然发现，原先在这里办公的江苏省政协机关已全部撤出，"总统府"恢复了历史的原貌，以广阔的空间、丰富的内容，供参观游览。

这一叙述，把南京"总统府"的变化原因写出来了，紧扣"让历史变成财富"这一文章主题。

### 第二招：强烈对比　重墨写出变化

概貌通讯通常有强烈的新旧对比、进步与落后的对比、富裕与贫穷的对比，这样才能做到从变化中看面貌，从沧桑中看现实。

《新唐山扫描》在写旧唐山与新唐山的对比时是这样描述的：

旧唐山是1878年后，随着开滦煤矿的发展而形成的，布局混乱，污染严重，住房矮旧，交通不畅。唐山大地震后，有人预言，唐山"将从地图上被抹掉"。

然而，经过15年的奋斗，如今"新唐山，不仅市区面积比原来扩大了五分之二，而且具有时代的气质"。"唐山的人均绿地面积是震前的2.66倍，已达2.05平方米。""1990年11月13日，联合国授予唐山'人居荣誉奖'。新唐山当之无愧。"

巨大的反差，沧桑的变迁，凸显了唐山人民正满怀信心走向未来。

### 第三招：情景交融　抒发作者情感

情景交融的写作手法能使情与景高度切合，使所写的景带有感情色彩，而所抒发的感情又寄托在景物之中，景中有情、情以景显。

人民日报记者卢小飞写的《西去羌塘》一文（见《人民日报》1989年8月7日），文笔甚佳。羌塘是青藏高原的组成部分，也是世界海拔最高的内陆湖区。藏语全称为"羌东门梅龙东"，即"北方高平地"之意。

文中有一段情景交融的描写：

羌塘是探险家的乐园，凡去过的，无不感叹那造化的神奇。而此时，你或许正穿行无人区，可能正面临一场突如其来的暴风雪，可能遇到汽车难以通过的沼泽，也可能会遇到野兽。如果单车行驶，又出了故障，前不见古人，后不见来者，事情就有些麻烦。在草原过夜，戏称为"当团长"，受冻挨饿，还要防备野兽的突然袭击。此时此刻，轻松的草原浪漫曲被沉重的自然压迫感取代了。怎么样？大自然给予的美妙与严酷同时而来。这时，想想羌塘牧民在死亡面前的沉静，想想杰克·伦敦《热爱生命》，你会坦然起来。不是么？走到哪儿也不能躲过人生的命题，只有搏击，才会超越人生的各种障碍。

这段文字，既写出了羌塘复杂多变的自然环境，又寄托了对羌塘人历经磨难的关怀与敬意。

### 第四招：生动趣味　传播文化知识

一位作家说过："所有伟大而独创性的作家，以其伟大以及独创为准，创造出各自的趣味来。"概貌通讯是传播文化知识的有效途径，可以写得既有趣味，又很感人。在这一方面，大有可为。

在上述3篇通讯中，都有知识亮点，读者在阅读过程中增长不少地理、人文、科技等方面的学问。

《西去羌塘》向我们介绍了羌塘的历史，"在唐朝的吐蕃地图上就标有这个地方"，"羌塘的两端各有一名镇……那曲在历史上就是重要的商品集散地，相对繁荣一些；狮泉河是新兴的城镇，地处古代阿里的三围之中"。这里5平方公里以上的湖有307个，100平方公里以上的湖有42个，这里的动物除牛羊外，还有野生的黑头鸥、湖兽、水兽等。

《新唐山扫描》让我们知道了唐山的一系列特色产品：水泥、煤炭、钢铁、电力、纯碱、高档瓷、骨灰瓷、卫生陶瓷，以及孙中山在《建国方略》中提到的"北方大港"。

《让历史变成财富》则向读者介绍了从明代、清代、民国时期"总统府"的变迁，以及1949年4月23日南京解放，一群解放军战士站在"总统府"门楼上持枪欢呼的场景。

"人生处万类，知识最为贵。"在文中介绍知识，读者印在脑子里面，有许多知识是一生不会磨灭的。

### 第五招：写好人物　关注人文风貌

社会风貌与人的活动息息相关。因此，在写概貌通讯时，既要见景见物，又要见人见思想。托尔斯泰说过："文学应该记载下过去所经历的道路，追随那行动着的群众，沿着他们所走过的道路把那五光十色的历史图画给展示出来。"

在《让历史变成财富》中提到的人物有时任江苏省委书记、副书记、省政协主席、国家文物局古建筑专家组组长、全国历史文化名城保护委员会副主任等，让他们来谈把"总统府"建成"南京中国近现代博物馆"的设想与意义，使人们对在城市化进程中，如何更有效地保护利用文物增加了认识。

《新唐山扫描》中提到的人物有联合国官员、唐山81岁的市民、工厂厂长等，从多维度反映了崛起的唐山新面貌。

《西去羌塘》中的汉族教师、负责风能发电的科技人员，都给人留下难以忘怀的印象。

朋友们，如果你今后要写概貌通讯的时候，不妨用一下人民日报记者用过的以上5招，那么，你写出来的这篇通讯就会有进步，能出彩，并获得成功。

不信？你试试。

# 第二十七讲：通讯与消息有何不同？

通讯是新闻体裁中重要的一项，是记者和通讯员必须掌握的一种写作类型。

通讯与消息虽有许多相同之处，但各有其本身的特点，两者不可混同。通讯不是拉长了的消息。

现在有人写出来的新闻稿既像消息稿又像通讯稿，好比是夹生饭，这种状况应当加以改变。

**通讯与消息的主要不同点**

通讯与消息的开头是不一样的。消息的开头要写导语，用"倒金字塔"手法把最重要、最新鲜的内容放在最前面，导语中要写出时间、地点、人物、事情、原因等要素。

通讯的开头往往有多种方法，只要是夺目之奇句，只要是传神之佳语，不论是哲理式的、交代式的、衬托式的、感叹式的、回忆式的、疑问式的、诗句式的，均可作为开头。没有一套固定的模式，而是丰富多彩，各取所需。

通讯与消息的标题做法是不一样的。消息的标题要有动态词汇。《杭州西湖变美了》，这可作为消息的标题，也可作为通讯的标题。但是《美丽的杭州西湖》这个标题，因为没有动态词汇，所以不能作为消息的标题，只能作为通讯的标题。

《今日大寨》《大庆精神大庆人》《雪域高原第一乡》《百姓心中

的丰碑》这些通讯的标题中，都没有动词，显然不能作为消息的标题。

消息的标题可以一行题，也可以两行题、三行题。主题、引题、副题可以搭配使用。

而通讯的标题一般为一行题，或者在主题下面加一个破折号，写上"记""访""侧记""纪实""札记""纪事"等字样。

通讯与消息的写作手法是不一样的。消息的写作都是用第三人称的手法。通讯可以用第三人称手法，也可用第一、第二人称的手法。消息的写作手法简单明了，比较概括。通讯的写作比较详尽、比较细腻，常常是既有叙述，又有描写，又有抒情，还有议论。通讯不但要写出事情、写出人物、写出景色，还要写出情感、写出精神，有时代特点，对人有启发和引导作用。

通讯在进行描写的时候，在不脱离真实性的情况下，还可以用比喻等手法。1963年5月8日《人民日报》上发表的《无产阶级战士的高尚风格——"南京路上好八连"纪事》的通讯中，出现了这样的句子：

南京路是上海市最繁华、最富丽的街道。那高楼大厦，确不亚于江河两岸凌空矗立的山峰；那马路上的车水马龙，简直胜似江河中的洪涛巨浪；那五光十色的商店橱窗，则很容易使你联想起阳春时节岸旁的茂树繁花。夜里，那通明的灯火、闪烁的霓虹，比江河上空的万点繁星和云头上的闪电还要绚烂、还要辉煌……

这样富有诗意的句子，在消息的写作中是不会出现的。

通讯属于记述文，它和消息一样，必须具备新鲜性和真实性。不同点是，通讯的故事性更强，有情节，有起伏。从字数上来说，消息一般为几百字，长的一千字；通讯则可写一千字以上，甚至两三千字以上。

**怎样才能写好通讯**

首先，要多看名篇。报刊历史上诞生过许多通讯名篇，可以作为范本来读。这好比写书法临帖一样，临帖多了，再加上创新，字就写得好了。

新华社原社长穆青一生写过许多通讯。他在解放前就写过不少战士通讯。新中国成立后，又写出了《县委书记的榜样——焦裕禄》《为了周总理的嘱托——记农民科学家吴吉昌》《一篇没有写完的报道》《人民呼唤焦裕禄》《风帆起珠江》《潮涌中州》《赶着黄牛奔小康》《两张闪光的照片》《情系人民》《苏南农村第三波》《中原"金三角"纪行》等充满了艺术生命力和感染力的通讯。

新华社在"纪念穆青的专题"中评价道：建国以来，穆青的每一篇报道几乎都成为中国新闻界的范文。他和他的同事，记录并传播了那个风云年代的主流精神。他贡献于他所生活的时代，同时也无可逃遁地为时代规约。他的新闻作品、新闻主张和新闻实践，均为二十世纪中国新闻史不可或缺的篇章。

人民日报出版社出版的《人民日报70年通讯选》，选取了从1949年6月21日以来的百余篇通讯，其中有柏生、李庄、田流、商恺、范荣康、纪希晨、范敬宜……许多名家的作品，值得一读。

其次，要安排好通讯的结构。通讯通常的写法是顺着写，即是按照时间次序及事件的起点开始写，然后写发展过程，直至最后的结果。这种写法的优点是条理比较清楚，缺点是容易产生眉毛胡子一把抓的毛病，写得比较烦琐和冗长。怎样克服这一毛病呢？那就必须在历史的长河中截取几段最具激昂情节、突出主题的片断，重点叙述与描写，而把一般的情节简略带过。

通讯结构的另一种安排方式是横式结构，即在确定主题的情况下，用不同的人物、事件围绕这个主题来写，而不是按照时间先后来写。在抗击"非典"时期，有一篇通讯《在人民需要的时刻》，其中有3个小标题："力量，在党旗下凝聚""行动，为党旗添彩""热血，为党旗沸腾"，讲的是3个不同地方的故事，却是围绕着一个中心：党旗的光辉与力量。这种写法，同样是脉络清晰，层次分明，中心突出。

在掌握了顺着写和横着写的方法后，可以根据事件和人物的进展，创造出其他新的文章结构，如时空交叉式的结构等。

至于通讯的开头、结尾、细节、标题等问题，也是需要精心谋划的。在这方面，不少新闻行家已有许多精彩的论述，笔者在此就不再多讲了。

　　此外，在写通讯时必须注意素材的取舍。素材多是好事，但不会取舍反而会误事。学会取舍，就能把最精彩的部分提炼出来，组织成好文章。魏巍在写《谁是最可爱的人》时，素材有几十个人物和事例，最后只选了3个最有典型性的素材。

　　人民日报原总编辑范敬宜说过："写通讯不要动辄几千字，往往从开天辟地说起，不少人物报道不用写那么长而全，真正动人的情节三两个；短新闻完全可以用来写人物，同绘画一样，工笔重彩固然可以写真，逸笔素描同样能够传神。大家不妨多试用一下这种方法。"提倡写短新闻，也包含着写短通讯，在这一方面，是可以有所作为的。

# 第二十八讲：怎样写深度报道？

企事业单位宣传干部在写新闻稿的过程中，经常会遇到一个问题：稿件虽然写出来了，也比较通顺，但写得不深不透，比较平，没有厚度、高度，总感到缺点什么。

那么，怎样才能写出有深度的报道呢？

首先，我们要了解什么是深度报道，了解文章的深度、厚度、高度是从何而来的。

深度报道反映的题材比较重要，它善于深入挖掘新闻内因，了解事物发展趋势，从而寻找到解决办法。

深度报道是一种新闻报道方式，在工作通讯和事件通讯中运用较多。

不久前，人民日报社编辑出版了一套新中国成立70年作品选，在厚达550多页的"通讯选"中，有两篇文章引起了笔者的关注，这是典型的深度报道。

下面，我们通过阅读、分析这两篇报道，来看看深度报道应该怎样写才能出彩。

第一篇发表在1979年5月16日《人民日报》上，这是记者范敬宜的文章，题目是《分清主流与支流 莫把"开头"当"过头"》。

当时，范敬宜是辽宁日报记者。他经过扎扎实实的调查，用事实来回答那些对十一届三中全会精神有怀疑、有抵触的同志。这篇报道，有深度，有厚度，有高度，对改革开放起到了很好的推进作用。

范敬宜后任人民日报总编辑。他在回忆写这篇报道时说，1978年冬天，具有划时代意义的党的十一届三中全会召开了。时隔不久，到了1979年三四月间,情况突然变化,社会上出现一股冷风,传说什么"三中全会的政策过头了""现在农村中资本主义泛滥了""辛辛苦苦二十年,一夜退到解放前",把农村状况描绘得一团漆黑。他感到困惑:既然三中全会的路线、政策深得民心,为什么反对的声音如此强劲?如果三中全会的路线、政策真是"过了头",报纸今后如何继续宣传三中全会精神?

为此,范敬宜主动选择了地处辽西贫困山区的建昌县去调研。因为从1969年到1978年,他曾在那里度过近10年的艰难岁月:当过名副其实的生产队社员,当过县农业办公室干事,跑遍了全县20多个公社、300多个大队的山山水水,对农村情况比较熟悉,而且结识了一批基层干部和普通农民。他们肯定能够说真话、说实话,这样调查研究可以少走一些弯路。

到了建昌县,他在访问了许多县、公社、大队干部后,决定到过去落户的生产队去,直接听听老百姓怎么说。结果听到的大不一样。老百姓众口一词地说:三中全会政策太好了,照这样下去,农民就有希望了。他问:好在哪里?老百姓说:活起来了!咱农民有活路了!

老百姓的一个"活"字,给他以极大的震动。他又回到县里向县委书记请教。他们两位都是农村工作经验丰富的老干部,思想比较解放,对三中全会精神有正确的认识。讨论的结果:虽然三中全会已经开过,但是由于受"左"的思想长期束缚,各级干部对三中全会精神还很不理解。不仅老干部的解放思想需要一个过程,年轻干部也需要从头学起。因此,帮助各级领导干部解放思想,改变观念,是保证三中全会路线、政策贯彻落实的关键。这些认识,现在看来平淡无奇,在当时真有点振聋发聩。

1979年5月13日,《莫把开头当"过头"》顺利地在《辽宁日报》一版头条位置登出。三天之后它就被《人民日报》转载。

范敬宜说,十年基层生活,使他这个从象牙塔里摔出来的知识分子,多少了解了我国的基本国情,懂得农民究竟欢迎什么政策,反对什么政策;什么样的政策会给农民带来幸福,什么样的政策会给农民带来灾难。因此,听到有人说三中全会政策的坏话,很自然地认为不符合实际情况,应该实事求是地把真实情况反映出来,以正视听。

范敬宜的经验之谈值得我们学习借鉴。

第二篇是记者阎晓明写的,发表在 1998 年 2 月 24 日《人民日报》上。文章题目《沉重的代价换来什么——在山西文水制造销售假酒案发生地的思考》。阎晓明当时是人民日报社山西记者站采编部主任,现任中央广播电视总台副台长。

当年,阎晓明在文水假酒制造现场深入采访,反复思考,提出了"这些毒害无辜者致死的假酒中,还包含着什么呢"这一深层次的问题。

记者来到当地案发头号祸首的家中,察看了制造假酒的铁罐、大缸,向当地干群询问:"有没有文水人喝假酒受害?"面对记者突然冒出的问题,当地干部面面相觑,回答道:"没有。假酒都卖到雁北去了。"原来,雁北比较贫穷,是贫困的农民在喝这种每千克 2 元 4 角的白酒。在写这一段文字之时,记者还巧妙地插入"欢欢喜喜汾河湾,凄凄惨惨雁门关"的民谚,以及唐代诗人岑参的诗句"北风卷地百草折,胡天八月即飞雪"。

记者敏锐地提出,贫穷,是假酒中包含的另一个超量元素。记者通过积累的资料分析,1992 年以来,连这次朔州案在内,全国共发生 9 起假酒致死人命恶性事件。作案人都是用甲醇兑酒,受害者几乎都在贫困农村。

从而,记者得出了"因贫穷而被抑制的消费,为简陋而赤裸裸的造假提供了机会。贫穷、愚昧和贪婪,是制造有毒假酒的毒源"的论断。

接着,记者指出,"致死的不仅仅是人的生命",因为这起事件,使山西白酒市场的信誉受到空前损害。记者大声地发问:"悲剧还会不会重演?""面对刚刚发生的假酒案,亡羊补牢,我们现在能做些什么?"接着,记者从严格管理甲醇、堵住造假源头、查清管理漏洞、健全市场行为、教育农民提高自我保护意识等方面作了分析。

曾任人民日报副总编辑的吕岩松说:"在弘扬主旋律、传播正能量的同时,《人民日报》直面工作中存在的问题,直面社会丑恶现象,精准把脉。精确听诊,精细开方,激浊扬清,针砭时弊。""这些通讯发挥舆论监督作用,为社会提供医治顽疾的良医妙方。"

深度报道无论是见证历史、促进改革开放的报道,还是发挥舆论监督作用的报道，都承载着"铁肩担道义"的使命，都在凝心聚力，围绕大局，服务人民。

如今，我们在写新闻稿件时，就很有必要学习这种写作方法：吃透上级精神，深入调查研究，提出问题，提供事件背景，进行解释分析，拓展新闻内涵，使文章不但表述出"是什么"，而且能提出"为什么"，落实"怎么办"。这样的报道，读起来过瘾，不但自己满意，也能得到读者的认可。

赶快行动起来，在采访与写作中试一下，你一定能写出有深度的报道。

# 第二十九讲：单位经常开展各项活动，新闻稿怎么写？

企业、学校、医院、政府机关等单位经常会开展一些活动，比如文艺汇演、演讲比赛、运动会、参观访问、送温暖活动、祭奠英烈、公益活动等。活动结束后，需要写一篇新闻稿，应该怎么写呢？

**三种常用的报道方式**

常用的写法有三种：第一种是经典式的新闻稿（消息），第二种是拓展式的新闻稿（通讯），第三种是图片报道方式。

经典式的新闻稿是按照"倒金字塔式"的写法，把最重要的事情放在最前面，通过做好标题、写好导语、主体、结尾，完成稿件。再配上几张此项活动的照片，就更加完美了。这种稿件简短、明白地概括新闻事实，讲求时效，易读易懂，是记者和通讯员经常使用的一种写作手法。稿件的字数通常在一千字之内，重要活动可增加字数。

拓展式的通讯稿，则要求内容更翔实，有故事，有情节，用纵式或横式结构，文章运用描写、议论等手法来达到表现主题的目的。通讯稿的标题比较抒情，副标题上可以用"侧记""记"等字样。全文常分几部分内容，用小标题分开。也可以配上照片。稿件的字数通常为一千字至三千字。

图片报道方式是把活动内容通过图片专栏或图片专版发表。这是以新闻照片为主的报道方式，辅以图片说明。其优点是直观、形象、生动，也是较常用的报道方法。

**经典式消息的写法**

以下这篇连云港市城建控股集团有限公司的新闻稿,是活动类稿件较常规的程式化的消息写法。(以下括号内为笔者的评语)

### 市政公用公司工会开展"寒冬送温暖 情暖员工心"慰问活动

刚入大雪节气,随着一股强冷空气的到来,气温骤降,港城迅速开启"速冻"模式。为把公司党组织对一线员工的关爱落实到位,12月11日上午,市政公用公司党总支书记、董事长王连帅带领公司领导班子及工会相关人员组成的慰问组,在公司系统内开展"寒冬送温暖 情暖员工心"精准慰问活动。为一线员工送上防寒帽、手套、雨衣等防寒保暖用品,送去了党组织的关怀和工会娘家人的温暖。(导语写出了活动的时间、地点、人物、事情、原因,新闻的5要素齐全,概括了这次活动的主要内容。)

迎着今冬第一场雪,慰问组首先来到西部城区集中供热中心现场。尽管近日气温持续走低,室外寒气逼人,但供热部全体员工不分昼夜仍坚守在抢修现场,履行国企的义务和责任担当,保证安全供热。王连帅董事长对他们在寒冷天气依然坚守岗位的敬业精神给予高度肯定,为他们发放了防寒保暖用品,并叮嘱职工防寒保暖,注意身体健康。同时指出,供暖工作是事关群众冷暖的民生大事,也是市委市政府高度关注的一项重要民生工程。大家要合理安排工作时间,继续加强供热管道巡查检修保障力度,全力保障供热设备设施运行安全,保障城市供热的正常运转和市民用热的安全稳定,切实做好今冬供热工作。供热中心职工们纷纷表示,一定会立足岗位,尽职尽责,做好供热工作,让群众温暖过冬。(这一段是新闻的主体,叙述了慰问组所访问的主要单位、领导对职工的关怀,再次强调冬季供暖工作的重要性。)

随后，慰问组先后来到城市排水、鑫城公共、星辰照明和港城水务等公司工作现场，向为市民提供绿色出行、路灯照明维护、污水处理、水质安检的员工们表示亲切慰问，感谢大家为企业发展做出的贡献。王连帅董事长每到一处都嘘寒问暖，叮嘱他们在履行好工作职责的同时，注意出行安全，做好防寒保暖工作，为港城市民平安过冬保驾护航。（这一段是新闻主题的延续，用略写的方式写了慰问组到达的其他几个地方。）

寒冬时节送温暖，浓浓关爱显真情。市政公用公司此次慰问活动，实现了一线员工全覆盖，慰问岗位达 17 个，慰问人数达 202 人，真正做到了精准慰问。不仅激发了一线员工的工作热情和积极性，更营造了良好的工作环境和氛围。下一步，公司工会不仅要在关键节点让职工感受到组织的温暖，更要持之以恒地将企业的关怀传递到全体一线职工，团结带领广大职工在工作中建功立业，凝成众志为企业和谐稳定发展做贡献。（这一段是文章结尾，总结了活动的全貌与成效，规划了今后计划。有的稿件在此处加上一些背景材料，也是可以的。）

另一篇推荐的消息是《人民日报》2017 年 7 月 31 日第 1 版发表的《庆祝中国人民解放军建军 90 周年阅兵在朱日和联合训练基地隆重举行》一文。该文是报道重要活动的消息的经典之作。该消息的导语简洁，文中有现场描写，叙述条理清晰，重点突出，其写作手法可供借鉴。原文较长，有兴趣者可在网上查阅。

**拓展式通讯的写法**

拓展式的通讯稿，是更多地运用描写、叙述、抒情、议论等方式来报道活动的经过与成效。常用的手法是把与这个活动有联系的几个人物和事件串连起来，其中有细节刻画，又有故事情节，内容有起伏变化，从而形成整体效应，文章更生动活泼，更能引起读者的关注。请看以下两篇通讯的写法。

《解放军报》曾登过一篇通讯《真诚的关爱　无声的力量——南京军区某师为基层家庭困难官兵送温暖侧记》。讲的是部队对官兵的关心。通讯列出了三个小标题，分别是：

战友情意浓　谦让风格高

春风化雨露　催生习武志

一腔爱兵情　点滴洒军营

这篇通讯通过讲故事的方式报道了这项送温暖活动。在通讯的结尾，概括道："据不完全统计，全师共为基层解难题办实事200多件。"用小标题的方式来叙述典型事例，起到"以点带面"的作用。最后用"办实事200多件"结尾，简练而具体，让人加深印象且有回味。

《恩施晚报》发表过一篇活动的通讯：《顶风冒雪送温暖：晚报"帮困难群众过年"活动侧记》，开头是这样写的："这个冬天对于州城部分市民来说，是如此的美丽难忘，一场数十来年久违的大雪让他们欣赏到了冬天的神韵；这个冬天对于州城部分困难群众来说，是如此的刻骨铭心，晚报人风雪中送去的过年物资让他们在这个寒冷的冬天感到了真正的温暖。"文章没有用消息常用的5个"W"的方式开头，而是用富有诗意的句子突出主题，引人入胜。

接着，通讯作者用了三个小标题来叙述事情经过：

"爱心车"冒雪出发

记者成了"搬运工"

爱心汇成暖流

三个故事围绕一个中心：冬天里的温暖。

在这篇通讯的结尾，作者抒情地写出了心声："爱是不会被忘记的，在这个寒冷的冬天，那些参与了本报此次活动的单位和个人，那些留下了姓名和没有留下姓名的爱心人士，他们献出的那些爱心，一定会温暖那些需要帮助的困难群众，在这个寒冷的冬天，那些困难群众真正感到了温暖，这温暖来自众多好心人真心的爱。"结尾很好地与开头呼应。这种首尾呼应的写作手法，使整篇通讯的结构显得严谨，内容完整，凸显了文章的主题，引起读者的共鸣。

活动消息有的注重写事，有的注重写人，都要求做到10个字：真实、及时、客观、典型和生动。稿件中都可以运用背景材料和照片，最好有语言对话及细节描写。稿件要体现时代精神，弘扬社会新风尚，提倡正能量，鼓励高尚的思想境界，鼓舞人、教育人、激励人。

一些比较重要的活动消息，除增加照片的数量外，编辑部还可以配以"编者按""编后""短评"等评论，通过分析和论述，编者直接表明对这项活动的看法，以达到影响并引导舆论的积极作用。

# 第三十讲：活动新闻要突出"活"字

近日，网友土木子给微信公众号转来信息，说是"想约个稿子。校园写作一般会议新闻和活动新闻比较多，能不能写约一篇活动新闻的写作方法，程式化的活动新闻怎么写，然后如何写得更有可读性，更有新意"。

笔者的上一篇《单位经常开展各项活动，新闻稿怎么写？》，谈及了活动新闻的一般写作手法。

笔者说，活动新闻的常用的写法有3种：第一种是经典式的新闻稿（消息）；第二种是拓展式的新闻稿（通讯）；第三种是图片报道方式。

文中还特意说明，活动消息有的注重写事，有的注重写人，都要求做到10个字：真实、及时、客观、典型和生动。稿件中都可以运用背景材料和照片，最好有语言对话及细节描写。稿件要体现时代精神，弘扬社会新风尚，提倡正能量，鼓励高尚的思想境界，鼓舞人、教育人、激励人。

笔者还说，一些比较重要的活动消息，除增加照片的数量外，编辑部还可以配以"编者按""编后""短评"等评论，通过分析和论述，编者直接表明对这项活动的看法，以达到影响并引导舆论的积极作用。

以上看法，供土木子和网友们参考。

如果我们进一步探讨把活动新闻写得"更有可读性，更有新意"的技巧，笔者再补充几个方法，可以一试。

## 一、抓住特点法

一次活动，在举办过程中会出现一些最富有特征、最富有表现力的片断。这些场景，能最集中、最突出地表现活动的主题。记者应当抓住这些特点，看它有什么与别的活动不同的地方，有什么吸引人的地方，沿着这条线索去写报道，稿件就会凸显特色。

1993年3月全国丝绸交易会在杭州拉开序幕，不少新闻单位的记者到会采访。可令多数记者失望的是，"丝交会"没有开幕式，没有领导讲话，没有嘉宾剪彩……这就不像"会"了，有的记者因此而打道回府。而《钱江晚报》一位记者独具慧眼，认为这正是"丝交会"最具新闻价值的特征。写出了《务实，代替了领导讲话、嘉宾剪彩、满天气球…… 93全国"丝交会"没有开幕式》的新闻。由于报道的鲜明特点，荣得了当年浙江省好新闻奖。

抓住特点，有时可以正向思维，有时可以反向思维。两种思维，一个目的，求"新"求"活"，相辅相成。

## 二、借人叙事法

活动是人的活动，是人们互相交流的场所。无论是领导还是员工，无论是学生还是家长，都是带着感情来参与活动的。因此，活动新闻既要写事也要写人，有时以写人为主，常常会起到良好效果。重视人在活动新闻中的作用，选择典型人物作为主线，用人的语言、行动、情感、表情来写活动，读起来倍感亲切。

有一位学生写自己参加运动会的经历，写得饶有趣味。

学校举办运动会，还租用了专业体育场，红旗招展，看台上坐满了呐喊助威的师生。我代表班级先参加了跳高比赛，成绩尚可；接着，又参加了1500米长跑比赛，荣得了"第一"，不过在前面要加两个字："倒数"。

当我顽强地、摇摇晃晃地冲向终点时,赢得了全场雷鸣般的掌声。这是对我"重在参与"的一种精神鼓励!长跑不是我的强项,但学校规定:每班必须要有一人报名。因我是班中团干部,在无人肯报名的情况下,我只好"豁出去了"。

由于有细节、有情景,又有戏剧性的一幕,一个简单的参与活动被写活了。

在活动中写人物,可以写领导,因为领导具有"重要性";也可以写普通员工和学生,但必须要有"闪光点";两者结合起来写也可,应该具备"典型性"。

### 三、捕捉细节法

在活动中,有一些细节是令人难忘的,可以以此为线索,写出一篇报道。这样做,就能克服"流水账式"的写法,使稿件脱颖而出。

有一位通讯员写当地"庄稼医生"知识竞赛活动。这次活动本身不大精彩,可写的内容不多。通讯员在参加活动时想到了奥运会,想到了为国争光的体育健儿。在写抢答赛现场,他把参赛选手当作奥运选手一样看待,看他们的表情细节,看他们的紧张细节,看他们的失误细节,看他们的机智细节……这样,一篇有情有景、有声有色的现场短新闻《为了大地的丰收》很快就写了出来,并还被省报头版采用。

写活动,可以用"广角镜",也可以用"小镜头"。只要角度选得巧,"以小见大"的报道效果有时会更好一些。

### 四、片断剪辑法

在写活动新闻时,有时可以撷取活动的一些片断场景组合而成。好比电影《我和我的祖国》,在这部电影中,通过"前夜""相遇""夺冠""回归""北京你好""白昼流星""护航"等普通百姓与共和国息息相关的故事，表达了人民对祖国的热爱。这种写作手法叫"横式结构"。分开来看，每一小段都是一个独立的速写；组合起来，串起了一个有主题的故事。

在写活动新闻时，许多记者均用这个办法，收效快，反映好。关键的问题是，每个片断的内容不要雷同，而要各具特色，才能使整篇报道出彩。

常言道："文无定式，水无常形。"许多记者和通讯员在一系列活动中，创造出了自己得心应手的方法，值得总结推广。归根到底，活动新闻要突出一个"活"字。有这样的理念，才能在实践中不断创新，迅速提高。

# 第三十一讲：怎样写网评文章？

一位学员向笔者询问："怎样写网评文章？"笔者推荐给他一本怎样写评论的书，并对他说，写网评有许多好处，不但会增强分析问题的能力，还能使以后写消息和通讯轻松不少。他答应一定要好好练，啃下这块"硬骨头"。

什么是网评？网评就是针对某一件事情、一段言论，甚至一个视频、一张照片在网上发表自己的看法与见解。与跟帖不同的是，跟帖的字数不会很长，十几个字或几十个字，只是表明一下观点，或点赞几句，或吐槽数言。而网评文章则要更深入地发表观点，判断价值，理性分析，表明立场，做到证据充分，论断准确，言之有理，一般要写上几百字。

网评可以有多种写法，但总的写作脉络是先用事实展开话题，然后分析产生问题的原因、影响，提出自己的看法。论据可以用事实、数字、权威意见、历史等，最后得出结论与对策。

总之，写网评的基本要求是：摆事实，讲道理，下结论。在写作中有以下6点须加注意：

1. 开门见山，亮出观点。先用少量字数提炼新闻内容，然后，紧接着地鲜明亮出自己的观点。

2. 集中目标，说深说透。对观点的论证要火力集中，充分运用事实论据和道理论据，不要东拉西扯，不要过多修饰，更不能煽情，而要有理有据围绕主题展开。

3. 选好角度，独特有效。文章的切入点要选准，不要面面俱到，四面出击。把最动心、最感人、最难忘、最赞成、最反感的内容作为突破口，单刀直刀，尖锐有力。

4. 语言精练，切忌晦涩。网评一般500至1000字，力求做到"言近而旨远，词约而意深"。写作中少用绕口句子，少用描写、抒情手法，少谈抽象概念，提倡直言。直言的语言美表现在它的鲜明性、收敛性、清楚性和有效性上。

5. 标题生动，引人注目。标题要抓住整篇文章的亮点，吸引读者眼球。可以用问号式、省略号式、反常式、悬念式等方式做标题，以实用、独特、有价值为标准，让读者急切关注。

6. 注重时效，发声及时。选取新鲜、及时、最具时效性的新闻事实迅速做出分析和评价。

曾有一条新闻在网上热传。

7月12日，有网友爆料在北京房山红井路公路旁，一大人把孩子挂在峭壁上，双手拉着孩子拍照，引发网友热议。视频显示，孩子悬空峭壁的外面，摇摇欲坠十分危险。13日，封面新闻记者从房山区宣传部了解到，当地已对此采取相关措施。（来源：封面新闻）

针对这一事件，网民议论很多。在此，笔者选一篇7月12日发布的600多字的网评，通过边读边评的形式，来了解一下网评的写法。

**北京房山：父母把孩子挂峭壁上拍照，孩子火了，父母如愿了吗？**

（评：这是这篇网评的标题，配了一张照片，点出了一桩很危险的事，用反问的方式向孩子父母发出诘问，读者会马上联想到"孩子怎么样了？"立即引起关注。）

7月12日，一段据称是拍摄于北京房山某公路旁边的视频火了。（评：文章一开始用一句话说出一件事，有时间、地点、事件。）

视频中，一个小孩子被男子抓住双手挂在一个垂直的峭壁上，男子的手似乎还在故意抖动，旁边有人拍照，视频中有人发出笑声。就是这样一段令人非常揪心的视频，在网上迅速引起了关注。（评：简略而具体叙述视频内容，对客观事物进行了真实的描述和概括，有人物、有动作、有声音，以及这段视频引起的反应。"令人非常揪心"这六个字说出了作者的看法。）

据视频发布者称，把孩子挂在峭壁上并在旁边拍照的是孩子的父母。视频发布后，很多网友都对视频中的孩子父母表示了强烈的质疑。有网友问："孩子是捡来的吗？怀疑不是亲生的。"有网友留言说："建议把孩子父母也挂在峭壁上试试。"也有网友留言说："这样的父母脑子是不是有问题？建议为人父母也要持上岗证。"（评：在上百条的跟帖评论中，网评作者选取了3条作为论据，进一步来说明孩子父母这样做是非常不妥的，是必须"强烈质疑"的。）

中国有句古话，"君子不涉险地"。意思是说有自知之明的人不会主动把自己陷入危险的境地。趋吉避凶、逃避危险是人的本能反应，视频中的孩子虽然只有几岁，但他又怎么能不知道害怕？面对身后的深渊孩子心情惊惧到什么程度？会给孩子造成什么样的心理阴影？这些问题都难以估量。（评：用中国古话作为论据，来论证人们不应"把自己陷入危险境地"的观点。对孩子的心理状况予以关注。）

视频中的孩子父母在众目睽睽之下，做出这样危险的举动，大概率是为了自己觉得"好玩"，为了博人眼球。现在，也许这对年轻的父母达到了他们的目的，他们的孩子火了，他们把孩子挂在峭壁上拍照的事情也火了，但是，他们得到了什么呢？得到的不过是广大网友的质疑和谴责而已。（评：通过分析孩子父母的动机，批评他们拍小视频"好玩""博人眼球"的错误行为。重申这样做是大错特错，应受到谴责。）

根据目前情况来推测，孩子被挂在峭壁上拍照侥幸没出意外。但是，俗话说"不怕一万，就怕万一""人有失手，马有失蹄"，这样危险的"游戏"如果一旦发生意外，后果不堪设想。所以，作为理智的父母一定不会拿孩子的生命和危险游戏赌概率，"防患于未然"，远离危险才是正确的选择。（评：用两句俗话说出在旅游中拍照、拍视频必须遵循安全第一的原则。

作者大声疾呼:"作为理智的父母一定不会拿孩子的生命和危险游戏赌概率",希望天下所有父母和孩子都能"防患于未然",远离危险。)

(以上网评出自"家长必读",发布时间:2020年7月12日15:13 济宁悦读传媒官方账号,优质创作者)

这篇网评的写作特点:一是直面问题、直指弊端、立场鲜明,敢于表明自己的观点,具有极强的现实针对性;二是论证说理的过程严密,摆明道理。就事论理,就实论虚,说理清楚,逻辑清晰,尤其是关于正确认识"游戏"与"意外"的关系、"好玩"与"危险"的界限等论述,令人信服;三是文字生动灵活、朴实自然,引用古话、俗语、网民跟帖,言之有物,短而有意义;四是选题新鲜,非常及时。

经常写网评文章对基层通讯员来说是一件有益的事。可以通过写作理清思路,养成独立思考的习惯,提高分析问题的水平,增强处理复杂事物的能力,同时,也可以加强语言文字表达能力。因此,在条件具备之时,不妨经常练练网评。

# 第三十二讲：600字的短评为何能获新闻一等奖？

全国铁路优秀新闻工作者、广州铁道报社的徐勤是《工人日报》优秀特约通讯员，他写的一篇600字的短评获得了当年《工人日报》通讯员好稿评选一等奖，还在人民网、新华网、中国网、中工网、新民网等网站转载发表。

这篇评论的题目是《下基层莫成"吓基层"》。读了之后，感觉此文之所以能够开启新闻一等奖的"密码"，是因为文章有"五个好"。

**短评的问题抓得好**

一看标题，就感觉到此文有强烈的问题意识，这不正是基层群众关心的问题吗？这不正是某些干部存在的问题吗？这不正是好多人想说而还未来得及说出来的问题吗？

评论的作者是怎样发现这个问题的呢？原来，徐勤在一次下基层调研听到了群众的声音。一些基层干部对他说："有些机关干部我们真怕他们下来，不帮忙还添乱，搞不好把他们得罪了，没事也要给你整出事来。"

徐勤想，上级要求机关干部下基层，基层干部却害怕一些人下基层，这是一对矛盾。抓住矛盾往往就抓住了问题，深入进去展开剖析，定能大有收获。其实，这个社会"热点"问题已有许多人看到、想到，也觉得必须纠正，但是还没说出来，"人人心中有，人人笔下无"，因此，有必要写一篇评论。就是带着这样一个问题，他开始写作了。

### 短评的标题起得好

基层群众"怕"一些机关干部下来。就是这一个"怕"字，让徐勤想起了"吓"字。"下"与"吓"读音相同，意思相悖。机关干部"下基层"，是要去进行调查研究，应当接近群众，多了解情况，多谈心，让基层群众放心、舒心、有信心，可不能变成担心、忧心，千万不能变成"吓基层"。"吓基层"是完全违背下基层初衷的，必须制止。于是，文章的标题《下基层莫成"吓基层"》就这样诞生了。

### 短评的事实摆得好

有了问题，有了标题，有了观点，还要有论据，有事实。怎样把事实说清楚呢？作者在把基层听到的声音列出之后，用主要篇幅放在剖析某些机关干部下基层种种"下基层"的表现。

短评作者用了4段文字近400字列举了某些干部下基层的不当行为：有的摆架子，耍派头；有的好吃、好玩；有的指手画脚，乱发意见；有的要住星级宾馆，喝高档名酒，还要享受卡拉OK、保健等。

这些行为有小有大，有轻有重，都是客观存在的，对种种不良表现，描述得十分形象。存在这些问题的干部可对照改正，没有这些问题的干部可引起警觉。

### 短评的道理讲得好

短评作者认为，绝大多数机关干部的工作作风是好的，但也有些机关干部下基层吃、拿、卡、要，败坏了干部作风，在群众中造成极坏的影响。这是一个带有倾向性、典型性的问题。对这种不正之风，应坚决予以鞭挞，加以纠正。

作者鲜明地提出:"干部深入基层,关键是要心入,发扬务实、为民、清廉的作风,真正为基层办实事、办好事。倘若一味地给基层添麻烦、加负担,'下基层'也成了'吓基层'。"

**短评的时机遇得好**

这篇短评发表在 2012 年 12 月 12 日。而就在一周前的 12 月 4 日,中央提出了八项规定,其中第一项:要改进调查研究,到基层调研要深入了解真实情况,总结经验、研究问题、解决困难、指导工作,向群众学习、向实践学习,多同群众座谈,多同干部谈心,多商量讨论,多解剖典型,多到困难和矛盾集中、群众意见多的地方去,切忌走过场、搞形式主义;要轻车简从、减少陪同、简化接待,不张贴悬挂标语横幅,不安排群众迎送,不铺设迎宾地毯,不摆放花草,不安排宴请。

《工人日报》适时发表这篇短评,很好地配合中央八项规定的宣传。

下面,全文转载《下基层莫成"吓基层"》一文。

### 下基层莫成"吓基层"

徐 勤

下基层是机关干部了解基层民情民声的一种好形式。可是笔者在与基层一些干部的闲聊中,偶尔也听到这样的哀叹:"有些机关干部我们真怕他们下来,不帮忙还添乱,搞不好把他们得罪了,没事也给你整出事来。"

基层干部缘何会有这种想法?深入交谈后得知,原来他们这种怕是被一些机关干部"吓"出来的。

某些机关干部职务不高,架子不小,下基层喜欢耍派头,迎送、就餐、检查、汇报都要基层单位主要领导亲自到场或陪同,否则就是"不重视",就要给脸色,拿工作说事。上面就是下来个干事,但为了"维护大局",

一些基层干部也不得不放下手头工作，去应酬这些所谓的上级领导。

还有些机关干部，下基层的目的不是去了解情况、解决问题，而是休闲散心，打着下基层的幌子，每到一地不是把精力放在工作上，而是打听有什么好吃、好玩的地方，基层则派人、派车安排得服服帖帖，赔上了大量时间，分散了工作精力。

还有些机关干部，自以为是专家，下到基层趾高气扬，指手画脚，却往往未经深入调查，不了解基层客观情况就胡乱发表意见，干扰了基层单位的既定工作，使基层左右为难，影响其正常工作部署。

更有甚者，下基层工作上应付了事，生活接待上却要求高标准，住要星级宾馆，吃要地方特色，喝要高档名酒，走要地方特产，还要享受卡拉OK、保健、参观等业余文化生活，让基层单位苦不堪言。

如此下基层，恐怕只能与基层干部群众的距离越来越远，感情越来越淡。改进机关工作作风，干部深入基层关键是要心入，发扬务实、为民、清廉的作风，真正为基层办实事、办好事。倘若一味地给基层添麻烦、加负担，下基层也成了"吓基层"。（原载《工人日报》2012年12月12日3版）

# 怎样改稿、编辑、做标题？

# 第三十三讲：怎样改稿？

有一位通讯员说："我对写稿很有积极性，但是稿子写好后，想改又改不好，很苦恼，怎么办？"

笔者对他说："你已经有很大进步了，能把稿件写出来，就有了一个修改的基础，只要掌握一些修改文章的技巧，一定能改出比较满意的稿件来。"

他说："你赶快讲几招吧！"

好的。下面，我们一起来探讨修改稿件的思路与方法。

**好文章是改出来的**

我们要牢记，文章虽然是写出来的，但更是改出来的。修改稿件，是写作的基本功之一。"出口成章，落笔成文"的情况可能会有，那绝对是凤毛麟角，不具有普遍性。

刘勰在《文心雕龙》中说："改章难于造篇。"说的就是改文章要下大力气、苦功夫。我们需要的是琢玉成器的执着，发现文章中的问题，衡量轻重，决定取舍，不断提高文字修养，增强逻辑、语法、修辞方面的知识和能力，不断提高修改文章的本领。

修改文章时，可以在文中增加一些以前不曾想到的而又是十分重要的内容；也要删去一些烦琐、冗长、无关紧要的章节。修改后的文章，要达到用词准确、结构合理、语言生动、富有情感，这才是一篇好文章。

改文章，有时改一遍，有时要改两遍三遍，要一直改到自己满意为止。

稿子送到报刊、网站编辑那里，人家也会改。要对照着看，看看人家什么地方改得好，积累经验，增长本领。

**把好"三关"文通顺**

"文章千古事，得失寸心知。"文章修改从何入手呢？

首先，要把好文字关。把错别字消灭，把标点符号写对，把句子理顺，把文章立意明确。"写完后至少看两遍，竭力将可有可无的字、句、段删去，毫不可惜。"（鲁迅语）一篇错别字连篇、逻辑混乱、冗长烦琐、标点符号滥用的文章，写得再再花哨也是败笔。

其次，要把好核实关。对于一些重要的名称或数据，如单位名称、领导姓名与职务、地名、人数、引语、百分比等，要重点核实两遍以上，确保万无一失。在这些地方出现错误，就是文章的"硬伤"，不可弥补与挽回，必定造成不良影响。

接下来，就是结构关。有许多学员采写的文章有"料"，立意也不错，就是因为文章结构没有安排好而吃了亏。古人说：文章结构要"凤头、猪肚、豹尾"。其意为开头要漂亮，中间要浩荡，结尾要精彩，首尾连贯，雄劲潇洒。

文章开头一定不要"头戴三尺帽，不怕砍一刀"，要注意精练。文章开头常写"在……下"，"……下"用了一大堆，效果不会好；"为了……""为了……"用了好几层，显得词汇贫乏。

人民日报原副总编辑梁衡在谈到散文结构时说："第一个层次是描写的美。第二个层次是意境的美。第三个层次是哲理的美。"他以《岳阳楼记》为例，认为这是一篇具有三个层次的好文章，才能千百年来为人们传诵而不衰。

新闻稿件中，消息、通讯、评论的结构各有不同。消息是"倒金字塔"写法，通讯有顺叙、倒叙、插叙等写法，评论有提出论点、选择论据、着力论证的写法，但是，不论何种文体的文章，其结构顺畅、首尾呼应、中心突出，则是完全相通的。

**文采奕奕靠"润色"**

接下来，就是"润色"的问题。

古人写诗文十分讲究炼字，认为文章改得好，瑕可成瑜，瓦砾可以成为珠玉。王安石在改诗句"春风又绿江南岸"时，最初用的是"到"，以后改为"过"，又改为"入""满"，反复多次，最终才确定用"绿"字。

杜甫诗云："为人性僻耽佳句，语不惊人死不休。"贾岛则有"推敲"的故事、有"两句三年得，一吟双泪流"的感慨。

努力使文章的用词生动、形象，运用语感与修辞知识修改文章，使自己的文章表现出典雅、艳丽的色彩，让人爱不释手，百读不厌。这样的文章，必然是佳作。

用典，是使文章出彩的手法之一。用典用得好，可以成为文章的背景材料，丰富而含蓄地表达文章中有关内容，深化和扩大文章的内涵，引发读者的联想。诗句、古文、名言均可作为典加以运用。许多诗词的句子也在用典。如："旧时王谢堂前燕""东临碣石有遗篇""庄生晓梦迷蝴蝶""至今思项羽，不肯过江东"等。用典时要切意，使典与文融为一体，在寻古中创新，方为高手。

读书多，知识多，感悟多，写文必佳。这就需要我们"读万卷书，行万里路"，使自己不仅具有博学的基础，而且能够深入认识社会，不断增强思考力和写作水平。

**"冷处理"与"读两遍"**

"文章不厌百回改。"如果一时自己改不下去，可以"晾一晾"，来一次"冷处理"，放它一两天，说不定脑子清醒后，会有突然的感悟。笔者在修改文章时，常会发生这种情况：冷静一下，睡一觉，第二天觉得文章好改了。

你不妨一试。

另一种办法是可以请别人帮忙改一下,用"资师友之助"的办法。你要抱着称呼"一字师"的谦恭态度,即别人只是指出了你文章中一个字的错误,你也应拜他为师。虚心求教,必有收获。

此外,有空时也可念一下自己的文章,大声地朗读一遍两遍,便会发现有些拗口处是确实需要修改的。鲁迅在写好自己文章后,总要读两遍,觉得拗口的,就增删几个字,一定要把它读得顺口为止。

文章要改到怎样才完美呢?用一副对联来作比喻,叫作:"删繁就简三秋树,领异标新二月花。"文章的枝干、脉络要清楚,重点要突出,像"三秋树"一样;文章具有新意,内容出众,如同二月的鲜花一样艳丽。

"纸上得来终觉浅,绝知此事要躬行。"让我们在不断创作、不断修改的过程中,使文章"千磨万砺始成金",写出一篇篇更多有思想、有温度、有品质的作品,写出一篇篇"沾泥土、带露珠、冒热气"的文章。

# 第三十四讲：重视编辑工作

著名报人、人民日报社原总编辑范敬宜常说，总编辑首先是个编辑，不能只想着"总"而忘了"编辑"。范敬宜十分重视编辑工作，即使是对自己的稿子也都会反复修改。有一次，一篇不足500个字的文章，他从晚上10点钟开始动笔，一直写到了次日凌晨5点多钟，先后换了7个导语。

"编辑"是对媒体人职务的称呼，也是对媒体一项工作内容的表述。无论是在报社、杂志社、出版社，还是在电视台、网站工作，在整个新闻链条中，编辑的作用举足轻重，不可或缺。许多好稿件都是因编辑之手而诞生，许多优秀记者都经编辑的引导而成名。

**笔者是怎样编辑《文集》的**

最近几个月，笔者协助人民日报出版社原副编审李敬人先生的女儿李玉梅出版了《李敬人纪念文集》（下文简称《文集》）一书，踏踏实实地又当了一回编辑。

这本《文集》收录了40多篇纪念文章，是李敬人的亲朋好友写的，从各个角度展现了李敬人勤奋、谦逊、廉洁、奉献的品格。

《文集》约有15万字，照片百余张。当初稿交到我手上那一刻开始，就感到肩上的担子不轻。因为出书常常是一件会带有"遗憾"的事情，会产生这样或那样的问题。

笔者为这次编书工作拟定的步骤：

通读全书—修改硬伤（错别字、标点符号、前后矛盾等）—压缩文字，使之更加质朴简练—润色，使之更加生动、文气贯通—改标题，使之更吸引读者—成稿。

为了修改差错，反复阅读，边看边改5次。每次阅改，都会发现一些新的差错。

这些差错主要表现在这几个方面：标点符号、错别字、用错成语、单位名称错误及人名、地名出错。

改错从标点符号开始。有的文章逗号与顿号不分，有的不会用分号，有的叹号（又称感叹号、惊叹号）用得太多，得把它们一一改过来。

接着，把错别字改过来，如把"一枝钢笔"改为"一支钢笔"，如把"搬道工"改为"扳道工"，把"尊父嘱"改为"遵父嘱"，把"相见如宾"改为"相敬如宾"，把"辍笔耕耘"改为"笔耕不辍"，把"园梦"改为"圆梦"，等等。

再则，把用错的单位名称、地名核查后加以改正，如把"衡阳华南大学医学院"改为"南华大学衡阳医学院"，把"中国诗词学会"改为"中华诗词学会"，把"衡阳"改为"长沙"，等等。

最后，还要把因为音同音近而写错的人名改过来，如李敬人有位弟弟，有的稿子上是"李建人"，有的稿子上是"李健人"。经反复核实后，才确定正确的为"李健人"。又如，李敬人的一位老乡有人写成"李燕娥"，有人写成"李燕和"，最后确定为"李燕娥"。

所有文章中列出的历史时间，以李敬人简历上的时间为准，一一加以校核。

编书的另一个任务是，要对每篇文章进行修改、润色，更突出主题。在这方面，也下了不少功夫。对一些冗长烦琐的叙述，该简洁的尽量简洁明了。对一些陈年不易说明白的事，与文章主题无关的予以删除。对一些文章的结构也作了适当调整。

对文章的标题认真把关，尽量改得更加生动醒目。如：

李敬人儿子李长云写的文章标题是《父亲，我们永远怀念您》，我把它改为《父亲望着我远走的背影》；

儿媳写的《对公婆的记忆》，我把标题改为《我妈说我当李家儿媳有福气》；

孙子写的《我的爷爷》，我把标题改为《我的爷爷仿佛依旧坐在那书桌前》；

侄子写的《缅怀伯父李敬人》，我把标题改为《伯父李敬人　善德励后人》

……

到最后付印前，又与李玉梅校对一遍。经历3个月，终于在6月底使《文集》顺利出版。

一位读者得到书后说："收到《李敬人纪念文集》，内心激动万分。文章都具有感染力，无论是亲戚朋友，还是邻居同事，都贯穿了一个情字、一个爱字，读来让人暖意融融。"另一位说："读完《李敬人纪念文集》，文中5处让我眼睛湿润、喉咙哽咽，不能读出声，一位慈眉善目的睿智老者跃入我的眼帘。"还有一位说："一个人走了，他为人们留下了宝贵的精神财富；一个人走了，对党忠诚的业绩载入史册；一个人走了，良好的家风留给了后人；一个人走了，走得伟大而高尚！"

**编辑工作是创造性劳动**

各报社、杂志、网站都有编辑部，设有总编辑、副总编辑、主编等职务。报社设立的记者部，那也是归编辑部领导的。

笔者在报社工作时，把编辑称为"大编辑"。现在许多网站把年轻编辑称为"小编"。无论是"大编辑"也好，"小编"也好，编辑的任务是把来稿进行分析、整理、优化，形成正确的观点与完美的形式在社会上进行传播。

有人说编辑工作是"为他人作嫁衣裳"。唐朝诗人秦韬玉有诗云："苦恨年年压金线，为他人作嫁衣裳。"这是对一位贫女的生活写照。编辑工作的"作嫁衣裳"，指的是默默无闻的辛勤劳动，沉下心来，耐住寂寞，为他人认真修改稿件。

其实,编辑工作不是简单的改稿,而是一项创造性劳动,需不断探索,不断提高。一大堆来稿好比做饭时的原材料,如何把丰富的原材料做成色、香、味俱佳的菜肴,那就要靠编辑的"手艺"了。从把关、选材、搭配、编排、做标题、配评论,每一个环节与细节,无不包含着编辑的创造性劳动。

此外,有计划地组稿,进行新闻策划和新闻选题,也是编辑的工作任务之一。

编辑工作是新闻传播的基础,是新闻工作的重要组成部分。通过编辑,基础的新闻素材得到了优化和整理,使之具备基本的传播要素,使之具有时效性和真实性。编辑在新闻工作中的重要地位和作用是不言而喻的。

因此,任何重记者、轻编辑的观点都是站不住脚的。尤其是年轻记者和通讯员,更要在编辑工作上下苦功夫。

**好编辑能"镇得住"**

编辑是个"含金量"很高的职业,需要经验,要能"镇得住"。在中国,著名作家鲁迅、茅盾、巴金、沈从文、萧乾、聂绀弩、艾青、吴祖光、戴望舒、贾平凹等人都做过编辑工作。

做好编辑工作的要素:首先是心态要放正,要有耐心,要宽容,不能自怨自艾。

其次,要有丰富的学识,"学富五车""博学多才""见多识广"是很有必要的。

再则,必须熟练编辑业务,从篇章的调整、段落的设置、错别字的纠正、逻辑的理顺,直至标点符号的正确使用都能得心应手、运用自如。

编辑工作是再创作、集大成、把好关的工作,是贯彻好编辑部方针的重要环节。只有当过编辑,才能知道哪篇文章重要,哪篇文章次要,才能把文章写得深入浅出,引人入胜,才有敢写评论的底气。

## 怎样改稿、编辑、做标题？

编辑工作面对的第一道程序是选稿。面对一大堆来稿，选什么用？淘汰哪些？哪些还可挽救？哪些需要精编？这些问题每天都会遇到。为此，选稿要心中有数，主要是把握好3点：一是新鲜，二是有亮点，三是能打动人。

新鲜：就是像活蹦乱跳的鲜鱼，像热气腾腾的小笼包子，是具有动感的，不是僵硬的，而是鲜活的。

有亮点：文章中有闪光的地方，有与众不同的地方，有体现时代特点的细节，让人有耳目一新的感觉。用新闻术语来说，就是要有"新闻点"。有时候，一句话、一个动作，均可成为亮点。

能打动人：有感情色彩，有喜怒哀乐，有褒贬，有感人的场景。要舍得放弃那些老生常谈的一般性文章，放弃那些无病呻吟、隔靴搔痒的文章。

**改稿是编辑的基本功**

选好稿后，编辑的下一步工作就是改稿了。改稿是编辑的基本功，好的编辑具备把差稿子改好的本领。有句话说得好："文章是写出来的，更是改出来的。"可以改一次，改两次，改三次，直到满意为止。在改稿中要与作者及时沟通。

古今中外的许多写作大家都是十分重视改稿的。

唐代诗人贾岛"推""敲"的故事大家都是知道的，从而诞生了"推敲"一词。杜甫则有"为人性僻耽佳句，语不惊人死不休"的名句。

鲁迅说过："写完后至少看两遍，竭力将可有可无的字、句、段删去，毫不可惜。"他还提倡要"研究大作家的手稿，看他怎样修改"。俄国作家契诃夫则说："写得好的本领，就是删掉写得不好的地方的本领。"

不要相信"落笔成文"的说法。没有字字推敲，反复研究，字斟句酌，一丝不苟，是诞生不了好文章的。

在改稿中，润色和改标题显得特别重要。对新闻稿件润色，就是通过修饰、优化、加强、变化等手段，使文字更加清新、动人，有起伏，与众不同，更能吸引读者，给人留下深刻印象。

**编辑的分工越来越细**

在网络时代，编辑的分工越来越细，各种"编辑"的任务也不尽相同。

"网络编辑"通过网络对信息进行收集、分类、编辑、审核，然后通过网络向网民发布，并且从网民那里接收反馈信息，产生互动。要求熟悉微博、微信、论坛、博客等平台操作。有的岗位对英语水平有一定要求。

"美术编辑"一般有报纸美编、插画编辑、杂志美编、图书美编、网站美编等。对美编来讲，排版基础和创意很重要，美术编辑可不是简单的用软件P图，其涉及的知识面很广，如插画、排版，有时还要兼顾平面设计方面的内容。

出版社的编辑有"策划编辑"和"责任编辑"两种类型，各有任务。

"内务编辑"，是新闻出版单位中从事编辑业务方面的行政工作和事务性工作的人员。其主要工作是搜集、研究和整理内部情况，汇集和编写各种各样资料，出版内部新闻业务交流刊物，培训通讯员骨干等，是编辑人员的助手，是为做好编辑工作服务的。

要当好一个编辑，除了文字能力、电脑能力外，应当具有较强的社交能力，善于沟通，有良好的团队合作精神，这些都是必不可少的。

# 第三十五讲：怎样做出好标题？

"看文先看题""题好文一半"。写好文章后，作者总要冥思苦想，设法做出一个满意的标题。好标题能给人留下深刻的印象，起到画龙点睛的作用，使文章更加吸引人。

在新闻稿中，标题是最短的新闻，标题是最短的评论，标题是版面的眼睛。曾任新华社社长的胡乔木说，有时想一个好的标题，等于写一篇文章所用精力的三分之一。曾任人民日报社社长的邓拓说，谁要是给我想出一个好标题，我给他磕三个响头。可见，标题是历来受到新闻人重视的事情，其重要性不言而喻。

**差标题的主要毛病**

报刊及网页上发表的文章，别以为每个读者都会把它读完。据统计，约有百分之四十几的读者只是看看标题，对正文并无兴趣。这一方面说明生活节奏快了，有人没时间通读全文；另一方面也说明标题对人们的吸引力之大，它确实有点石成金的作用。

然而，我们经常会看到一些很差的标题，依然见诸报端、网页。分析其主要毛病有以下几点：

1. 错别字。这是硬伤，一定要改。2. 用词不当。这类毛病经常会出现，必须加以克服。我见过一个标语为："提高城市品位，我靠，你靠，大家靠。"这里的"靠"字，是放错了位置。3. 消息标题中无动词。4. 不合逻辑，让人匪夷所思。如："群众喜迎油价上涨""有害气体不会伤害环境和人员"

等。5. 太冗长。有一行 40 多个字，甚至更多字的标题。

还有其他一些毛病，如让人产生歧义、不生动、让人反感、"标题党"等。

因此，做一个好标题，是写作中十分关键的一环。

### 列宁、毛泽东怎样改标题

一个新颖而精悍的标题，十分醒目，会给人留下深刻的印象。

俄国十月革命前夕，列宁写了一本名为《给农村贫民》的小册子。在拟定此书第一章的标题时，列宁就改了四次：

第一次题目是：《许许多多人已经听到了城市工人的斗争》；

第二次改为：《城市工人的斗争，反对政府的斗争》；

第三次改为：《城市中的工人斗争》；

最后一次定名为：《城市工人的斗争》。

列宁把标题改得越来越短，为的是更加醒目、更加准确，使更多的普通百姓能看明白。

1955 年，毛泽东在编《中国农村的社会主义高潮》一书时，对书中大部分材料重新拟定了题目，把一些原来冗长、累赘，人看了头痛的标题，改得简练而醒目。

如：原题为《天津市东郊区詹庄子乡民主、民强农业生产合作社如何发动妇女参加田间管理》，共 33 个字，毛泽东挥笔改为《妇女走上了劳动战线》，只用了 9 个字，简单明了。

又如：另一篇原题为《大泉山怎样由荒凉的土山成为绿树成荫、花果满山？》，毛泽东改为《看！大泉山变了样》，改得十分简练而生动，使人一目了然。

### 消息标题的基本做法

新闻作品有消息、通讯、评论等，标题的做法各不相同。在此，着重讲一下消息的标题制作。

标题的制作不要面面俱到，不要想把什么都写进标题去，不必把新闻的五要素都写进去，而是要有取有舍，把主题加以突出，巧用动词，要学会肩题、主题、副题的搭配。

有的报社对标题提出明确的要求，认为标题是"篇之目，版之睛"，要做到生动活泼、朗朗上口，狠下功夫。

消息标题的结构为：

肩题、主题、副题（主题字数不宜过长，巧用动词更生动）。

肩题又称眉题、引题，一行为宜，一般为虚（起烘托、揭示、说明作用）。

主题有一行及双行主题，简短明确，一般用主谓结构，用好动词。

副题又叫子题，起补充、注释的作用，一般为实，内容具体实在。

在这三种题中，主题是必须存在的。肩题与副题可与主题搭配用。此外还有通栏标题、插题（小标题）、栏目题等，也可适当运用。

笔者自拟了一首制作消息标题的顺口溜，供大家参考：

"把握主题动词巧，字数二十莫再超，练练对仗作肩题，多改几次勤比较。"意思是，把主题把握好，把动词用巧，字数别太长（一般在20个字以内）。做标题要有一丝不苟的态度，要修改几次，选最满意的。

一个标题是由哪些方面构成的呢？是由新闻内容、制作意向与表现形式构成的。除了主题内容外，标题的字号大小、排列方式、字体、装饰要求等，也是标题的组成部分，可以表达对稿件轻重缓急的编辑用意，也可美化活跃版面与网页，不可忽视。

**如何做个好标题**

标题虽然太长不好，但也不是越短越好。在互联网时代，做标题更要注意抓住关键词，标题的写作与改动，都要服从于突出主题，吸引读者。

假如某作者做了标题：

张三助学；

张三捐资助学；

农民张三捐资助学；

农民张三捐资 20 万元助学；

甘肃农民张三捐资 20 万元助学。

这 5 个标题中，尽管最后一个长一些，但主题突出，包含信息量大，应该是最好的一个。

试看以下做得不错的标题：

1. 肩题：车辚辚　马萧萧　凯歌贯云霄。主题：最可爱的人回来了。

2. 肩题：双喜临门　百年少见。主题：今年春节立春巧相逢。

3. 主题：月宫知冷暖。副题：白昼热难耐　午夜不胜寒。

4. 肩题：知否？知否？应是贱"肥"贵"瘦"。主题：爱吃瘦肉者请您多付钱。副题：本省十几个县市调整猪肉各品种之间的差价。

上述例子中，第一条中的"车辚辚，马萧萧"分明是引用了杜甫《兵车行》中的诗句，很有气势；第四条"知否，知否"那条标题，是仿李清照《如梦令·昨夜雨疏风骤》词中的"知否？知否？应是绿肥红瘦"而拟的，读来颇有趣味。

笔者在讲学中为企业报改过一些标题，把三四十个字的长标题改为十几个字，把一行题改为两行题，做到既精练醒目，又突出主题。

笔者经常为自己写的文章改标题。有一次，向北京圣学图书馆捐赠了六份收藏多年的人民日报，这些报纸有的是"号外"，有的是报道重要事件的报纸。对这篇文章的标题，拟过 4 个：

标题一：向圣学图书馆捐赠六份《人民日报》；

标题二：收藏多年的《人民日报》赠圣学图书馆；

标题三：收藏多年的《人民日报》，为什么要送人？

标题四：珍藏多年的六份《人民日报》，为什么突然送人？

笔者觉得，第四个标题比较吸引人，好一些。

**对仗在肩题中的作用**

建议学员们在电脑上设立一个文件夹，专门收集好的对仗句（包括诗词中的对仗），在做标题时，稍加修改，便可引用，不失为一条捷径。在肩题上，许多句子可以用上。以下这些可供参考：

感悟伟大历程　凝聚奋进力量

前进号角激荡心魄　满怀斗志再创辉煌

汇聚优势增力量　进军新局图发展

聚焦现实直指弊端　关注民生温暖人心

秉持科学态度　体现社会责任

展现城乡新画卷　绘描天地丽诗篇

英雄魄力惊天地　龙马精神贯古今

一派春风奔大业　千层巨浪起宏图

文明于手边　美丽在心中

坚持正面引领　积极推动实践

擦亮老品牌　增创新优势

**网文标题可适当加长**

在互联网上，网文的标题可以适当增加字数。这是与网络的特性有关。据1000多篇网文统计，标题字符长度为15至27字，大多接近20字。

阅读量10万以上网文的平均标题长度为21.66字，比报纸上的标题平均字数要长。

对于微信文章，好多人只是看看标题，并不看文章正文，可见标题中的关键词是多么重要，所以许多作者增加了标题的字数。

网络文用较长标题，是因为一般情况下它不能用两行题、三行题，只能把更多的关键词用在一行题中。公众号上有时可用两行题，甚至三行题，因而标题可更长一些。也有的网文标题极短，只几个字。不论什么原因，目的都是贴近受众，吸引注意，便于传播。

## 不要"标题党"

在网络时代,各种微信段子特别多,也出现了不少"标题党"。

据经验,当你在网上看到以下字眼儿,就要留个心眼儿,要警惕了,防止"标题党"。这些字眼儿有:震惊国人、疯狂转发、就在刚刚、再爆猛料、全球哗然、全世界都在看、阴谋曝光、我看了3遍都不相信、最难以置信的、不看后悔、看完惊呆了、首次解禁、天啊!这居然是……我忍不住、马上要删、太吓人了……

"标题党"例子:

《昨晚,石狮,震惊全国!一家34口灭门惨案!转疯了!》——实情:灭鼠。

《3个女人和105个男人的故事》——内容:水浒传。

"标题党"夸大其词,猛摆噱头,为的是增加点击率,故弄玄虚,大玩文字游戏,严重污染页面,恣意妄为,丢人现眼,令人上当受骗,浪费了读者时间。

既要做好标题,又要避免、反对"标题党",是我们的责任。

## 对付消息标题过长的一种办法

最后,讲一下记者、通讯员在实际工作中会遇到的一个问题:会议本身的标题就长,一行题实在压缩不了怎么办?

在这种情况下,可以把领导人的姓名及会议名称放在上面第一行,把讲话内容放在第二行,做成两行题。第一行的字号小,第二行的字号大。

例:标题第一行:中央书记处和国务院召开的沿海部分城市座谈会建议

标题第二行:进一步开放十四个沿海开放城市

又例:标题第一行:孙春兰在吉林调研时强调

标题第二行:再排查再加固再落实 坚决防止疫情新燃点

这种方法在需要的时候可以用一下。

# 第三十六讲：关于"题眼"与标题虚实

几天前，广西的一位学员给笔者发来了当地"十三五成就巡视报道题目"，共有16篇，内容都挺扎实。他让笔者把把关，看看有什么地方需要改一下。笔者对他说，题目都挺好，但是要注意标题中要有一些"不常见的词汇"，少用"成效显著"等老一套的提法，如能在这方面动动脑筋就更好了。

这涉及标题中"题眼"的概念和标题虚实的问题。

**一、通讯员问："什么是'题眼'？"**

答："题眼"是指文章题目的要素和精髓，就是标题中的关键词。把握了"题眼"，写文章就能突出主题。

"题眼"可以是一个字、一个词、一个短语。比如，《难忘的时刻》题目中的"难忘"就是"题眼"；《拔草》中的"拔"就是"题眼"；《春夜喜雨》中的"喜"便是题眼；《我和我的祖国》中的"和"就是"题眼"。如果按照"题眼"中的词去写文章，作文就不会偏题。如果写《我和我的祖国》时，没有写这个"和"，只写了"我的祖国"，文章就偏题了。

做标题，一定要想方设法把"题眼"拎出来，并加以强化。

**二、通讯员问："标题做得实一点好，还是虚一点好？"**

答：在一般情况下，标题要做得实一点为好。比如《冰湖壮歌》这个标题，文章内容讲的是百人救两儿童。如改成实题《百人英雄群众　谱写冰湖壮歌》或《两名儿童落水　百人破冰相救》，它会更醒目一些。

一位资深媒体人说过，人物典型报道要力争在标题上出现名字。这样，可以加深读者的印象。例如：一提起雷锋，就使人想起"毛主席的好战士"；一提起焦裕禄，就使人想起"县委书记的好榜样"。如果做虚题的话，人物不容易让人记住。

此外，如《"四有"书记谷文昌》《陈景润精神魅力永存》《领导干部的楷模——孔繁森》《任长霞：人民爱戴的忠诚卫士》等，都是把人名放在主标题中。当然，也有把人名出现在副题中的，可用破折号加"记"的办法，如：《写在蓝天上的忠诚——记空军某试飞团功勋飞行员李中华》。

### 三、通讯员问："怎样克服标题中老词套话的毛病？"

答：标题中要用一些不常见的词，显得有意境，有味道，才能吸引读者。有些记者或通讯员写文章，往往图省事，用一些人们"熟视"的词，比如"加强什么建设""成绩显著""开拓前进""稳步推进""反响强烈""变化巨大""再造辉煌"等。

有句成语叫作"熟视无睹"。老用这些"熟视"的词，读者便"无睹"了，便不爱看了。

怎样改进呢？关键在于思想上的重视，行动上的下功夫。"看文先看题"，"题好文一半"的道理都懂，但真正认真去改，还是要肯钻研，花时间。文章写成后，就要下定决心不做平淡、平庸的标题。

当自己一个人做不出好标题，可以请几个人商量，也可以向朋友请教。要力争使自己做出的标题具有"唯一性"。比如《我单位经济效益大幅提高》这样的标题就十分普通。如果能把提高效益的原因加上，改为《十条改革措施　经济效益跃升》，就显得好一些。

又如，《把"追杀差评"的劲用在服务上》《为基层减负要从"实"

出发》《网络水军亟须司法强力"甩干"》等标题,由于用了别人不常用的词,从而变得精彩了。

由此可见,要取消标题中的套话,破除七平八稳的做法,就要不拘一格,多用新鲜的词汇,在措辞上讲究文采,让标题有吸引力、感染力。

当然,另一方面,要防止"标题党"。"标题党"实质上是另一类的"套话""空话"。

**四、通讯员问:"我这两天做了个标题,改了后好一些吗?"**

答:给笔者发来的那篇报道,开始的题目是《我县加快5G网络建设》,后来采纳了建议,改为《我县快速开展建设运营,实现5G网络"乡乡通"》,有了"乡乡通"这几个字,就显得有灵气了。改得挺好的,说明动脑筋了。

有一位记者写了一篇报道,标题是《真抓实干增效益》,太一般化,可以说是一个"万能标题"。看文章内容,知道是他们实行服务卡后,各项工作有飞快进步。编辑即把标题改为《小卡片掀起大波澜》,把此文的核心问题点出来了。

**五、通讯员问:"有的标题是虚题可以吗?"**

答:标题有实题、虚题、虚实结合题之分。有些标题是虚题,也是可以的。比如:《鹰厦铁路纪行》《柏林印象》《老郭脱贫记》是实题。而《复仇的火焰》《已是山花烂漫时》《文明于手边 美丽在心中》是虚题。

在消息中,主题一般为实题,肩题主虚,副题主实。

在通讯中,可用虚题,也可用实题,还可以主题为虚,副题为实,如《使命——海军大连舰艇学院教授方永刚的生命之约》《有胆略的决定——武汉三镇大门是怎样敞开的》。

## 六、通讯员问："做出好标题主要抓什么？"

答：标题要新，要活，要用事实说话，要突出主题，要善于抓住问题，要带着感情，这样的标题才能引人思考与回味。

《大公报》的代表性标题是1945年8月15日头版头条的《日本投降矣！》既快又准，既短又实，字号用的是超大号。这个"矣"字和惊叹号用得好，特别有价值。这5个字力透纸背，将中国人自豪、喜悦、悲屈的百感交集心情喷涌而出，感人肺腑。副题为"答复四国接受规定条款　今晨七时四国首都同时正式宣布"。

在春耕季节，有的记者写春耕报道，用了《春满大地　农业升温》作为标题，这"升温"两个字就用得好。如果用"春满大地春耕忙"，就显得老一套了。

有一篇报道煤矿无尘化建设的报道，没有用"煤矿无尘化建设效果显著"之类的标题，而是用了《工人出井手不黑脸不脏》作为文章标题，用事实说话，胜过千万赞语。

文章标题学问挺深的，让我们一起与时俱进，不断学习，不断提高。

# 第三十七讲：修改标题的七种办法

关于标题的重要性，已经讲过多次。"看文先看题""题好文一半"，抓精品要从抓标题开始，大家也开始重视起来了。

文章要改动，标题也要改动。怎样改，才能改出一个比较满意的标题呢？

我们可以用以下 7 种方法来试一下，相信会有效果。

**一是用拟人化的手法做标题**

有一位通讯员写了一篇报道，写的是广州铁路局严格控制各种会议。如果标题就是《广州铁路局严格控制各种会议》，就显得很一般。他动了脑筋，想出了一个好标题：《广铁为会议"减肥"》。同样的内容，效果却不同。编辑和读者都为这个拟人化手法标题点赞。

比如，《南极，请你作证》《冥王星"降级"了》《一道公文背着39个公章旅行》《为分数"拧水分"好》《为健康"颁奖"》《莫把"衙门"抬下乡》《让措施从墙上"走"下来》等标题，也都用了拟人化的手法，从而显得活泼、生动、吸引人。

**二是迅速激发起读者的好奇心和阅读紧迫感**

在标题中用"如何""为何""怎样""什么""怎么办"等词，或者设置悬念，便能迅速激发起读者的好奇心与阅读紧迫感，希望很快看到全文。《人民日报》曾发表过一些报道的标题，如《决策为何连连失误》《沉重的代价换来什么农产品　收购资金哪里去了》《如何看待山西经济负增长》《矿难瞒报何时了》，都是提出了问题，引发读者思考追踪。

现在有些网文用"竟然"加上省略号的办法，在标题上设置悬念，也取得较好效果。如标题《我国最值得尊敬的企业竟然是……》《他们竟然建起了一座……》等，属于这一类，引发读者非常想知道"竟然"后面的情况。

**三是标题本身就是一个故事，吸引读者去听去看**

有些好标题本身就形成了一个比较完整的故事，读者当然愿意去看了。如《虎林笑看虎怕牛》这个标题，就是讲述了在老虎人工养殖基地的"虎林"中，老虎怕牛的故事，肯定是妙趣横生、令人捧腹。

比如标题《雄师百万勇猛渡江前进　南下江阴要塞北克安庆》，向我们描述了解放军英勇作战的故事。标题《最可爱的人回来了》，讲的是中国人民志愿军胜利凯旋的故事。标题《上海把人力车送进了博物馆》，讲的是1956年2月25日上海市交通局淘汰最后两辆人力车的故事。标题《北约野蛮轰炸我驻南使馆》，讲的是记者目睹的以美国为首的北约令人发指的野蛮行径。

**四是在标题上设置强烈的对比，形成反差，达到吸引读者眼球的目的**

有一些文章的标题，以设置强烈对比的办法，起到了有效的功力。如标题《月薪三千与月薪三万的文案，差别究竟在哪里》《怎样从初学者成长为高手》《于光远：九十岁想当博客》《巴金：巨星陨落，光还亮着》。在这些标题中，都有两个对立面和参照物，但都是为文章主题服务的。这样的标题就能脱颖而出，引导读者阅读正文。

怎样改稿、编辑、做标题？

**五是在标题上巧用数字，形成强烈反差，吸引读者注意力**

这种标题有两类：一类是这个数字本身十分重要，必须在标题上标明。如《朱建华跃过二米三八》《我国政府决定军队减少员额一百万》《第十三亿个小公民降生》。在这里，"二米三八""一百万""第十三亿个"都很重要，是读者最关心的内容。

另一种标题是两种数字的对比，显出效果。如《世界上百分之二十的人掌握百分之八十的财富》《广九直通车十八年绕了地球两百圈》《两名儿童落水 百人破冰枢救》等，均在标题上用了两个有关联的数字，突出了报道的主题。

**六是利用诗词或典故，把标题"打扮"漂亮**

有一篇讲服务业的报道，标题是《来的都是客 全凭一颗心》，分明是巧妙地借用了京剧《沙家浜》中阿庆嫂"来的都是客，全凭嘴一张"的台词。可以使标题增添文采，使文章生辉。

又如标题《白了少年头，真悲切》，是借用了岳飞《满江红》中的句子略改而成的。

《最可爱的人回来了》这个报道的肩题，则用了杜甫《兵车行》中的首句"车辚辚，马萧萧"，显得特别有气势，感染力极强。

又如标题《滚滚长江东逝水 浊浪令人忧》，是一篇关于保护水资源的环保报道，巧用了杨慎《三国演义》开篇词中的名句。

这样"打扮"出来的标题，生动形象地阐述了新闻事实，突出了主题，给人以愉悦的审美感受。为此，我们的记者、通讯员要多读一些古诗词和典故，才能用时不会"方恨少"。

**七是要有耐心，多改几次勤比较**

好文章是改出来的，好标题也是改出来的。只有多改几次，多作比较，才能产生比较满意的标题。

新疆的一位学员让笔者帮助改标题。原先的标题是《组建党员突击队打响春运攻坚战》。笔者第一次改为《护春运　保安全　党员突击队奔赴第一线》，第二次改为《护春运　保安全　党员突击队集结"点兵"》，觉得比较贴切。当然，还可以改得更好。

有位编辑值夜班时看到一条报道的标题是《文明出效益——看冀东水泥集团公司如何创建精神文明》。他觉得这个标题的主题不够鲜明，且与副题重复。为此，他决定改主标题。第一次改题为《发掘潜能出效益》，觉得太实，也一般化。为此，又第二次改题为《奇迹出在"软件"上》，才比较满意。

如果同一条消息在不同的媒体上呈现不同的标题，那正是我们用比较法进行学习的好时机。我们可以从中选出一个最佳标题，并说出它最佳的理由。这样经常观察分析，做标题的水平就会很快提高。

怎样改稿、编辑、做标题？ 第4部分

# 第三十八讲：引用成语当谨慎

用错成语，是写作中经常发生的事情。把错的地方加以改正，是编辑工作的一项任务。笔者在多年的编辑工作中，就遇到过不少文章中用错成语的情况。有的写作者对成语不求甚解，有的望文生义，有的则是全然用反。在一篇文章中，只要出现一处这种情况，那真是"一颗老鼠屎坏了一锅粥"，贻笑大方，后悔莫及。

让我们从"差强人意"这个成语说起吧。

## 足协用错"差强人意"

2019年12月25日，《咬文嚼字》编辑部遵循典型性、新闻性、广泛性这三个标准，评选出了"2019年十大语文差错"。其中，足协的一个致歉声明中，"差强人意"这个成语用错了，被排在十大语文差错之首。

事情的起因是这样的：2019年11月14日，在足球世界杯预赛40强赛中，国家足球队在客场1:2输给叙利亚队。教练里皮赛后当场宣布辞职。这场比赛后，中国足协发表了一个致歉声明，是这么写的：

世界杯预选赛四—强赛过去两场比赛，中国男足表现差强人意，令广大球迷倍感失望，中国足协对此深表歉意！

国家队主教练里皮在赛后发布会上提出辞职，中国足协接受这一辞职请求。中国足协接下来将会深刻反思，重组男足国家队，打好接下来的四十强赛比赛。

在这里，足协把"差强人意"理解成"不尽如人意""让人不满意"。

"差强人意"这个成语是什么意思呢？"差"，指的是略微；"强"，指的是振奋。"差强人意"表示大体上还能使人满意，尚能使人满意。所以，足协用这个词显然是用错了。

"差强人意"是个中性词，偏褒义，不是贬义词，别用反了啊！

**有部电视剧叫《雄关漫道》**

前些年，电视台播放了一部20集的电视连续剧《雄关漫道》。该剧讲述了红军在长征中的故事，演员阵容十分强大。然而，对剧名《雄关漫道》这四个字，不少人认为不妥。

"雄关漫道"这四个字出自毛泽东的的《忆秦娥·娄山关》。这首词写于1935年。当时，红军攻克娄山关，决心跨越雄关，踏平险阻，奋勇作战，继续前进。"雄关漫道真如铁，而今迈步从头越。"多么坚定，多么豪迈！

"雄关漫道真如铁，而今迈步从头越"，这14个字怎么解读？雄关，指的是雄壮的关隘，即娄山关。漫道，是莫道、不要说、别说、徒然说、枉然说的意思。这两句诗的意思为：不要说雄关像铁一样硬，难以逾越，而今我们要从头开始征服它。

王昌龄《送裴图南》诗："漫道闺中飞破镜，犹看陌上别行人。"陆游《步至湖上寓小舟还舍》诗："漫道贫非病，谁知懒是真。"漫道都是莫说的意思。

然而，有许多人把"漫道"当作"漫长的道路"了。他们可能熟知屈原那句"路漫漫其修远兮，吾将上下而求索"的佳句，把"漫道"直接当成"路漫漫"了。

还有不少人把"雄关漫道"这四个字单独摘出来造句，形成了"雄关漫道创辉煌""雄关漫道从头越""雄关漫道三十载""雄关漫道迈大步""雄关漫道谱新篇""雄关漫道冲向前""雄关漫道竞从容""七十年雄关漫道"等自创的句子，显然是全部用错了。

错在何处？错就错在对"漫道"这两个字理解错了。

**居家抗疫与"万人空巷"**

在抗疫期间,某电视台播放某市的防疫工作,说的是市民都自觉地留在家中,足不出户,万人空巷。在这里,"万人空巷"一词用错了。

错在哪里?错就错在"万人空巷"不是指留在家中,而是指家家户户的人都走出家门,使巷子里空了。此词多用来形容庆祝、欢迎的盛况或新奇事物轰动居民的情景。苏东坡写过这样的诗句:"赖有明朝看潮在,万人空巷斗新妆。"

用错这个成语的句子还有:

这部精彩的电视剧播出时,几乎万人空巷,人们在家里守着荧屏,街上显得静悄悄的。

显然,这里把人人坐在家看热门电视剧当成"万人空巷"了。

其实,用"万人空巷"我们可以这样造句:

今晚,城市广场放礼花,成千上万的人兴高采烈地走出家门去观看,真是万人空巷啊!

游行队伍行走在大街上,道路两旁挤满了观看的人,几乎万人空巷。

"万人空巷"这个成语用错的原因很简单,就是按字面片面理解,以为万人的巷子都空无一人了,那就是留在家中不出来了。

**寻找用错成语的原因**

写文章时,为什么常常会用错成语呢?

一是对成语记得不熟。

比如,"明日黄花"这个成语,有人常常会把它写成"昨日黄花"。"明日黄花"这个成语出自苏东坡的诗句"相逢不用忙归去,明日黄花蝶也愁",指的是重阳节过后,金黄色的菊花逐渐枯萎。这个成语比喻的是已失去新闻价值的报道或过时的事物。在写作时,"明日黄花"不能写成"昨日黄花"。

二是对成语中某个字的意思没弄清楚。

比如,"屡试不爽"这个成语中的"爽"字,有人把它理解成"顺""爽快"了,所以会写出"经过多次尝试,都没有成功,屡试不爽"的句子。其实,这个"爽"字,有多种含义,既可以当明亮、爽朗讲,又可以当差错、过失讲。在这个成语中,"爽"是差错的意思,"不爽"就是没有差错。"屡试不爽"指的是屡试无差错,多次实验都没出错,这才是这个成语的正解。

三是想当然,把不同的词当成一个意思。

如"鞭长莫及"与"望尘莫及"这两个成语中,都有"莫及"两字,有人就混用。其实,这两个成语的词义是不同的。前者指的是力量达不到,后者指的是远远落后。"你文章写得那么好,我是望尘莫及。"在这句话中,"望尘莫及"是不能写成"鞭长莫及"的。

四是对成语是褒义词还是贬义词没搞明白。

如"差强人意"是中性偏褒义的词,常被当成贬义词用。而"始作俑者"这个成语是贬义词,又常被当作褒义词用。"俑"是古代殉葬用的木制或陶制的俑人。开始制作俑的人,被比喻成做某件坏事的人。"始作俑者",就是首先做坏事的人。

有人写正面报道的文章时,写出了"缔造时尚的始作俑者""他是本市冬泳运动的始作俑者"等,都用错了。

最近我看到一条新闻,说的是我外交部再次点名美国,奉劝始作俑者早日停止错误做法。这样用,是正确的。

谁也不能保证自己的文章没有一点差错。但是,我们要有"为求一字稳,耐得半宵寒"的态度,在写文章引用成语时,先认真弄懂这个成语的意思,在遣词用句时做到慎重而贴切。世界上怕就怕"认真"二字。认真了,差错可以大大地减少。不然的话,懵懵懂懂地把一知半解的成语用上了,往往会出差错、闹笑话。中国足协用错成语"差强人意"的教训,实在是太深刻了!

# 第三十九讲：敬畏文字

故宫内潜入一窃贼，半夜盗得珍宝数件，逃逸。次日，故宫报案。公安人员神速破案，将窃贼捉拿归案。故宫方面为甚为感谢，两天后赠公安局锦旗一面，上面竟有一个错字……这不是在编剧本、写小说，而是发生在 2011 年 5 月的实事。

为什么说"对文字要有敬畏之心"呢？让我们从故宫的这个失窃事件说起吧。

### 故宫写错字闹得满城风雨

2011 年 5 月 9 日北京警方接到报案，说故宫博物院 8 日发生展品失窃。警方全力侦查，经过 58 小时奋战，于 11 日晚宣布，故宫失窃案犯罪嫌疑人在一网吧落网，部分失窃展品被找回。

13 日下午，故宫博物院副院长等人到市公安局赠送锦旗，表示感谢。然而，一面写有"撼祖国强盛，卫京都泰安"的锦旗却招来公众质疑。

堂堂故宫，难道也写错别字？故宫相关负责人当晚表示，"撼"字没错，显得厚重。此举引发外界更大的质疑，有语言文字方面的专家表示，"撼"字在这里肯定是错别字。

故宫，这是一个多么有文化的地方，这是一个多么高大上的地方，这是一个多么博大精深的地方！然而，却在锦旗上把"捍"字写成了"撼"，把意思也搞反了。

经过三天的"硬撑"，终于在 16 日那天，故宫官网就锦旗上出现错字向公众致歉,称此次赠送锦旗由院保卫部门负责联系、制作,由于时间紧,从制作场地直接将锦旗带到赠送现场,未再交院里检查。下午媒体播出后,院里才发现把"捍"写成"撼"的严重错误。尤其错误的是,在媒体质疑时,该部门未请示院领导,仍然坚持错误,强词夺理,不仅误导公众,而且使故宫声誉受到严重影响。

故宫为何会写错字,写错字了还强词夺理?

故宫"错字门"的原因在于粗心、傲气、管理不善、分工不明确,真是"既丢物又丢人"。

## 北大前校长作报告念错字

北大,作为我国首屈一指的高等学府,其校长肯定是大文化人了。然而,北大前校长有一次在作报告时读错字,让他深深自责,还写了致歉信。

事情发生在 2018 年 5 月 4 日北京大学 120 周年校庆大会上。当时,校长致辞时,把"鸿鹄之志"念成了"鸿浩之志"。此事迅速在网上成为新热点,人们议论纷纷,堂堂的北大校长怎么还会读错字呢? 5 日下午,校长发出致歉信说,我的这个错误会使很多同学和朋友失望,觉得作为一个北大校长,不应该文字功底这样差。说实话,我的文字功底的确不好,这次出错是把这个问题暴露了出来。

他还说,你们的校长并不是一个完美的人,也有缺点和不足,也会犯错误。我是会努力的,但我还是很难保证今后不会出现类似的错误,因为文字上的修炼并非一日之功。像我这个年纪的人,恐怕也很难短时间内,在文字水平上有很大的进步了。

这件事为什么会发生?笔者分析,主要是校长没有读过古文《陈涉世家》和《学弈》这两篇古文。《陈涉世家》一文中有这么一句话:"嗟乎,燕雀安知鸿鹄之志哉!"《学弈》中有一句话:"一人虽听之,一心以为有鸿鹄将至,思援弓缴而射之。"如果校长在小学或中学读过这两篇文章,就不会发生读错"鸿鹄"之事了。

**人大前校长不懂"七月流火"**

2005年7月12日,当时的中国人民大学校长在向台湾新党主席郁慕明致辞中说:"七月流火,但充满热情的岂止是天气。"此语一出,招来不少非议。

"七月流火"这个成语出自《诗经》。"七月流火,九月授衣。"原意为农历七月,大火星西降,天气逐渐凉爽起来。可是,校长却认为他讲话的那一天,阳历7月12日,正是一年中最热的日子,成语中又有"火"字,所以把"七月流火"它理解成酷暑之日,天气十分炎热,听众也是一片"流火"般的热情。很明显,校长犯了一个常识性的错误。

产生这种错误的原因是想当然,望文生义,不了解词的确切含义,只是从字面上牵强附会地理解并贸然地用上了。

其实,容易引起望文生义的成语还有不少。

比如,"不刊之论"指的是正确的、不能更改或磨灭的言论,是写得很好的文章或高明的意见。可是,有人认为是不能刊登的言论。又如,"久假不归"指的是长期借用而不归还,不能理解为长期请假而不回来,等等。

我们只有刻苦努力学习,加强语言文字修养,把用到的每一个词从词意到用法都弄清楚,才能克服望文生义而产生的错误。

**清华大学迎新横幅写错字**

清华大学的2019级新生开学之时,迎新的横幅上出现了一个错别字,把"热烈欢迎"写成了"热列欢迎",打出了"热列欢迎清华经管学院新生"的字样,让人大跌眼镜。很明显,横幅上的"列"字下面少了四点,错了。

这一下子,可在网上炸开了锅。清华大学怎么这样没有文化?布置会场后,有人检查过横幅的内容没有?几千人在场的迎新现场,怎么没有一个人发现？这一系列的问题，确实让清华大学有点难堪。

犯了这种低级错误，到底该谁负责呢？横幅制作者、横幅布置者，还是横幅上的字起草者？其实，这次粗心大意造成的失误，主要是缺少责任心。如果办事的人认真一点，有人出来校对一遍，即可避免。

千万别小看这校对工作的作用，它是写文章、出报刊书籍，甚至拉横幅中的不可缺少的重要环节。校对工作者必须高度负责，严谨周密，一丝不苟。清华大学如果当时有这么一位校对，这样的低级错误是完全可以避免的。

**只有1%学员全部答对这20题**

笔者在讲写作课时，曾给学生出过一次填空课堂小测验。题目看上去不难，每一空格处填一个字，有的学员三下五除二很快交卷了。一批阅，错了好几处。经多次闭卷测试，只有1%左右的学员能全部答对这20个题。现在，我把测试题公布如下，你也可以做一下（不能查字典、网页百度），如全对，恭喜你，你是"百里挑一"的语文佼佼者。题目是：

1. 天翻地 __，2. 指手 __ 脚，3. 黄 __ 美梦，4. 洁白无 __，5. 旁 __ 博引，6. 宁缺 __ 滥，7. 世外桃 __，8. 名不 __ 实，9. 饮 __ 止渴，10. 声名 __ 起，11. 有 __ 无恐，12. 按 __ 就班，13. __ 罪立功，14. 山 __ 水秀，15. 陈词 __ 调，16. __ 水摸鱼，17. 走 __ 无路，18. __ 在福中不知福，19. 直 __ 了当，20. 神 __ 六号飞船。（答案在本文结尾处）

**保持一颗精益求精的匠心**

写错字，读错字，谁也避免不了，笔者有时也发生这种错误。错了，就要承认，就要改正。

问题是，越有文化的单位和人物，就应当越重视这个问题，要对文字有敬畏之心。一个小学生在课堂上读错一个字与一个大学校长在演讲时读错一个字,产生的影响是有天壤之别的。

我们的汉语汉字源远流长,汉语中字的发音、汉字中字的用法、词的含义都有一定的规范标准。保持这个标准,捍卫这个标准,敬畏这个标准,就是在保卫汉语汉字的纯洁性。

我们并不是苛求名人必须什么都懂,把汉语词典都背出来,而是要求他们作为文化的带路人、传播者,要多学习,勤钻研,不要把"耄耋"读成"毛至",不要把"皇后"写成"皇後",不要把"口口相传"理解成"以讹传讹",不要把"炙手可热"说成"烫手山芋",等等。

文化人应当成为语言文字规范使用的示范者,而不是失误者。在这方面,永远保持一颗谦虚好学、精益求精的匠心,是十分必要的。


(20字填空答案:1.覆 2.画 3.梁 4.瑕 5.征 6.毋 7.源 8.副 9.鸠 10.鹊 11.恃 12.部 13.戴 14.清 15.滥 16.浑 17.投 18.身 19.截 20.舟)

# 第四十讲：关于报纸排版的几个问题

## 从三峡大学编辑的提问说起

在征集报纸编辑工作中遇到的问题时，三峡大学的编辑发来一则信息，提出需要的业务培训：

1. 在报纸编辑中，各种体裁的统一正规格式分别是怎样的？比如：通讯里的作者是称呼通讯员某某某，还是某某某／文，还是文／某某某？再比如：作者放正文首段前，还是置于文尾？等等。

2. 编辑中，标题、正文等的字体、字号、间距等的原则要求。

3. 排报中图片与文字的处理原则、技巧等。

4. 报纸来稿中图片的作者，表述为某某某摄，还是图／某某某，还是某某某／图，还是图片由某某某提供？

其他一些企业报、校报的编辑也有类似提问：在报纸编辑工作中，如何安排标题与正文中的字体字号？对各种体裁的文稿字体怎样处理？对图片说明的文字安排有什么规定？作者署名放在什么地方？

为此，笔者整理了一些方法。把这些基本的方法用好了，报纸就能做到"一贯性""一致性"，即基本的字体与署名方式不会变来变去，具有了庄重性和稳定性。

各种报纸由于风格不同、读者对象不同，在字体字号和署名方式上各有千秋，并无统一规定。

笔者以《人民日报》《环球时报》为例，来讲一下这方面的情况，可以作为编报时的参考。

### 报头与刊头

《人民日报》《环球时报》是全彩色报纸。《人民日报》的报头是红色的，《环球时报》的报头是红底白字。

这两份报纸的栏目刊头，有的是彩色的，有的是红白的，有的是蓝白的，有的是黑白的。

报头设计是关系报纸品位的重要环节。好的报头设计，可以带动报纸的版面形象，是报纸的标志和灵魂。大多数报头的字是由名人或书法家书写的。根据各报特点，报头设计有的庄重，有的活泼，风格有何不同。

报纸上的专刊、专栏众多，有政治、经济、科技、教育、理论、体育、文艺、国际的，都会有自己的明显标志刊头。刊头设计是报纸美术工作不可缺少的一部分。刊头的总要求是庄重、大方、明快、有艺术性，线条疏密相间，以小巧精致、以小见大的特点，配合正文，给人以美感。

### 标题与正文

文章的标题用的字体为黑体与宋体。用双行题时，可以全部用黑体，也可以一行用黑体、一行用宋体。各版的头条文章标题的字号较大，以下的文章标题字号较小。

关于正文的字体，消息、通讯用宋体，评论用楷体。

标题字号大小是编辑意图的反映。标题字号大的文章，在编辑的心目中分量重。现在有的报纸一个版面上的标题字号一样大，有的甚至版面下方的文章标题字号最大，上面的文章标题字号反而小，这说明编辑还没有学会运用"版面语言"来编报。

正文的行距不能过窄也不能过宽，各版应保持一致。这样的版面看上去比较舒服。

**署名的字体**

消息的"电头"用黑体。报纸上消息中作者的署名,带电头的,如:记者曹玲娟,"记者"二字用宋体,"曹玲娟"三字用黑体。"记者"与"曹玲娟"的字间无空格。

通讯中作者的署名,可放在标题下方。如:本报记者戴林峰,"本报记者"四个字用显得修长的华文仿宋,"戴林峰"三个字用楷体。"本报记者"与"戴林峰"之间空一格。

评论和理论文章中的作者署名用楷体,可放置在标题下方。在文章最后,注明作者身份的文字,用黑体并用括号括起来。

通讯员写的稿件,注明所在地区,用宋体。姓名,用黑体。中间空一格,放在文章最后,另起一行。

图片说明的文字用楷体。摄影者的姓名,如:"本报记者"用宋体,空一格。"刘军国摄",作者姓名用黑体,"摄"字紧跟着放在作者姓名后面,无间隔,用宋体。

对又有图又有文,图与文的作者不是同一人的,署名时可先署图的作者姓名,再署文的作者姓名,如"曹一图 沈慎文"。两姓名之间要空一格。姓名用黑体,"图""文"两字用宋体。

**横排与竖排**

《人民日报》上文章标题的排法以横排为主,也可以用竖排。竖排有3种方式:标题靠左、标题靠中、标题居右。《环球时报》上的文章全部采用横排的方式。

《人民日报》副刊的版面常用"留白"的方式处理版面,可供借鉴。

以上是《人民日报》《环球时报》上字体及作者署名的大致排法,仅供参考。

各报有自己的特色，不一定都是一个模式。然而，坚持版面的端庄、大方、美观、图文并茂、分清主次、吸引读者是版面编辑追求的目标，这是不会改变的。

# 第四十一讲：抵制网络低俗语言

随着互联网融入人们的生活，网络上的语言和文字都在发生着变化，形形色色的网络语言正一波又一波地向我们涌来。

作为媒体人的通讯员、记者和编辑，是文稿的撰写者和把关者，在新闻采编工作中有责任把好语言文字这一关，应当自觉地使用规范干净的语言文字，抵制并摒弃那些低俗肮脏的语言文字。

**网络语言良莠不齐**

网络语言的兴起有利有弊。在互联网发展进程中，产生了许多好的、贴近人民生活的、富有创意的词，如"给力""点赞""蛮拼的""正能量""接地气""洪荒之力""光盘行动"等。因为这些词表达生动，易于传播，从而受到群众的赞同。

还有一些网络流行语言，是随着岁月的沉积，渐渐成为人们的日常用语，如"萌萌哒""打酱油""山寨""雷人""草根""粉丝""吃瓜群众""颜值""土豪""套路""裸官"等，这些语言融入人们的日常生活，成为说话写文章的常用词。

应运而生的网络语言带有自身鲜明的特点，活跃在不同年龄、不同职业的人群中。人们在写作或演讲中，适当运用一些网络语言，使文章、讲话更接地气，更生动活泼，这是值得提倡的。

然而，在鱼龙混杂，良莠不齐的网络语言中，也出现了一些不规范的生造晦涩的词语，如"人艰不拆""十动然拒""耗子尾汁""蓝瘦香菇"等。不少人见到这些词往往一头雾水,要去查询一番,方知道"耗子尾汁"是好自为之,"蓝瘦香菇"是难受想哭。

更不能容忍的是,网络上还有一批极为低俗的语言文字,有的甚至是是黑话、粗话、下流话。这些语言文字严重地污染着社会环境,违背公序良俗,误导广大受众,对网络生态及社会文化产生了极为负面的影响。对此,应该严肃大声地说:"不!"

**不能让低俗语言撒野**

一些网络写手为了显示自己的前卫与时尚,在文章的字里行间里常常夹杂着一些不和谐、不文明的语言。许多骂人、损人、丧失道德的语言用廉价的"诙谐"方式出笼了,诸如"装逼""草泥马""撕逼""蛋疼"等。这些乱七八糟的话语滋生得挺快,有的很快成为"热门词",堂而皇之地招摇过市,肆意传播。

网上有的文章的题目是《一个屌丝的逆袭》《一个逗比的自我修养》《那些令人蛋疼的瞬间》等。这些标题一味追求刺激,摆尽噱头,以吸引读者眼球,达到获得赚取流量之目的。这些人不以为耻,反以"过瘾""时髦""流行"为借口疯狂撒野,让人不齿。

鲁迅先生在1925年就写过一篇杂文《论"他妈的"!》文章梳理了国骂的悠久历史,深挖背后的形成原因。鲁迅在文中说:"稍游各地,才始惊异于国骂之博大而精微:上溯祖宗,旁连姊妹,下递子孙,普及同性,真是'犹河汉而无极也'。"他还举出一个例子,说是一个车夫骂骡子时,边打边骂:"你姊姊的!你姊姊的!"

果然不出鲁迅所料,如今网络上的"你妹""尼玛""草泥马"都是国骂的变种,只不过是乔装打扮了一番而已。有些低俗语言是直接以男女性暗示和性挑逗作为表达方式,如"装逼""逼格"等,严重污染了社会语言环境。

如果在一篇文章中"我靠""NND"不离口,那还叫一篇文章吗?那不成了语言的垃圾箱了吗?

各种媒体是语言传播的源头,新闻工作者为此应当把好关。在改稿的时候,要毫不留情地删去网络低俗语言,切断它们向社会蔓延传播的藤和根。

有一些网络低俗语言,本来就是为吸引读者眼球为目的拼凑出来的,其生命周期很短,从产生到爆发、消亡,有的只流行一年半载便销声匿迹了。

**自觉抵制低俗语言**

抵制网络语言低俗之风,遏制网络低俗语言蔓延,是我们文字工作者的一项严肃任务。正确使用祖国语言,遵守语言规则,文明使用语言,是媒体人的责任。

为抵制低俗的网络语言,新华社曾列出一批禁用词,规定在报道中禁止使用"妈的""TMD""SB"等脏话、黑话。

既然有了规定,我们就要遵守。在日常工作中,无论是传统媒体还是新媒体,首先要带头不用低俗语言,其次要发挥规范用语的引导作用。这是关系社会责任和职业道德的重要工作,必须牢牢把握好方向、落实到位。

只要我们保持清醒的头脑,心中有正确的价值观,就能在采编工作中做出准确的判断,自觉抵制那些低俗的网络语言,推动媒体上健康文明使用与发展语言文字。

# 第四十二讲：选取怎样的新闻照片上版面？

在报社当编辑、上夜班时，眼前有一大堆照片，每天要选出一些上版面，有的照片是单独发表，有的照片是配合相关文章发表，有的照片是组成"图片专栏"发表。

那么，怎么样的照片才能引起编辑的注意、才能入选并在报纸上刊登出来呢？归纳起来，以下几类照片是比较受欢迎的，是采用率比较高的。

**见证时代进程的照片**

新闻图片最重要的特点是具有新闻性，它必须是能展示新闻现场的、表现新闻人物形象的。它可以使读者直观地看到新闻事实，产生亲临现场的感觉。这样的照片，配以图片说明，就能独立成为一条完整的新闻报道。有的好照片甚至能登上头版头条的位置。而那些内容陈旧的、事件过时的照片自然就得不到采用。

与文字新闻一样，新闻照片要讲究新闻价值。那些题材重要、接地气、有教育意义、能见证时代进程的照片值得拍摄与推广。

1951年2月中旬，在志愿军某部政治部担任摄影组组长的黎民拍摄了《中国人民志愿军跨过鸭绿江》的照片。部队过江后，他把这张照片的底片小心翼翼地包好，寄往解放军画报社。不久，照片就发表在1951年第4期《解放军画报》的扉页上，并被当时全国各地的报刊普遍刊用，同时还荣获了志愿军总部二等奖，陈列在中国人民革命军事博物馆内，为历史留下一个不朽的见证。

采编实用技巧88讲

中国摄影家协会原副秘书长、希望工程标志性照片《大眼睛》的拍摄者解海龙说,新闻照片要承载"记录现在,告诉未来"的使命。新闻摄影要求记录绝对的真实,真实记录才是新闻摄影的生命。在此基础之上,能够承担起社会责任的摄影作品,则具备了"改变未来"的力量。他拍摄的《大眼睛》照片几乎成了当年一个时代的象征。

现在有一种摆拍的照片和视频,自称是为了鼓劲,实际上是假照片、假视频。这种照片和视频由于失去了新闻真实性原则,不仅不应提倡,而且需要抵制。

**视觉冲击力强的照片**

一张好的新闻照片只有一个视觉中心。笔者在选新闻照片时,喜欢选那些一下子就吸引眼球的照片,选那些只有一个聚焦点的照片,而放弃那些有两个三个重点地方的照片,放弃那些既形散又神散的照片。

在当年越战期间,有一张《火烧赤身女孩》的照片震惊世界,甚至引发越战结束。照片中裸跑的女孩名叫潘金福,白磷弹袭击了村庄,小女孩身上烧着了,她哭着边脱衣服边跑。这张照片有强烈视觉冲击力,获得了普立兹奖与1972年的世界新闻摄影比赛奖。

抓住视觉中心这个概念,就是抓住了重点。当读者看到一张没有视觉中心或有多个视觉中心的照片时,弄不清楚你想表达的主题,照片就达不到报道新闻的目的。

优秀的新闻摄影记者可以通过调整取景范围、调整景深、加强色彩、选择角度和追拍等手段来凸显视觉中心,创作出一幅好的作品。如果用拼凑的、移花接木的手法来编造出冲击力,最终必然会失败。

2005年有一张新闻照片《中国农村城市化第一爆》,曾凭富有冲击力的"瞬间美"打动了评委,获摄影比赛金奖。后来,网友指出此照片有电脑合成嫌疑,最终被取消了获奖资格。

## 生动活泼的照片

艺术照可以摆拍，但新闻照片一定要抓拍，抓住那精彩的一瞬间。成功的抓拍是创作一幅优秀新闻照片的关键因素。只有抓拍，才能抓住真实和精彩的画面。一位资深的摄影记者说过："抓拍是摄影记者的一项基本功，需要拥有责任心、正义感、勇气担当和技术技巧。"纪实摄影新闻摄影的基本方法之一就是抓拍。

那些摆拍的照片，往往人物面部表情僵硬，动作走形，画面凝固。还有一些PS过的照片，人物如悬浮在空中，事物也从而失真。有一些单位发表PS照片后被读者揭露出真相，搞得十分被动，有的道歉，有的作检查。

如轰动新闻界的照片《广场鸽接种禽流感疫苗》和《青藏铁路为野生动物开辟生命通道》，虽然均已获奖，但最终被证实是经过电脑合成处理的虚假新闻图片。为此，不但拍摄者获得的奖杯和证书被取消了，有的还登报向全社会道歉，有的更是被所在单位解聘。

## 有故事情节的照片

把新闻照片拍出故事，拍出矛盾冲突，拍出人的心理变化，让读者通过画面体会照片中的深邃意境和丰富含义，这是新闻摄影工作者应当追求的境界。要完成故事片式的新闻照片，首先要构思，在拍摄前，脑子里先形成一个生动的故事，然后设计画面，最后才按动快门进行拍摄。

2008年5月12日汶川大地震。13日，还在上幼儿园的3岁的小男孩郎铮被埋一天后被救出，解放军战士用担架把他抬出。满脸伤痕的郎铮举起右手，向解放军叔叔敬礼。摄影记者捕捉到了这个画面，一幅《生命的敬礼》好照片诞生了！

新闻照片要讲脚踏实地的故事，讲感人的故事，讲改革发展的故事，讲坚守初心创新奋斗的故事。"讲故事"不是"编故事"。不能编一些假、大、空的故事来忽悠读者，欺骗观众。

2004年，武汉某报记者拍摄的《"非典"时期的婚礼》曾得荷赛三等奖。这张照片看上去很有"故事"，新娘和新郎戴着口罩，伴娘托着新娘裙裾，一位拄拐杖的老人与他们擦肩而过。然而，照片获奖后，照片上的新郎向摄影记者索赔，并将之告上法庭。这引发了人们对这张照片是否摆拍与造假的讨论。

**反映人物精神的照片**

新闻照片在很多情况下是拍人，要拍出人的精气神。在我们的记忆中，王进喜、焦裕禄、雷锋的形象往往是由一张照片而留下的，而这张照片正是最能反映他们精神面貌的那个瞬间。

现在有些新闻照片虽然拍摄的也是真人真事，但由于拍摄技术不佳、不熟悉被拍摄者对象，有的被拍摄对象过于紧张，造成拍出来的照片效果不好。怎样才能使所拍摄的人物流露真情，亲切自然，神态感人？摄影工作者只有深入地贴近群众、贴近生活、贴近实际才能成功。

一个好的摄影师，不仅仅是拍个照片，更应是个社会活动家、美学家、文学家，具有政治水平和艺术水平，又有深厚的笔底功力，才能在观察生活、分析事物中，在关键的时刻按下手中相机的快门。

优秀的新闻照片不是"易碎品"，而是随着时间的延续弥足珍贵。人民日报著名新闻摄影家蒋铎在1968年10月1日拍摄过一张周恩来总理在天安门城楼上的照片。拍摄前，蒋老师发现周恩来比两年前明显消瘦和憔悴，心头为之一颤。蒋老师抓住时机，按下快门，拍下了当天周恩来那忧郁的眼神、疲惫的神态。这张照片后来由中国美术馆收藏。

47年后的2015年9月3日，在天安门广场举行了纪念中国人民抗日战争暨世界反法西斯战争胜利70周年盛大阅兵。当天阅兵结束后，一名网友找出蒋铎拍的这张周总理照片，写下了"这盛景，如你所愿"的微博，迅速在网上转发和传播。至9月4日上午，转发量竟然超过一百万！许多网友看了这句微博和这幅老照片，流下了热泪。一张老照片，至今仍令人怎样改稿、编辑、做标题？

感动。

  正如蒋铎所说的那样，新媒体时代，报、网、端、微、屏齐发力，共相融。新闻摄影机遇更多，舞台更大。海阔凭鱼跃，天高任鸟飞。新闻摄影记者要与时俱进，增强"四力"，以生活为师，深入探寻新闻摄影规律，不断创作出更多生动鲜活、无愧于时代和人民的精品力作。

## 第四十三讲：如何防止新闻照片的失真失实？

当前，在各种媒体上用新闻照片越来越多，越来越频繁。有的媒体在文中插入照片，力争图文并茂；有的媒体开辟了图片专版、图片专栏；有的媒体直接用照片对新闻进行报道

常言道："一图胜千言。"新闻照片在报道中的作用越来越大。记者抓住那些"典型的瞬间"，简洁、明了地报道新闻，使新闻达到效果最大化。

### 新闻图片的失真失实的表现

然而，由于新闻素养欠缺、利益驱使、粗心大意等原因，新闻照片失真失实的现象屡有发生。失真，指的是这张照片是假照片；失实，指的是照片是真的，但与事实不符。

如四川省一个县里的县长、副县长等3人视察公路的照片，有明显的PS痕迹，被网友称为"悬浮照"。实际上3位领导没有去，是贴上去的。这是一张失真的照片。事后，该县在官方微博上道歉，承认照片的确是经过后期处理的。

曾获荷赛三等奖的《"非典"时期的婚礼》那张照片，其中男女主角并不是一对新人，除过路老人外，其他都是一家婚纱店的员工。这张照片通过导演，前后拍了数十张，最后才选了一张。这是一张严重失实的照片。

新闻照片失真失实的情形也有发生在国外媒体的。如国外一网站在报道俄罗斯总理时，竟将另外一个人的照片误认为总理，一经发布，闹了"乌龙"。

**新闻图片的失真失实的原因**

新闻照片失真失实的原因是多方面的，主要原因有以下几条：

一是为了追求所谓的"完美"，任意摆布现场。

有的记者或通讯员习惯于"办公室里想点子，下到基层找例子，到了现场摆场子，安排C位拍片子"。摆拍是常用的手段，不摆拍就不会拍照片了。有的干脆当上了"导演"，哪个人坐着，哪个人站着，哪个人侧着，都一一安排，认为这样才"完美"。其实，这样拍出来的照片不但僵硬死板，而且与新闻事实会有出入。

新闻摄影的基本原则是要求摄影者在不干涉对象的基础上选镜头，抓镜头。抓拍应该是一项基本功。打破时间、空间、人物一致的原则，进行摆布或事后补拍，都是违背新闻真实性原则的，拍出来的照片必然是失真的。

二是把新闻照片与影楼摄影、艺术照片混为一谈。

有人以追求艺术效果为名，用影楼的办法来拍摄，于真实性不顾，甚至用造假新闻事实、张冠李戴的办法来"创作"。在后期调整处理中，过度"美颜"，任意删改，用图片软件拼接，造成了照片的失真失实。

三是工作作风浮躁，造成漏洞百出。

有的为了追求时效，任意更改拍摄时间。有的对地图、党旗、国旗、国徽等带有政治性的元素的图案审查不严，造成失误。有的侵犯了被摄对象隐私权，有的照片缺乏人文关怀，对逝者、残疾人、弱势群体不尊重。还有的对保密工作不重视，发生了泄密现象。

四是为追求名利明显造假。

有的人为了获奖不择手段，通过无中生有或随意合成制造新闻照片，这与新闻摄影的基本要求完全是背道而驰的。如"华南虎""藏羚羊""广场鸽"等照片，都是人为合成造假的照片。

五是图片的文字说明不准确、不严谨，有明显漏洞。

有的图片说明常用"最近""近几个月""前不久"等时间概念，对新闻发生时间不明确。有的是一年前的老照片，加上今天的说明就加以发表。有的图片说明把地名、人名、数字弄错了。有的数据使用的是"六概""几乎"等不确定词语，让人产生的只是模糊印象。凡此种种，都是工作态度不严谨的表现。

**防止新闻图片失真失实的方法**

以下这些方法是应当努力做到的：

——深入一线采访，不能虚构想象。

文字记者要重视一线采访，摄影记者同样要重视一线采访。只有到现场，到群众中去，才能找到好素材。不要借口工作忙、没时间而不去基层。不踏实采访，就不会成功。

——不编造事实，不事后补拍。

不能采取事后补拍的办法来还原现场，导演制造出一张新闻照片来。拍新闻照片不像拍故事片，一次不行可以拍两次三次。也不能把一些图片组合成新闻照片，这里面的破绽是特别明显的。

——尽可能地避免干预现场。

有些场合（如拍摄展览物品静物拍摄、人物特写、群体合影等）适当的"摆拍"是可以的，但有一定限度的，前提是决不去干涉正在发生发展的新闻事件，不去摆一个假现场，不去制造新闻。

——文字说明要以事实为依据。对人名、地名、数字、符号要反复核实，以防失实。对某些特定图案，要注意细节部分，防止差错。

——强化职业道德教育，提升媒介素养。记者要把好"快门关"，编辑要把好审稿关。要学好法律法规和行业政策，提高政治素养和行业政策水平。除了掌握新闻图片拍摄和编辑知识外，还要熟悉社会、经济、文化等方面的形势与活动，用内行的眼光来拍摄与选用图片。

如何避免新闻照片的失真失实？如何让我们的照片更真实、更全面、更准确地记录新时代？任重而道远。有志者应当努力建立创新思维，勤奋多思，抓住灵感，突出个性，熟练技能，让自己今天的新闻照片不但有现实意义，而且能在历史上成为有文献价值的珍贵资料。

# 第四十四讲：这些词语你用对了吗？

范敬宜老师在担任人民日报社总编辑之前，在经济日报当总编辑。在80年代，曾任辽宁日报副总编辑、外文局局长。

进入90年代，他还在经济日报工作时，我们就认识了。他在62岁的1993年9月，调到人民日报工作。

他为人诚恳、平等，在办报中不仅具有把握大局的能力，视野开阔而独特，而且具有高度的知识和文字修养，在采访、写作、编辑方面均有成就。

范总在人民日报社工作期间，坚持每天写值班手记。在值班手记中，除了对当天《人民日报》的报纸内容和版面进行点评，还发表了对新闻宣传业务的意见。其中，关于加强知识和文字修养方面的论述给人留下深刻印象。

## "红杏出墙""梅开二度"当慎用

一直以来，不少记者、通讯员喜欢用"一枝红杏出墙来"作为新闻的标题。一个产品销路好，标题用"一枝红杏出墙来"；一个企业在当地很出众，写文章时又用"一枝红杏出墙来"。

范敬宜在1996年6月指出，我曾多次讲过，"一枝红杏出墙来"，有其特定的含义，不可随便使用。读者也多次为此来信嘲讽编辑没有学问。不知编辑为什么对这样的标题如此偏爱？

他说，古成语不是不能借用，甚至可以反其意而用之。但这类已经约定俗成，并且带有某种不良含义的词语还是应该不用。

范敬宜还指出，另如什么"梅开二度""梅开三度"，也常见诸报端，这是很令人难堪的。

**评论字画不能说外行话**

范敬宜从小跟着吴门画派传人樊伯炎先生学国画。在樊先生的熏陶下，范敬宜在山水书画方面有了一个良好的开端。

50多年后，在评报时，绘画方面的知识派到了用场。范敬宜说，报纸上有些评价艺术作品的报道，经常用"栩栩如生""生动逼真"之类形容词，这是一种外行话。对于高水平的艺术作品，这类形容词实际上是一种贬义词。因为"如生""逼真"不是评价艺术品的高标准。苏东坡就讲过"论画以形似，见于儿童邻"，意思是说鉴赏绘画如果以"形似"为标准，那他的见识与孩子差不多。

另外，形容书法也老用"苍劲有力"，其实书法的审美标准也是多层次的，"苍劲有力"只是其中之一。除了苍劲有力，还有秀逸的，柔美的，恣肆的，妩媚的，古拙的，苦涩的，等等。记者要多一点这方面的知识，不要只会用"苍劲有力"这类形容词。

**引用诗文应当查明原意**

范敬宜的古典诗词造诣很深。在他年轻时，就读于无锡国专，每周必交诗词习作，期中期末考试当场命题做诗填词。经过严格的训练，到17岁时，范敬宜的作品有古体、近体诗和长短句、散曲。有学者评价范敬宜是"诗书画一体，情文韵三绝"。

有一天，范敬宜在评报时，读到这么一段文字："的确，如同遵义会议之后长征路上依然雄关漫道一样，在今天奔向21世纪的征程中，道路也不平坦。"

他指出，文中对"漫道"二字的理解有误。"漫道"是诗词中常用的一种动词，意与"莫道""休道"相似。"雄关漫道真如铁，而今迈步从头越"，意即：莫看雄关像钢铁一样坚固，如今也要迈步从头跨越。有人把"漫道"解释为"险道"，这是望文生义。

还有一次，范敬宜发现有的文章把"人间正道是沧桑"理解错了，理解成与"歪道"相对的"正道"。范敬宜指出，这里的"正道"是"正是说"的意思。那篇文章中说："人间正道是沧桑，走王路的老实人最终是不吃亏的。"这是由于不懂中国诗词用语常识造成的。

他严肃地指出，今后引用诗文，一定要弄清原意。

**不放过一个错别字**

范敬宜办报呕心沥血，特别认真，认真到较真儿的地步，每一个错别字都不放过。他有一天兑：我最近看报发现错别字太多，如"寥若晨星"错成"寥若星辰"，"十二指肠"错成"十二脂肠"，"猩红热"错成"腥红热"，等等。此外，他还发现有的文章"三部曲"错成"三步曲"，"为国人不齿"错成"为国人不耻"，清代画家"恽南田"错成"郓南田"，等等。

他指出，别看一字之错，登在报上就成笑柄。"有时，会接到好几个电话来批评我们。如以讹传讹，势必贻笑大方，应当严格把关，慎之慎之。"

**记者的"戏路子"要宽**

范敬宜总是提示我们，写文章要树立"精品意识"，以思想深度取胜，以独特视角取胜，以快速反应取胜，以出奇制胜取胜，以飘逸潇洒之笔，论经文纬武之事。

他说，当记者"戏路子"要宽。这个"戏路子"是从京剧界借用来的。记者的"戏路子"要宽，是指他的"领域"要广：从知识来说，除其本身专业外，还应对政治、经济、文化、艺术、科技等方面都有一定的了解；从新闻业务来说，既要能写作又要能摄影，能使用电脑，能掌握一点外语；

既要能写消息、通讯、特写，又要能写评论、杂文、散文，根据不同的题材，使用不同的文体，成为"全天候"的记者。

他呼吁，培养这种全面发展型的记者，今后将显得越来越重要。

范敬宜老师因病医治无效，于 2010 年 11 月 13 日在北京去世，享年 79 岁。他是 1951 年开始从事新闻工作的，半个多世纪都在为新闻工作发光发热。他生前说过："如果有来生，还是当记者。" 道出了一位新闻人对自己职业的深切依恋。他的音容笑貌犹在，他的谆谆教诲激励一代又一代新闻人不忘初心，砥砺前行。

# 第5部分

# 写作理念的提升

# 第四十五讲：感动，方提笔

感动方提笔，下笔有精神。这一写作的基本规律已被许多优秀的新闻作品所证实。

有人问新华社原社长穆青，您写的《县委书记的榜样——焦裕禄》一文太感人了，读时都忍不住要流泪，您是怎样写出这么好的文章的？穆老微笑着说，只有植根人民中间，下笔才有精神，只有深入采访，练好基本功，多读、多写、多思，才能写出好作品；只有与主人公息息相通，才能写得真实感人。穆青介绍道："我们噙着热泪，写下一行行焦裕禄的事迹，眼泪常常不自主地夺眶而出，打湿了稿纸。七易其稿，才记录下焦裕禄的感人事迹。"

作家魏巍之所以能写出《谁是最可爱的人》，最基本的原因就是中国人民志愿军战士的英雄气魄和事迹感动了他。魏巍说，《谁是最可爱的人》这个题目不是硬想出来的，而是在朝鲜战场上激动的情况下从心里蹦出来的，从情感的浪潮中跳出来的。1951年4月11日《人民日报》发表了魏巍的《谁是最可爱的人》。毛泽东阅后批示："印发全军"。朱德读后连声称赞："写得好！很好！"

由此可见，写文章要感动别人，先得感动自己。

**新闻是有温度的**

情景交融、以情动人的新闻作品，写出了身边的感动，温暖着人心。一字一句总关情，这是作者的情感化成文字的结果。

那么,怎样才能培养起这种感情呢?转变作风是关键。

作为新闻宣传干部,有什么样的作风,就会产生什么样的新闻稿。长期以来,一些新闻宣传单位形成了一套固定的、守旧的发稿模式。一是会议新闻多,二是通稿新闻多,三是网上下载多。对稿件的定额数量要求比较严,而对稿件的内在质量过问较少。从而出现了工作套路化、稿件公文化、内容大路化的局面,文章很难感动人、激励人。

要改变这种状况,新闻从业人员必须在"转作风"方面下功夫。转变那些自认为是"无冕之王"的旧思想,改掉那些居高临下、高高在上的怪脾气,去除那些发了几篇程式化的稿件就沾沾自喜的坏毛病,真正沉下心来,深入下去,拜群众为老师,把生活当源泉,从源头上解决采访不深入的问题。

要把每一次采访当成一次心灵上的洗礼。在最短的时间内,使自己与采访对象熟悉起来,让对方说出掏心窝的话,把要写的人和事了解深刻,使自己感动起来。写文章要有感而发,这个"感"字,不光是感觉,更重要的是感受、感情、感悟、感动。

最近,笔者在读《陈景润精神魅力永存》(见《人民日报》1996年3月21日)这篇通讯时,发现了一个细节:著名数学家逝世后,好多人怀念他,包括他的数学界同事、他的学生、他的妻子和孩子。通讯的作者却特地选了一位出租汽车司机怀念陈景润的情景。

顺义出租汽车公司41岁的司机付铁玉告诉记者,在他上初中时就听过陈景润做的报告。他说:"至今我还记着这样一句话:'学习一定要刻苦,要忘我',我常用这句话教育我的孩子。"

"文生于情,情生于身之所历。"没有深入的采访与经历,是找不到这位出租车司机的,也不会引出陈景润的这句名言,文章便失去了一个感人的闪光点。可见,采访的深入细致是多么重要!

《人民日报》发表的"任仲平"文章,实际上是一个写作小组集体创作的作品。在撰写关于四川汶川大地震的《灾难中挺立的伟大中国》一文时,"在修改这篇稿子的时刻,大家都沉浸在情感的波涛中,没有遇到任何人认识上的隔膜,感动传递着感动,激情引申着激情,思考接续着思考,这些都化作有声有色、有情有义的文字"。由此可见,只有内心感动,才能传达感动。

**新闻是有力量的**

在互联网时代,我们每天被各种各样的新闻所包围。网上一些失实的、庸俗化、媚俗化的报道时时侵蚀着人们的思想。我们强调新闻的力量,是真实的力量,是引导的力量,是促进社会进步的力量。

新闻人站在时代的潮头,守望社会,记录现实,传递公平、正义。在写作中,就必须把"追求有力量的新闻"作为座右铭,坚决抛弃那些空洞僵硬、远离群众的稿件。

新闻的力量在于真实。真实是新闻的生命,不真实的叫谣言或传言。真实的力量在于它能击碎一切谎言,能让人们看到事物的本来面目。新闻的真实是全局的真实、内在的真实,而不是表面的真实。雾里看花,水中捞月,了解到的并不是事实真相。新闻人免不了有时会有失误、失实,但绝不允许造假、贩假。凡是为了沽名钓誉、捞取钱财而制造假新闻的行为,是绝对不允许的,对这样的人应当清除出新闻队伍。

新闻的力量在于激励人、教育人。20世纪60年代初的那几年,经受了特大自然灾害后,人民的物质生活并不富裕。然而,我们有那么一批新闻工作者,却在这个时期写出了一批优秀的新闻稿,鼓舞人们战胜困难,建设国家。这些消息与通讯有《我登山队登上世界最高峰》(《人民日报》1960年5月28日)、《毛主席的好战士——雷锋》(《人民日报》1963年2月7日)、《无产阶级战士的高尚风格——"南京路上好八连"纪事》(《人民日报》1963年5月8日)《大庆精神大庆人》(《人民日报》1964年4月20日)、《县委书记的榜样——焦裕禄》(《人民日报》1966年2月7日)等。从此以后,攀登世界最高峰精神、雷锋精神、好八连精神、铁人精神、焦裕禄精神鼓舞着人们意气风发,斗志昂扬,披荆斩棘，奋发图强，一直影响着几代人。改革开放后，宣传英雄模范人物的报道更多了，这些报道引领主流价值，凝聚时代共识，筑起了新时代的精神长城。

新闻的力量在于遏止腐朽的东西。激浊扬清，针砭时弊，揭露丑恶现象，是新闻工作必须履行的神圣职责。新闻媒体敢于并善于进行舆论监督，是社会进步的标志之一。新闻人就是战士，在面对罪恶时，不能退缩，更不能临阵脱逃，而必须勇敢面对，用自己的笔作为武器，向邪恶势力做坚决的斗争。这种斗争是既注重揭露又指出路，既看表象又挖根源，既有针对性又有建设性。而要做到这一切，对记者的政治修养、思维修养、知识修养和新闻业务水平提出了更高的要求。

在当今的互联网时代，媒介的传播技术的发展日新月异，媒介的种类在不断更新。然而，媒体人作为新闻的记录者、社会的守望者、历史的书写者，他们的职责没有变化。把新闻写得有温度、有力量，不断传递社会的公平、正义，是新闻人不懈的追求。做有品质的新闻，是记者的立身之本。记者追求真理的禀性不会改变，推动社会进步的使命将永远牢记。

# 第四十六讲：如何避免"记账式"的新闻稿？

如何避免"记账式"的新闻稿？这是一些通讯员常常遇到的问题。稿子是写出来了，可是主题不突出，内容平铺直叙，好像记流水账，领导不满意，投稿后也难以得到采用。怎么办？别着急。只要新闻素材好，稿子是可以改好的，是可以挽救的。

**从通讯员来稿说起**

前几天，东北的一位通讯员发给笔者一篇新闻稿，让把把关。这篇稿子的题目是《一个"四海为家"的团队 十年坚持做好事》，说的是他们单位的一个爱心团队坚持十年做公益事业的事。

稿子开头是这样写的："他们是一群筑路人，十年前就开始行善助人，回报社会……"在介绍了这个团队的基本情况后，稿件从2011年团队成立说起，写了2011年至2020年的事迹，每年列举一两件，一年也没有遗漏。

笔者对他说，稿件内容不错，同时提了几点建议："不能这样记账式写。""可把今年7月发生的事放到前面去，以前的事为背景材料。""要调整文章结构。"

这位通讯员自己也认识到："就是一年一年写，感觉像记账了，不知道怎么写。"后来，在笔者的建议下经过调整，稿子面貌有了变化。

"记账式"的新闻稿是初学者的通病。严格地说，这样的文章是未成型的新闻稿，或者说仅仅是新闻素材。究其产生的原因，一是不知道找"新闻由头"，二是什么都不愿舍弃，三是不会调整文章的"结构"。

下面，我们就从这3个方面来探讨一下。

### 寻找"新闻由头"

什么是由头？由头就是可作为借口的事。新闻由头，又叫新闻引子、新闻根据，指的是客观事实作为新闻传播的依据或契机。

常用的新闻由头有"记者从某某处获悉""截至几月几日止"等字眼儿。这些新闻由头比较老套，是比较偷懒的写作方法。好的新闻由头能起到新闻变活、旧闻变新的作用。

请看《三峡大坝全线建成》这篇新闻的开头：

今天下午2时，当三峡大坝右岸最后一方混凝土送入仓位后，举世瞩目的长江三峡水利枢纽工程迎来历史性的一刻：中国三峡总公司总经理李永安宣布，三峡大坝建成！（见《人民日报》2006年5月21日）

在这里，记者用"最后一方混凝土送入仓位"作为引子，作为根据，引出了三峡大坝全线建成的这个新闻事实。

再看《京九铁路全线开通运营》这条消息的开头：

今天上午9时13分，北京西站彩旗招展、军乐嘹亮、锣鼓震天，一列挂着"北京西—深圳"方向牌的橘红旅客列车，缓缓驶出站台。这标志着举世瞩目的京九铁路全线正式开通运营，我国铁路建设史上规模最大、投资最多的国家重点工程建设画上了圆满的句号。（见《人民日报》1996年9月2日）

在这里，那一列"橘红旅客列车，缓缓驶出站台"就是由头，就是整条新闻的契机，把新闻写得有动感、有活力。

我们在写稿时，常常会遇到这种情况：要写几年来的工作，或者全年的成绩。这时候，必须细心地找一个新闻由头，把最新的事情先写出来，这样才能把陈年旧事救活，让它们"起死回生"。而不能一开头就写"1949年解放以来""1978年改革开放以来""今年以来"等。

请看刊登于1984年10月12日《人民日报》这篇文章的开头：

当今中国，有谁不知道"包产到户"呢？她已如烂漫山花开遍祖国大地，城乡人民不仅闻到她的芬芳，也已尝到她的果实了；连国外的一些人也对她发生了浓厚的兴趣。

但是,是谁起初提出和实现这种责任制形式并总结了完整的经验?他们的经历又如何?对于这些,至今知道的人并不多。

紧接着,记者从1978年说起,又回忆写了1956年、1958年、1981年直至近日的几个故事。如果文章一开头就从1978年说起,那就没有了新闻性。

新闻由头只是"由头""引子",不是新闻主体内容,这一点是必须再次强调的。

**敢于善于"取舍"**

面对一大堆采访搜集来的材料,这也舍不得扔,那也舍不得放,一股脑儿都放到稿件中去,就会产生"流水账"式的文章。

怎样对材料进行取舍呢?

一是保留与主题密切相关的材料,把那些与主题不密切的材料舍弃。

二是选择那些有典型意义的材料,把不典型的、普通的材料舍弃。

三是找出那些能使自己感动的材料,把那些缺乏感染力的材料舍弃。

四是选取读者感兴趣、对读者有吸引力的材料,把平淡的材料舍弃。

材料是表现和深化主题的基础,要敢于忍痛割爱,善于取舍。有了以上4个方面的取舍,把材料选对了,就能写出主题突出、内容生动的文章。

笔者读过一篇通讯《驻村三日》(见《人民日报》2013年7月23日),写的是记者与市领导在3天内走访了13个村的故事。如果按照流水账式的写法,每天写四五个村的情况,就会显得十分疲塌、冗长、乏味。记者没有那样写,而是围绕着"当下农村是个啥状态?未来农村建设、农业发展、农民增收的希望在哪里"这个主题,选择了几个村,听农民吐心声,与干部聊出路,和返乡创业大学生探未来,用了不到3000字就写了13个村的情况。

由此可见,学舍取舍,就能从大量的、一般性的工作经验、做法中找到新闻的亮点,找到有意义的故事。

应当牢牢记住的是：新闻是最怕面面俱到的。

**巧妙调整"结构"**

在笔者接到的一些通讯员的初稿中，许多稿件"有料"，但文章的结构有毛病。有的新闻稿不懂"倒金字塔"写法，有的分不清"并列式"与"递进式"的区别，有的未掌握"总分式""对照式"的写法。总之，对文章的先后次序怎么安排心中无数，只好写到哪里算哪里。

如果说，稿件的主题是"灵魂"、材料是"血肉"的话，那么，结构就是"骨架"。搭好"骨架"的办法：消息用"倒金字塔"的方法，通讯与评论可在"并列式""递进式""总分式""对照式"中选择。

"并列式"写法是常常用小标题把文章分成几部分，各部分是并行的、独立的，但上下段之间又有联系。

"递进式"是步步递进，内容逐层深入。如我们读过的《岳阳楼记》，就是先写景，再写意境，最后写哲理思想。

"总分式"是先确定主题，再细述。比如，写一篇《森林对人类的巨大好处》的文章时，可先提出森林是大自然的调节器，在维护全球生态平衡中有巨大好处的论点，然后，从森林能释放氧气、净化空气、吸附烟尘、降温保温、降低噪声等几方面分别论述。

"对照式"是用比较的方法，选择有差异的两组内容进行对比分析，有褒有贬，亮出观点。如司马迁所说的"人固有一死，或重于泰山，或轻于鸿毛"这句话，就是对照式的写法。"崇尚勤俭节约　反对奢侈浪费""赠人玫瑰　手有余香""学然后知不足"等题目，都可以用对照式的方法来写。

避免"记账式"的新闻稿，关键在于学习，在于实践。"干枯的江河，绝不会涌现拍岸惊涛。"写新闻稿是一个思想、知识、技巧和经验积累的过程，成败甘苦，内心自知。然而，经过磨练之后，最终会出现一个飞跃的时刻。努力吧，光明就在你的前面！

# 第四十七讲：写稿要抓牢两个关键词

在阅读文章时，抓住关键词很重要。博客热门的那几年，每当笔者写好一篇博文时，总要选出五六个关键词，把它们列在文章下方关键词一栏上，以便于读者索引查阅。

关键词是文章的"核"，也是网络搜索的主要方法之一，它本来是图书馆学中的词。

在写新闻稿时，如果能认真领会两个关键词，并在实际写作中加以运用，那么，你的写作水平一定能很快地得到提高。

这两个关键词一个叫"选择"，另一个叫"加工"。

**从五个方面选材料**

在写作中，记者和通讯员都会有许多素材。面对大量的材料，怎么选择？选什么材料？不选什么材料？这是写作一开始就会遇到的问题。

归纳起来，可以选以下5个方面的材料：

一是选那些采访得来的第一手材料。

采访的目的是为了获得鲜活的第一手材料。记者通常会在第一时间赶到第一现场，随后则开始展开全面的调查采访，尽量获取第一手资料。这些材料的特点：亲眼所见，亲耳所闻，内容新鲜，未经过任何修饰，不是道听途说而得到的。第一手材料具有实证性、生动性和可读性的优点。

人民日报记者吕岩松在写《北约野蛮轰炸我驻南使馆》（见《人民日报》1999年5月9日第1版）一文时，就在现场掌握了最新的第一手材料，成为第一个迅速向国内发回此消息的记者。

二是选那些经过认真核实的第二手材料。

第一手材料固然重要，但也不能忽视第二手材料。所谓第二手材料，是指那些以前就有的现成材料，如年鉴、报告、文件、数据、报表等，还包括各种媒介已发布的信息及图书馆的文献等。在写作中，用好二手材料，可以突出烘托主题的背景，开阔读者视野，引起想象。无论是用典故还是用数据，在使用第二手材料时，必须反复核实、鉴别真伪，切不可失真传讹，影响文章效果。

《人民日报》1988年7月26日第1版上发表的中央军委决定我军军歌《中国人民解放军进行曲》一文，就写了这首进行曲的历史："《中国人民解放军进行曲》，原名《八路军进行曲》，公木　词，郑律成　曲，1939年秋作于延安。解放战争中更名为《人民解放军进行曲》，1965年改名为《中国人民解放军进行曲》。"这几句背景材料的说明使读者了解了这首曲子的作者、时代背景，名称演变过程。

三是选那些独具特色的材料。

为什么不少新闻稿看上去有"千篇一律""千人一面"的感觉？就是因为材料选得太一般。只有那些独具特色的材料才能具有代表性，有典型意义，最能感动人。文章要想独特，就得有独特的经历、独特的思维，抓住独特的材料，不人云亦云，要坚决抛弃那些空泛的、套路的东西。

我们可以回想一下，哪几篇文章在您脑海中印象最深？就是那些有独特材料的文章。在读雷锋的故事时，我们记住了"雷锋日记"；在读大庆人的事迹时，我们记住了"铁人精神"；在读好八连的文章时，我们记住了上海最繁华的一条马路"南京路"，记住了"霓虹灯下的哨兵"。正是这些有特色的材料使报道深深印在人们的脑海中。

四是选那些生动活泼的语言。

在许多新闻稿中常常是叙述多，对话少。要想说话，常常用的是"纷纷表示""一致表示""异口同声"等，显得内容呆板枯燥。为了使文章生动活泼，在叙述的同时，要巧用语言对话。把采访中得到的群众的语言加以整理，把那些精彩的警句妙言摘抄出来，大胆地用到新闻稿件中去。

五是选那些有说服力的数字材料。

我们在写新闻稿时，避免不了与数字打交道。一些稿件必须用上一连串的数字。用得好，可以使稿件更加精准，具说服力和影响力。有时候，用好一个关键的数字，往往胜过几百字的叙述。

在使用数字时，应当遵循真实、精准的原则，不夸大，不缩小，不张冠李戴，坚持实事求是。同时，运用数字要适度，不能太多，因为新闻稿不是统计报表，要选那些有价值、有代表性的数字来使用。

在写作中，将数字用形象化的手法表达，不失为一个好办法。比如，某奶茶企业说他们的奶茶"一年卖出七亿多杯，连起来可绕地球两圈"。这就把巨大的销售量形象化了。又比如，在关于北斗卫星系统的分辨率服务，稿件中写道："如果用这个高精度应用服务约车，我们就不需要靠电话来喊最后 100 米、最后 10 米，车辆可以直接开到你的跟前。"这样的数字，又好理解，又有说服力。

## 快写慢改与首尾呼应

材料选好后，就是对文章的"加工"了。"加工"如同盖房子，如同烹饪。盖房子要有图纸、有设想，装修时要设计好。烹饪菜肴时要考虑先炒什么，后炒什么，加什么调料，炖多长时间。

写作也一样，写作前，对文章形式有个整体设想，是写消息还是写通讯，是写长通讯还是短通讯，是写评论还是写深度报道，心中得有个数。要对文章搭个框架，开头怎么写，怎样过渡到主体内容，怎样收尾，有个大致的想法。

"加工"必须掌握好的技巧。比如，同样一棵大白菜，好的厨师做出来的味道就比一般人做得好吃。为什么？因为刀工不一样，火候不一样，调料不一样，步骤不一样。总之，是厨师"加工"的技艺高超。同样，我们在对文章进行"加工"时，就必须掌握修饰、优化、强化、变化等手段，使文字更加清新动人、与众不同。

"加工"时必须过"三关"：文字关、核实关、结构关。即首先要消灭错别字，使文字通顺、事实准确、结构合理。其次，要给文章润色，使文章有文采。此外，必须反复推敲，为文章起个好标题。

除这几条外，在"加工"文章时还有两点是必须注意的：

一是坚持"快写慢改"的原则。

"快写"，指的是有思路的时候，快速地把想要报道的内容形成文字，在较短的时间写出一篇完整的文章。

"慢改"，指的是过一段时间，几小时或过一两夜，细细琢磨，用多一点时间，改三四遍。笔者的不少文章都改了四五遍才敢交卷。因为在琢磨修改的这段时间里，脑海中会涌现许多新的想法，或补充，或删节，或调整结构，或想出了新的词汇。

二是注意首尾呼应。文章连贯的标志之一是首尾呼应。开头很重要，结尾也很重要。不能有头无尾、虎头蛇尾。好文章几乎都很注意这一点。

比如，我们熟知的《县委书记的榜样——焦裕禄》一文，开头写的是自然灾害："一九六二年冬天，正是豫东兰考县遭受内涝、风沙、盐碱三害最严重的时刻……就是在这样的关口，党派焦裕禄来到了兰考。"

结尾又一次提到自然灾害。文章的结尾是这样写的："焦裕禄同志……你是千千万万在严重自然灾害面前，巍然屹立的共产党员英雄形象的代表。你没有死，你将永远活在千万人的心里！"

只要我们在阅读文章时稍加留意，就会看到许多这样的例子，从中领悟出文章首尾呼应的奥妙。

由此可见，抓住了"选择"与"加工"这两个关键词，文章才会成为精品，才会受到读者的青睐。

# 第四十八讲：提倡短文

有的人喜欢写长文章，总以为写短文章没分量，写长文章才显得有水平；短文章是"豆腐干"，不过瘾，长文章显得有格局、有气派。这些看法，其实有着一定的片面性。

**从读者角度写文章**

我们写新闻报道是给谁看的？是给广大读者看的。在这个读者群中，可能有你的领导、你的同事，也可能有新闻界同行、专家，更多的是许多素不相识的人。你要用自己的文字去影响他们，让他们留下印象，文章就必须写得精彩、精确、精练、实用，必须写得有新意、有价值。就是说，在能说明问题的情况下，应当尽可能地把文章写得短一些、实一些。

现代人似乎都很忙，行色匆匆，看长文章的人不多，大多数人喜欢看短文章，写文章应当适应这种环境。

笔者并非一概排斥长文章，那些又有见地、又好读的长文章是令人称道的。我们要反对的是那些故作姿态、穿靴戴帽、套话连篇、毫无新意的长文章，是那些被毛泽东称之为"懒婆娘的裹脚，又长又臭"的文章。

**"三个不够"导致文章拉长**

为什么一些文章会又长又空呢？
究其原因有"三个不够"：

一是理论水平不够，写文章抓不住重点，抓不住实质，只好想到哪里就写到哪里，或者东抄一段西抄一段，越写越长，越写越空。

二是调查研究不够。工作作风不扎实，不能深入实际、深入基层，缺乏鲜活的语言和生动的事例，于是只好用空话、套话来撑门面。

三是文字功底不够。写文章时，一个短句可以拉得很长，一段可以说清楚的事往往要写上两三段。文章写好了，也不知道如何压缩、修改。由于缺乏简洁生动的表达力，车轱辘话自然就多。

这"三个不够"导致文章虽长却空洞无物、拉拉杂杂、生拉硬扯，无病呻吟。这种状况应当加以改变。

我们提倡写短文、实文，就是说写文章要有针对性，要根据不同场合、对象，写不同的文章。而不是写那种到处可以"套"的、"包治百病的膏药"文章。

**写深思熟虑、精益求精之文**

短而实、短而新的文章是平实的，又是诚实的。平实指的是不脱离实际，讲管用的话，讲有感而发的话，而不是照本宣科、故作高深。诚实指的是不说假话，不凭空想象，不无限拔高，有一说一，有二说二，不吹牛，不故弄玄虚。

大道至简。短而有见地才见真水平，短而精彩才显写作功力。这样的文章观点鲜明、重点突出、提纲挈领、切中要害，自然会受到读者的欢迎。

有一位名人说过，让准备发言稿时，"如果给我5分钟，我提前一周准备；如果是20分钟，我提前两天；如果是1小时，我随时可以讲。这个演讲就是属于随时可信口聊的水平。"由此可见，越是短的讲话稿思考的时间会越长，需要十分缜密。反之，拉拉杂杂地讲话，几乎不要什么准备。

由此可见，短文章是精益求精之文，是深思熟虑之文。

中国古代十分提倡短文章。刘禹锡的《陋室铭》才81个字。范仲淹的《岳阳楼记》为516个字。诸葛亮的《前出师表》为741个字。这些都是千古传诵的名作。清代的乾隆就大力提倡写短文章，他要求："嗣后乡会试，及学臣取士,每篇均以七百字为率,违者不录。"

陶渊明写过一个短篇小说《陨盗》,全篇仅25个字,可谓是最短的古代小说了。这篇小说的原文:"蔡裔有勇气,声若雷震。尝有二偷儿入室,裔拊床一呼,二盗俱陨。"说的是蔡裔这个人,是个有勇猛气质的人,他说话的声音如同打雷一样震耳。曾经有两个小偷进到他家房内,蔡裔拍床高声一喊,两个小偷都被吓死了。短短的25个字,写了3个人物,写了人物性格特征,且有动作、声音及故事情节,确实十分精彩。

固然,文言文遣字造句与白话文有区别,有使文字简练的因素。但是,力求短而实,乃是相同的要求。

**要有忍痛割爱的勇气**

要学会写短文章,就要有忍痛割爱的勇气,敢于删节,善于压缩。

人民日报记者写过一篇《中德燃料电池车比肩驶过天安门》的消息。他是一位跑科技口的记者,在氢能燃料电池车方面有长期的关注和积累。两年间做了9个多小时的录音和1万多字的笔记。当他得知国际氢能论坛将举行一个氢能燃料电池车车队穿过长安街的活动时,迅速和有关方面取得联系并获得特许,可以上车进行采访。

在采访后,他写了一篇近5000字的通讯。但经过仔细思考,沙里淘金,在上版前两小时内他将这个报道改成一条700多字的消息,最终留下的都是最重要的事实、最动人的细节和最能说明问题的背景。

正是这篇700多字的消息,有30多家媒体转载,获得了当年中国新闻奖二等奖。如果发表的是5000字的通讯,不一定有这样的效果。

"简洁是智慧的灵魂,冗长是肤浅的藻饰。" 新闻宣传领域是展示文风的一个重要窗口。刹住文章套话空话的长风,倡导言之有物、要言不烦的短文,是转变工作作风的重要突破口。

作风一转变,俯下身子,深入基层,了解实情,带着感情去写文章,一定能写出有思想、有温度、有品质的作品。经过一段时间的磨炼,我们的写作技巧会很快得到提高,佳作就会不断地涌现。

# 第四十九讲：一首网上流行歌曲对新闻写作的启示

在网上听了一首流行歌曲，产生了写一篇文章的想法。

歌曲的名字叫《可可托海的牧羊人》，它是来自辽宁鞍山的一位"80后"歌手的作品。

**这首歌讲了个什么故事？**

歌曲讲述了一个动人而凄美的爱情故事，一个牧羊人和四川养蜂女的故事：

夏天的一日，失去丈夫不久的养蜂少妇，带着两个娃和自己的养蜂驼队，来到了新疆阿勒泰地区一个叫"可可托海"的地方。

养蜂女初来之时，受到当地蜂民的排挤。这时，有一位牧羊小伙用善良的心保护、关护着她和她的两个孩子。

她唱歌，他牧羊；她养蜂，他酿酒。"鲜花要靠水浇灌，爱情要靠互珍爱。"在共同的劳动与生活交流中，两人萌发了爱情。养蜂女那颗曾经沉寂的心又被唤醒了，她爱上了这个开朗善良、乐于助人的牧羊人。牧羊小伙也不在乎养蜂少妇有两个孩子，愿意成为孩子们的父亲。

然而，少妇有内心深处的顾虑，她不想拖累牧羊人。怕自己没有勇气去面对，怕自己会陷得很深，更害怕因为自己和两个孩子让对方受伤。于是，在一个风雨交加的夜晚，她赶着自己的驼队悄然离开了。

牧羊人仍在痴情地等待，等待，直到草场枯黄也没有离开。可是，他等来的却是养蜂女在伊犁已嫁人的消息……

故事的版本不止一个，但叙述的基本上是这个内容，人物、情感、结局是一样的。

**看一下这首歌的歌词**

在了解歌曲背后的故事梗概后，我们可以来读一下歌词、听一下这首歌曲了。

**可可托海的牧羊人**

那夜的雨，也没能留住你
山谷的风，它陪着我哭泣
你的驼铃声仿佛还在我耳边响起
告诉我，你曾来过这里
我酿的酒，喝不醉我自己
你唱的歌，却让我一醉不起
我愿意陪你翻过雪山穿越戈壁
可你不辞而别还断绝了所有的消息

心上人，我在可可托海等你
他们说，你嫁到了伊犁
是不是因为那里有美丽的那拉提
还是那里的杏花
才能酿出你要的甜蜜
毡房外又有驼铃声声响起
我知道，那一定不是你

再没人能唱出像你那样动人的歌曲

再没有一个美丽的姑娘让我难忘记

歌词写得朴实真挚，情感深厚，充满韵味，让人断肠。"那夜的雨""山谷的风"，引起多少回忆。驼铃、酿酒、唱歌、杏花、毡房……生活的画面展现在眼前。这里有牧羊小伙炽热的情感："我愿意陪你翻过雪山穿越戈壁"。这里有现实中遗憾："不辞而别还断绝了所有的消息"，"他们说，你嫁到了伊犁"。歌曲唱出了这对恋人相爱而不能相守的无奈。

多么让人惋惜，多么让人心酸，两个有情人就这样分开了，人们多么希望他俩有美丽的结合！

**对新闻写作的有益启示**

《可可托海的牧羊人》这首歌曲的成功，给我们的新闻写作带来哪些有益的启示呢？

归纳起来是8个字：生活、情感、故事、特色。

——生活是基础。无论是文艺创作还是新闻写作，生活是创作的源泉。如果把文字看作潺潺流水的话，那它的源头就是生活。生活是多姿多彩的，它为我们提供了广阔的题材，包含着丰富的素材，只要我们贴近生活深入生活，细心观察，就可以收获取之不尽、用之不竭材料，写出优秀的作品。这首歌的作者王琪就是根据一个真实故事，触发创作灵感，经过艺术加工，才创作出了这首爱情歌曲，使人产生共鸣，引起长久回味。虽然文学创作与新闻写作有不同之处，文学可以虚构，新闻要完全真实，但基于生活这一点是相同的。

——情感要深厚。"感人心者，莫乎于情。"优秀的文字是精神产品，最重要的组成部分是思想情感。真情的实感是写作的血液，有了深厚的情感才能写出动人的文字。在写作前，先要酝酿情感，是赞美的、鞭挞的？还是感怀的、启发的？把情感闸门打开，就会情到笔至，文思泉涌。让自己的情感在文字间跳动，就可以回忆起那些点滴细节、印象中人物的一句话、曾见过的一个画面、经历过的一件小事，都会写得栩栩如生，富有诗意。《可可托海的牧羊人》这首歌中情感至深之处很多，尤其是唱到那句高亢的"心上人，我在可可托海等你"时，瞬间让人动容。写人的心灵美，写人的崇德向善，是作文的永恒主题，是抒发情感的重要方向。

——故事讲得好。《可可托海的牧羊人》这首歌的歌词分两段，上半段写牧羊人的诉说，向听众诉说他和养蜂女的爱情故事；下半段为抒情，牧羊人说出了内心的思念，感到无比的惋惜。两段合拢成一个感人的故事，所以能打动众人的心。一个好的写手必然是讲故事的高手。以前，我们听过的《小芳》《丹顶鹤的故事》《酒干倘卖无》等歌曲，也都在讲动人的故事。

现在，新闻界大力提倡讲好中国故事，讲好各地区的故事，讲好各单位的故事。讲故事，是在讲人的故事，讲成就的故事，讲追寻中国梦的故事。实际上是要让新闻中的人和事"活"起来，更有生命力、说服力。新闻故事化既符合绝大多数读者的喜好，也是新闻人孜孜不倦的追求。它可以使作品与受众产生情感上的互动，因此在新闻界被广泛认同和运用。

——文字有特色。这首歌的写作有技巧，文字有特色。雪山、戈壁、毡房、驼铃声等词汇的组合，让人想起了少数民族地区。伊犁、可可托海、那拉提（草原）等地名，把我们带到了新疆，带到了天山北部塞外江南的伊犁河谷，带到了阿勒泰地区，带到了鲜花遍野的那拉提草原。人们自然会想象出一幅牧羊点点、清新灵动、让人心旷神怡的大自然风景。歌词中的"我酿的酒，喝不醉我自己；你唱的歌，却让我一醉不起"是神来之笔，是许多人想写而未能写出的绝妙佳句。当然，这首歌的乐曲也是相当地好，与歌词可谓是珠联璧合，相得益彰。这一切，都是我们在写新闻作品时可以借鉴的。

摒弃那些"老一套"的空话套话，摒弃那些"千人一面"的写法，摒弃那些"人云亦云"的老调，让我们在不断总结与创新中写出一篇篇立意新颖脱俗、情节生动感人、结构独特合理的佳作，讴歌我们的时代和人民。

# 第五十讲：鲁迅的作文秘诀

鲁迅是一位作家，是一位大作家，是一位在世界上有影响力的著名作家。他在1933年写过一篇杂文，题目叫《作文秘诀》。此文收录在《南腔北调集》中。

大作家把写作的"秘诀"亮出来了，还不赶快学？笔者在几十年前便读过此文，如今重读，又加深了理解。

**询问"作文秘诀"的人一直有**

鲁迅在此文开头的第一句话："现在竟还有人写信来问我作文的秘诀。"他的一个"竟"字，表达的含义是"怎么还会有"以及"有点不可思议"的意思。

其实，询问"作文秘诀"的人一直存在着，过去有，现在仍有。许多人坚信"作文秘诀"是存在的。不然的话，还要语文老师干啥？还要那么多"高考作文辅导班"干啥？还要在大学开设文学系干啥？还要出版那么多"怎样写作"的书干啥？

笔者也相信"写作秘诀"是存在的。我们不是常把办媒体比喻成做一桌色香味形俱佳的饭菜吗？采访好比选购原材料，写作编辑好比配料炒菜。既然做饭做菜有秘诀，写作也是应当有秘诀的。

鲁迅也承认，作文是有"秘诀"的。他在文中说："作文真就毫无秘诀么？却也并不。我曾经讲过几句做古文的秘诀。"其一是通篇要有来历，但说了等于没说。二是修辞要朦胧、难懂。在这里，鲁迅说的是反话，意在嘲讽当时社会盛行的"骈四俪六,典丽堂皇的祭文、挽联、宣言、通电",嘲讽那些风行已久的"障眼法"写作手法。

那么,鲁迅提倡的真正的写作手法是什么呢?

**鲁迅的"作文秘诀"是什么?**

在文章的最后,鲁迅才亮出了写作的真正"秘诀":写文章要"有真意,去粉饰,少做作,勿卖弄而已"。总共才14个字。

然而,我们还可以翻阅一下鲁迅的其他文章,便可发现他讲的写作"秘诀"还是有一些的。在《答北斗杂志社问——创作要怎样才会好?》一文中,鲁迅说了好几条自己的写作方法:

一、留心各样的事情,多看看,不看到一点就写。

二、写不出的时候不硬写。

三、模特儿不用一个一定的人,看得多了,凑合起来的。

四、写完后至少看两遍,竭力将可有可无的字、句、段删去,毫不可惜。宁可将可作小说的材料缩成速写,决不将速写材料拉成小说。

五、看外国的短篇小说,几乎全是东欧及北欧作品,也看日本作品。

六、不生造除自己之外,谁也不懂的形容词之类。

七、不相信"小说作法"之类的话。

八、不相信中国的所谓"批评家"之类的话,而看看可靠的外国批评家的评论。

此外,鲁迅在其他的一些文章中还说:"写小说,说到底,就是写人物。小说艺术的精髓就是创造人物的艺术。"这正是写小说的一个"秘诀"。

他说:"幼稚对于老成,有如孩子对于老人,决没有什么耻辱的,作品也一样,起初幼稚,不算耻辱的。"这是在传授作品从幼稚到成熟的"秘诀"。

他说:"事实是毫无情面的东西,它能将空言打得粉碎。"这是坚持新闻真实性的"秘诀"。

他还说过:"与名流者谈,对于他之所讲,当装作偶有不懂之处。太不懂被看轻，太懂了被厌恶。偶有不懂之处，彼此最为合宜。"这不正是在传授记者采访名人的"秘诀"吗？

**写作技巧是客观存在的**

写作的技巧虽然不能祖传，但是可以通过学习而获得，它是客观存在的。由于每个人的学历、阅历、经验、思想方法的不同，对写作"秘诀"的理解深浅不同，"悟"到的道理不同，从而形成写作水平高低不同。

著名作家、教育家叶圣陶在1981年重读了鲁迅的《作文秘诀》一文后总结道："写任何文章首先要有真意，没有真意就不必写。真意从何而来？来自平常时候的积蓄。待人、处事、明理、察变，全都是积蓄。"

他进一步指出："要把文章写好，有了真意，还得讲究点儿技巧。鲁迅先生提倡白描，也不是说不要讲究技巧。会画画的人都知道，没有技巧的训练，白描也是描不好的。写文章的技巧，我想，最要紧的大致是选择最切当的语言，正确而又明白地把真意表达出来，决不是在粉饰、做作、卖弄上瞎费心思。"

看来，写作并非可以无师自通，天马行空。写作是有规律的，这个规律，就是思路，就是章法，就是素材的运用、语言的美化。

著名作家高尔基说过："应该研究文学劳动的手法和技巧，只有在掌握了这种技巧的条件下，才有可能赋予材料以或多或少的完美的艺术形式。"列夫·托尔斯泰则说："写作而不加修改，这种想法应该永远抛弃。三遍、四遍——那还是不够的。"

俗话说："师父领进门，修行在个人。"比起阅读几条"作文秘诀"，更重要的是写作者自身的兴趣、努力、实践与坚持，是写作者能够静下心来持之以恒地去写作，在写作中总结经验，发现问题，不断提高自己的水平。

愿我们都能带着"真意"，在这条充满魅力的写作之路上努力前行，越走越稳，越走越远。

# 第五十一讲：袁隆平经验的启示

"杂交水稻之父"袁隆平院士在与学生的一次交流中说："有人问我，你成功的秘诀是什么？我说没有什么秘诀，我是有经验。我成功的经验可以用8个字来概括：知识、汗水、灵感和机遇。知识是基础，汗水要实践，灵感就是思想的火花，这人人有，你不要放弃它。机遇宠爱有心人。"

多么完美的回答，多么精练的概括！

科学与文学是相通的。这个答案不但适用于科学研究，也适用于新闻写作；它不仅是科学研究的"经验"，也是新闻写作的窍门。

**知识要既专又博**

不正是这样吗？科学需要知识，写作也需要知识。既要有感性知识，也要有理性知识。

在进行新闻写作时，首先要对事物的外表特征和外部联系有所反映，然后，深入到是对事物的本质特征与内在联系有所感悟，把握住事物主题及各方面的联系，这样写起文字来就会既通畅又深刻。

人民日报原社长、总编辑邓拓说过："报纸是古今中外、天文地理无所不包的。因此，新闻工作者一定要有广博的知识，知识的范围越广越好。"无论是记者还是通讯员，凡是既有专长又有复合型知识结构的人，就能高效、准确地采访到有深度的新闻信息。

新闻工作者需要掌握的综合知识主要包括以下几个方面：

——政治知识。读一些经典著作，及时学习领会党和政府的方针、政策，不断提高政治思想素质。

——经济知识。学习政治经济学，了解外汇、金融、工业、农业、交通、房地产等方面的知识。

——哲学知识。树立起科学的实践观，运用辩证唯物主义观点来看问题，克服形而上学和历史唯心主义。

——法律知识。认真学习宪法和有关法律、法规，在撰写有关稿件时，做到知法、守法，依法采访。

——历史知识。广博的中外历史知识是稿件中背景材料的重要来源，使我们的稿件有深度、有厚度。

——科技知识。科技的发展一日千里，新技术、新工艺、新产品层出不穷，应当经常关注。

以上这些知识，在于平时的积累，做到积学储宝，厚积薄发。一部分知识可以边学边用，在采访前"突击"一下，补一下功课。因为每个人的知识都有短板，急用时学习一下，也是一个积累的过程。知识从何而来？从书本中来，从课堂中来，也从实践中来，从经验中来，也从失败教训中来。

**汗水浇灌成功之花**

说到汗水，就与勤奋、踏实、耕耘、实践这些词连接在一起了。

袁隆平院士是首届国家最高科学技术奖获得者。他在开展杂交水稻研究、应用与推广时，遭受过许多次失败、非议、嘲笑、质疑。但袁隆平说："无论遇到什么困难，我决不会退缩。"他生平有两个梦想，一个是禾下乘凉梦，一个是杂交水稻覆盖全球梦。他视水稻为自己的孩子，头顶烈日天天下田。只要水稻还在生长期，就必定每天观察。眼睛刚做了手术、肺部感染，一天要打3次针，他也从不缺席。袁隆平在实践中成功了。他对他的学生有一个起码的要求，他说："我带研究生有一个要求，你下不下田？你不下田我就不带。"可见，袁隆平对实践的重视。

在新闻工作的实践中，必须眼勤、腿勤、耳勤、脑勤、手勤、笔勤，坚持到一线采访，坚持贴近生活实际，不搞捕风捉影的东西，不搞虚头巴脑的东西，坚决反对假新闻，反对形式主义。从观察到思考，从采访到分析，要热爱自己的这一份工作，有饱满的工作激情，有执着的钻研精神，有坚韧的独创之路，经得起挫折的考验，经得起失败的痛苦，坚持学习不止，笔耕不辍，一步一步走向成功的彼岸。

**灵感在忽然间涌现**

说到灵感，笔者在《写作灵感从何而来？》一文中专门讲到了这个问题，可以参照阅读。

灵感是人们经过较长时间的积累之后，瞬间获得解决问题办法的一种思维状态。灵感对每一个人是平等的，记者、通讯员可以有，建筑师、科学家也可以有。关键是谁能发现，谁能把握。人们可以从触类旁通中找到灵感，从厚积薄发中发现灵感，从处处留心中萌发灵感，从深入一线中获得灵感。然而，灵感是可遇而不能强求的东西，它是潜藏于人们思维深处的，它的出现有许多偶然因素。说到底，灵感是我们在顽强劳动后所获得的奖赏。

袁隆平说："和艺术家一样，科学家也需要灵感。"他认为，灵感并不神秘，它是在知识、经验和思索之后，由外界诱发的创造性思维。袁隆平教育学生要记住，灵感从来只惠顾那些有心者。不要指望躺在床上就能获得灵感，也不要指望苦思冥想几天就能获得灵感。袁隆平参加工作后，由于每天坚持下田坎，在多年的观察中，才发现新品种。

袁隆平从 1964 年开始培育杂交水稻，但连续 6 年没有搞成，原因就是没有培育出"不育系"。1970 年他在与日本学者交流时，"忽然"想到，"能不能从野生的水稻植株里发现不育株呢？"有了这个想法后，他立即跳出原先人工栽培水稻的圈子，带着助手到海南岛崖县进行野生水稻资源考察，结果就在当年发现了一株雄花不育的野性稻。经过反复试验后，终于在 1973 年培育出了我国第一批籼型杂交水稻。

袁隆平总结道:"这'忽然'之间产生的念头,应该说是灵感。但这灵感是我 6 年来不停地搜索和思考的结果。要等待灵感的垂青,就先得不停地学习、实践和思考。坚持下去总会有灵感光顾。

袁隆平院士获得灵感的经验,也是我们搞新闻宣传工作者必须学习的。抓住灵感,我们的采访、写作都会获得飞跃进步。

**机遇宠爱充分准备的人**

说到机遇,人们都会说:"机遇是留给有准备的人的。"进一步说,机遇是留给那些准备最充分的人的。

袁隆平院士几十年泡在水稻田里,在采集样本的过程中发现了机遇,培育出了杂交水稻。他说:"书本里种不出水稻。"

科学研究与新闻采写在道理上是相通的。在新闻采访与写作中,凡是准备最充分的人,就能受到机遇的宠爱。比如,一次特殊的提问,一张偶然的照片,一次寻常的投稿,往往会给作者带来意想不到的巨大成功。这样的例子在新闻界很多(如吴小莉的"被总理点名"提问、解海龙的"大眼睛"照片、吕岩松的"我驻南斯拉夫大使馆被炸"报道等)。

这是为什么?这是因为他们已经准备得很久了,准备得很充分了,机遇就光顾了。有的甚至是在身处危机之时,化危机为机遇,获得成功。

朋友们,加倍努力吧。一切有志于攀登事业高峰的人,只要有充分的准备,就能得到机遇的眷顾。

# 第五十二讲：写作的十二条宝贵经验

读书时，作一些笔记，抄录些名言，写一些体会，日积月累，很有好处。

这里，把一些名人关于写作的经验之谈以及自己的理解整理了一下，共12条，可供参阅。

1. "文章合为时而著，歌诗合为事而作。"——白居易

白居易是唐代著名诗人。他说，写文章应该符合当前时代形势，写诗词歌曲应为现实而创作。这是他在散文《与元九书》中的话，讲了自己的创作经验。

2. "为求一字稳，耐得半宵寒。"——顾文炜

这是清代顾文炜《苦吟》中的诗句。说的是写诗文要认真对待每一个字，把它们用得贴切。有时为了琢磨、考证一个字，可以不惧半夜寒冷。这与另一位作家的"吟安一个字，捻断数茎须"有异曲同工之妙。

3. "板凳要坐十年冷，文章不写半句空。"——韩儒林

这副对联是南京大学教授韩儒林写的，说的是做学问要耐下心来准备坐十年冷板凳，文章要写得实实在在，不要有半句浮夸的空话。但这两句话常被误认为当代著名历史学家范文澜说的。范文澜曾多次说过做学问要"坐冷板凳"的话题。有一次，韩儒林与范老一起去内蒙古访问，与范老接触后很有感触，回去后韩儒林写了这副对联。

4. "什么叫细节？细节就是你的'珠子'。你要穿一串项链，这串项链要与别人的不同，你起码得有几颗是你的'珠子'，一颗珍贵的珠子能使一串项链熠熠生辉。一个好细节能使一篇作品读后难忘。"——黄宗英

黄宗英是我国著名电影演员、作家。在电影《乌鸦与麻雀》《家》《聂

耳》《一盘没有下完的棋》中均有出演。她的报告文学曾获中国优秀报告文学奖。她的关于"细节"的论述，是她从事演艺事业与写作的切身体会。

5."熟才能生巧。写过一遍，尽管不像样子，也会带来不少好处。不断地写作才会逐渐摸到文艺创作的底。字纸篓子是我的密友，常往它里面扔弃废稿，一定会有成功的那一天。"——老舍

老舍是著名作家，代表作有《骆驼祥子》《茶馆》《四世同堂》等。他的"不断地写作"的经验值得学习。写作就要有毅力，永不言放弃，最终会获得成功。

6."文学贵在'创作'，文学不能不忌同存异。"——茅盾

茅盾是五四新文化运动先驱者之一、著名作家。"茅盾文学奖"是我国具有最高荣誉的文学奖项之一。他说的文学创作要"忌同存异"，与平时人们所说的"求同存异"相反。说的是写作要写出自己的特点，写出与别人不一样的地方。

7."大家之作，其言情也，必沁人心脾；其写景也，必豁人耳目。"——王国维

王国维是近代著名学者，集史学家、文学家、美学家、考古学家、词学家、金石学家于一身，生前著作60余种。他对写情写景的看法是，作品要能给人以清新爽朗的感觉，使人开扩眼界，耳目一新。

8."看好作品就像吃橄榄，越吃越有味道。"——王朝闻

王朝闻是著名文艺理论家、美学家。他一生坚持真善美的艺术理想，十分注重美育教育。他的"吃橄榄"的说法，指的是刚读作品时，会感到有点涩，但会一点一点地回甘，读完后心里还是甜甜的，这就是好作品能够达到的境界。

9."读者群是文学的最高法庭，最高裁判者。"——别林斯基

别林斯基是俄国哲学家、文学评论家。他的这句话的意思是，作品要以读者为中心，是好是坏，读者是最终的评判者。作品只有与读者产生共鸣，才是好作品。

10."所有经得住时间考验的伟大作品，其创作者除了精湛的艺术之外，

都必具有一颗悲天悯人的心。"——萧乾

萧乾是著名文学家、翻译家。他的这句话说明,作者要有博大的胸怀,心中要装着人民,要有爱心,敢于揭露黑暗,为人民发声,这样的作品才能经久流传。

11."理想中的学者,既能博大,又能精深。精深的方面,是他的专门学问。博大的方面,是他的旁搜博览。博大要几乎无所不知,精深要几乎惟他独尊,无人能及。"——胡适

胡适是一名思想家、文学家。他的这段关于学者知识应当"既博又精"的论述,同样适用于新闻工作者。新闻人应当努力成为"杂家",成为"一专多能"的人才。

12."失败并不可怕,可怕的是失败后不吸取教训,不总结经验,一错再错,或者灰心丧气,一蹶不振。"——蒋子龙

评析:蒋子龙是著名作家,小说《乔厂长上任记》是他的代表作。蒋子龙告诉我们,失败并不可怕,可怕的是"撞倒南墙不回头"。想成功,就要善学习、勤思考、不焦躁、不气馁,敢于拼搏,唯此才能迎来最终的胜利!

## 第五十三讲：如何保持新闻稿的生命力？

人们常说，新闻是"易碎品"。今天的新闻，到了明天就是历史。

如何才能保持新闻稿的生命力？一个偶然的机会，笔者在一个微信公众号上看到了在 38 年前写的一篇新闻稿《"葡萄宋"露富记》，竟然枯木逢春般地重新出现了。这引起了笔者对新闻稿保持生命力的思考。

### "葡萄宋"从露富到幸福

带着这个问题，笔者认真阅读了发表在 2019 年 7 月 23 日"大爱高密 情暖凤城"公众号上的那篇文章：《幸福的"葡萄宋"》。

文章的作者是位年轻朋友，名叫罗维新，看照片约 40 岁。笔者并不认识小罗。

2019 年夏天，罗维新访问了山东省高密市密水街道赵戈庄的宋泽明，写成《幸福的"葡萄宋"》一文。文章标题上的"葡萄宋"，分明是笔者在 1982 年给宋泽明取的"外号"。小罗在文中说："党的十一届三中全会以来的富民政策，给宋先生家插上致富的金翅膀。他带领乡亲们种植葡萄'先富带后富，共奔致富路'的事迹，1982 年被《人民日报》头版头条宣传后，'葡萄宋'美名传遍大江南北，高密人更是无人不晓。"

文中所说的那篇发表在 1982 年《人民日报》头版头条的新闻稿，正是林晰老师和笔者写的，标题是《"葡萄宋"露富记》。当年，把宋泽明称为"葡萄宋"，并写进了新闻稿。

小罗在他的微信公众号文章中附上了多张照片，其中就有发表在《人民日报》上的那篇文章，还有笔者在 1986 年 5 月 27 日发表在《人民日报》上的另一篇文章《"俺相信，党的富民政策不会变！"——重访"葡萄宋"》。

## 30 多年前的一次采访

小罗的文章和照片，让笔者回想起 30 多年前的往事：

那是 1982 年 10 月，是笔者踏进人民日报社大门的第二个年头。那时候才 30 多岁，在人民日报社算是个年轻记者。笔者的老师林晰有一天说，准备一下，咱们去山东采访。笔者十分高兴，准备好资料、地图和采访用具，第二天我俩便直奔济南。

到了省会，在省委、省政府看了许多材料，没找到感兴趣的新闻。于是，林老师提出走基层一线。在当地宣传部门人员陪同下，我们乘坐了一辆小面包车，从济南出发，途经淄博、潍坊、平度，到达高密。高密别名"凤城"，当年还是个县，农村还是称"公社"。

在潍坊与当地干部聊天，聊到高密有一名种葡萄的农民宋泽明，因种葡萄成了"万元户"。前些日子，他听了时事广播，想通了，把攒起来的一万多元钱拿出来，买葡萄苗，教乡亲们种葡萄致富。我们觉得这个事例很典型，有故事，便提出直接去宋泽明家看看。

在高密县城关公社赵戈庄大队的宋泽明家中进行认真采访后，在林老师指导下，由我起草，经他修改，很快地写出了《"葡萄宋"露富记》一文。

为什么把宋泽明取名"葡萄宋"？一是好记，二是由于曾读过的邓拓名篇《访葡萄常》，脑中掠过一丝灵感。不过，邓拓写的是常氏姐妹制作的料器工艺品葡萄，是非物质文化保护遗产，不是种植的葡萄。

《"葡萄宋"露富记》在 1982 年 11 月 2 日《人民日报》发表后，当天上午，中央人民广播电台一播，引起了轰动效应，"葡萄宋"出名了。

### "葡萄宋"再创佳绩

后来,"葡萄宋"不但种葡萄,还办起了葡萄酒厂。小罗在文章中说:"目前,'葡萄宋'已发展为种植、加工、酿酒为一体的农业示范龙头产业。""几十年来,宋先生不忘初心,牢记使命,发挥着共产党员的先锋模范作用,始终坚持带领乡亲们共同致富的理念和行动,并取得较大成效。"

网友们在读了小罗的文章后纷纷留言。有的说:"当年人民日报两记者下榻政府招待所,一篇稿子可是了不得。当年宋泽明的那篇报道,至今在我的剪报簿里。"有的说:"大家恐怕对《'葡萄宋'露富记》这篇轰动全国、震撼高密的文章早已淡忘了,可我作为当时一个新闻爱好者,至今记忆特深。当年那个时代,宋哥致富不敢露富,当时记者去采访时,只是谈了点体会。文章在人民日报第一版登出,影响了全国,更轰动了高密大地。改革开放至今,宋哥简直换了个人,谈起致富,滔滔不绝,大胆说出提前进入小康,生活天翻地覆,是真正的幸福'葡萄宋'哥哥!"

有的称赞道:"'葡萄宋'是高密农业发展的一面红旗。74岁还在参加劳动,是致富路上的榜样。"有的还记得"三十年前他家酿的葡萄酒是琥珀色的"。有的说:"我为生态园酿酒业的'葡萄宋'点赞!"

### 珍惜人民群众的称赞

1982年的这篇新闻稿为什么至今还能引起人们的注意?笔者简单总结一下原因,主要有3条:

一是文章的主题抓对了,抓住了我们党和政府理直气壮地鼓励人民群众致富这个主题。让人民过上好日子,是我们一切工作的出发点和落脚点。追求美好的生活,这是个永恒的主题。

其次,文章的标题取得比较生动,"葡萄宋"露富,有人物、有情节、有故事,文章短小精悍,千字文,比较好读。

更重要的是第三条原因，宋泽明这个典型 30 多年来做得好，走得稳，没褪色，而且与时俱进、老典型开创了新局面，有可以后续报道的新事迹。

看来，主题鲜明、内容感人、典型扎实的新闻稿，能经得起时间的考验，能从"易碎"变成"不易碎"，有强大的生命力。

一篇稿子能获得人民群众的称赞，能够为推动社会进步出一点力，这是最高的荣誉，应当珍惜并继续努力！

# 第五十四讲：舆论监督和正面宣传是统一的

我们的新闻报道是以正面报道为主的，是以团结、稳定、鼓劲为主的，同时，必须是客观公正的、全面的，这就必然需要舆论监督。

舆论监督和正面宣传是统一的，两者都具有建设性。舆论监督是为了解决问题，为了促进社会的和谐稳定和发展，与正面宣传的出发点是完全一致的。

新闻媒体直面现实中存在的问题，直面社会丑恶现象，激浊扬清，进行舆论监督，对错误和不良倾向进行揭露和批评，其目的是为了纠正错误，改进工作，促进社会风气的好转。

**媒体要直面社会存在的问题**

在社会发展进程中，既有大量的好人好事，又有少数不正之风。在弘扬主旋律、传播正能量的同时，媒体能直面社会上存在的问题，直面丑陋现象，对阴暗面给予曝光，进行舆论监督，是媒体勇于"铁肩担道义"的表现，是媒体针砭时弊、匡扶正义的重要举措。

认真进行正常的批评，善用、慎用、用好舆论监督权，是社会主义新闻事业的一项重要任务，必须加以坚持。

毛泽东在1953年为中共中央起草的党内指示中指出："凡典型的官僚主义、命令主义和违法乱纪的事例，应在报纸上广为揭发。"批评性报道是一种有力量的报道，是一种向全社会公开的批评，受众极广，有很大的群众性、权威性，能形成巨大的社会反响与舆论力量。正因为如此，新闻媒体进行舆论监督对社会有很强的引导作用，是一股兴利除弊、扶正祛邪的有效力量。

**《人民日报》的一个案例解读**

如何才能正确进行舆论监督呢？

笔者以《人民日报》2010年1月下旬的一个案例来进行解读。

2010年1月20日，《人民日报》体育版以《跑马拉松居然也作弊》为标题，曝光了厦门国际马拉松赛上出现的作弊事件，引起了社会的广泛关注。新华社、央视、中国青年报、新浪网等媒体陆续跟进。此事件很快成为社会热点，网友们强烈要求比赛组委会公布作弊者名单，以警示参赛者遵守规则，杜绝假跑。

人民日报记者在文中写道：当天的马拉松比赛"尾随女子冠军冲刺的只有一名男子选手，却奇迹般地'变'出了两个人的成绩；6名男子选手同时冲刺，却'带'来了11个人的成绩，莫非有'空中飞人'？咄咄怪事发生在1月2日举行的厦门国际马拉松赛上"。

那么，马拉松比赛是如何作弊的？为什么要作弊？记者分析道，马拉松比赛采用电子计时，各参赛者必须佩带计时芯片，每名选手只能佩带自己的芯片。然而，作弊者却带着别人的芯片在跑，为别人创造出一个好成绩。据记者分析，多数涉嫌作弊者是冲着国家一级运动员而来的。因为，达标一级运动员的中学生参加高考可以加分。

后来，经过验证结果，这一场比赛的男子组前100名中有约30个成绩被取消。被取消成绩的人中，有的是涉嫌作假的，也有涉嫌找"枪手"的。

围绕着这次马拉松比赛作弊事件，《人民日报》体育版接着相继推出了《马拉松赛作弊早有先例》《多数作弊者已向组委会道歉》《高考体育加分须严管》《马拉松"跑"出高考加分"灰色通道"》《体育加分该怎样加》《马拉松应淡化利益驱动》等文章，这些追踪报道与背景报道使舆论监督内容更加扎实，为弥补马拉松赛中的制度漏洞、推动这项运动的健康发展提出自己的观点。

1月29日,《人民日报》体育版发表了本次报道的最后一篇文章《本报独家报道引发国内马拉松赛制变革 马拉松赛有望拒绝"假跑"》。文中说:"近日本报独家报道的厦门马拉松作弊事件终于迎来回音。中国田径协会28日发出《关于进一步加强马拉松参赛管理工作的通知》,对参赛的组织程序、运动员等级达标、处罚办法等作出新规定。一篇报道引发我国马拉松比赛制度的变革,今后马拉松赛有望拒绝'假跑',迎来'干净'赛道。"

**事实准确、分析客观方能奏效**

回顾这次关于马拉松比赛的系列报道,有以下几条做法值得借鉴:

一是事实准确,抓住典型。人民日报记者在获取新闻线索后,编辑记者多次沟通,协商报道角度,最后选定两个证据最确凿、作弊最疯狂的典型案例进行报道,确保事实无误,表述严密。

二是目的明确,分析客观。在追踪报道的过程中,不再局限于对现象的批评,而是将读者的视野引向深层次的思考,客观分析以往比赛中的漏洞,谈如何在赛事中避免利益驱动,以促进有关部门改进工作。

三是精准把脉,效果显著。由于报道是实事求是的,有理有节的,充分发挥了舆论监督作用,为社会提供了医治顽疾的良医妙方。精确地听诊与开方,推动问题的解决,才能取得良好成效。

今后,我们在开展这类报道的时候,除记者调查外,还可以采取多种方式进行,如读者来信、专题讨论、对比报道等形式。媒体的舆论监督报道应把握好适时、适量、适度的原则,在数量上要控制,要在法律的框架内发声,要加强组织领导,遵守有关规定与纪律,在报道中显示正义力量之所在,充分发挥针砭时弊、激浊扬清的作用。

# 第6部分

## 怎样成为优秀新闻人?

# 第五十五讲：通讯员的优势与短板是什么？如何扬长避短？

笔者当过多年基层通讯员，深知基层通讯员的心情，也了解主流媒体的需要。如何才能使通讯员的新闻业务水平迅速提高？怎样跨越写作的瓶颈期？通讯员怎样才能迅速成才？

带着这些问题，笔者在2020年7月3日向一些通讯员做了一个小调查，让他们自己来说一说，在基层做新闻工作有什么优势与短板。

**通讯员自述优势与短板**

关于通讯员的优势，讨论中大家比较集中的一点看法是：接地气。

江苏盱眙县一位姓奚的通讯员说，通讯员身处基层，有机会获得大量鲜活的甚至是独家的本土化新闻素材。他们贴近群众，具有"近水楼台"的优势，深入实际调查研究的条件相对便利，有利于对新闻线索的价值和真实性进行核实，最具发言权。

四川巴中市一位姓龚的通讯员说，基层通讯员的优势是新闻点多，能直面新闻，能有很好的素材资源。

山西阳城县一位姓张的通讯员认为，基层通讯员的优势是身在基层，接地气，有资源优势，人脉广，易交流，文章较有特色。

江苏徐州市一位姓楚的通讯员说，通讯员们有鲜活的素材，能直击发生现场，感同身受。

通讯员的另一条优势是：有学习与写稿的热情。

河北兴隆县一位姓张的通讯员说，通讯员生活在基层，只要养成勤于观察的好习惯，就能随时随地发现接地气的新闻素材。基层通讯员都怀揣一颗热爱写作的心，写作热情高。

北京的钱女士说，融媒体中心的成立，通讯员的作品有了多方面刊登的渠道，进一步促进了通讯员的积极性。

四川都江堰一位姓马的通讯员介绍道：我们单位的通讯员分两种，一种兼职，一种专职。需要维护的平台有四个：微信公众号、网站、队报、队展板。还有各大会议与活动等拍摄、写稿、编辑等，有不少工作要做。

上海的蒋女士说，通讯员们大多数刻苦努力，愿意学习，但很难得到名师的指点。

新疆的张女士、云南的陈女士、北京网友"三棵树"、北京一家报社的常先生、一家文化传媒公司的张女士等人也参加了讨论。

说到基层通讯员的短板，大家认为，不足之处主要是缺乏专业培训，缺乏拓展思维，视野窄，很多时候缺少发现美的眼睛，不能宏观准确地认识事件的本质和发生的走向，挖掘新闻点的敏感度不高，知识储备不够，写作能力有待提高，等等。

这些都是他们的切身实际感受。

说实在的，笔者遇到的不少通讯员都是十分优秀的，这不是客套话。他们有的相当刻苦耐劳，有的身兼数职应付裕如，有的电脑技术十分娴熟，有的摄影技术很强，有的写文章很认真……与基层通讯员进行有效的交流与合作，是主流媒体"走基层，转作风，改文风"的重要一环。

"欲穷千里目，更上一层楼。"通讯员要想发挥优势，补齐短板，有所突破，写出好稿，可以从以下两个方面再多下功夫。

### "铁肩担道义" 更好发挥接地气的优势

接地气是通讯员的最大优势。要发挥这项优势，通讯员应当站得更高，看得更远，有理想，有抱负，用毕生精力研究如何担起道义，如何为推动社会进步而不懈努力。

邹韬奋一生都在追问：世界的出路怎么样？中国的出路怎么样？他一生抱着追求真理、追求光明的信念，为了祖国和人民的伟大事业鞠躬尽瘁，贡献了自己毕生的精力。

范长江当年写《中国的西北角》，有两个目的：一是研究红军北上以后中国的动向；二是当时抗战即将开始，抗日战争爆发后，敌人肯定会占领我们的若干大城市，那么我们的后方——西北、西南的情况怎么样呢？

邹韬奋追问的也好，范长江采访设定的问题也好，正是当时广大群众最关心的问题。他们正是有了这样的追求与抱负，才成为著名的新闻工作者。

有的通讯员虽然很接地气，但是，为什么写出来的东西不生动，缺乏影响力？主要原因是站得不高，钻得不深，把报道仅仅当作完成"交差"的任务。如果我们能更敏锐地观察生活，更深刻地理解生活，凡是关系国家和人民命运的事多加关心，凡是关系社会进步的事多加支持，我们就能沉下心来，深入下去，透过现象看到本质，写出有深度、有厚度、人民群众喜闻乐见的报道。

宣传工作者的理想与抱负还表现在他必须有正义感，有惩恶扬善的精神，敢于鞭挞并抵制不良风气。在对负面消息和突发事件的报道中，做到客观公正，推动妥善处理，稳定社会人心。

有理想、有抱负的宣传工作者，既对人民负责，又对历史负责。有了这样的思想标杆，就能坚持实事求是，决不弄虚作假，决不写假新闻，决不在利益的驱动下丧失原则。而能把人民群众作为报道主体，把弘扬社会正气、塑造人们美好心灵作为报道重要内容，唱响主旋律，提倡正能量。

想一想我身边的一些"很有名的记者"掉入泥潭，身陷囹圄，看一看某些狗仔队式的"记者"的表现，瞧一瞧某些网络直播上的乱象，牢记新闻工作者的使命是十分必要的，这不是空话。

"铁肩担道义，妙手著文章。"新闻工作者的心中有了理想、抱负、使命、道义、正义、修养、责任，就能有朝气、有活力、有毅力，就能在笔触中坚守良心，在文章中体现品质。

**具慧眼当杂家　学习写作热情更持久**

在融媒体时代，广大通讯员具有高度的写作热情是十分难能可贵的。然而，光有热情是不够的，还得有洞察力，有方法，有基本功，有持久的兴趣。

基本功之一就是慧眼。"慧眼"一词原本是佛教用语，指上乘的智慧之眼，能够看到过去和未来。如今，慧眼泛指锐敏的眼力。穆青说过："在生活中，并不缺少新闻，缺少的只是发现。"能够在一些看似平凡甚至常常被人们忽视的小事中，慧眼识珠，发现新闻价值，写出好作品，才更见功底。

有一位资深报人在谈新闻写作时说，新闻的发现，需要勤奋，需要实践，需要聪敏，也需要智慧。丰富的现实生活，如山川江海，善发现者，能探得宝藏，不善发现者，入宝山而常空手归。

兴趣与坚持是最好的老师。工作事务繁忙不是借口，早晨、晚上挤一下，写作的时间总是会有的。鲁迅那样的大作家，也是把人家喝咖啡的时间用在工作上的。如果你经过一段时间的采访写作后，有时觉得枯燥、厌烦、提不起兴趣，那可能你正处于写作瓶颈期。这时，更需要坚持，不能放弃，要知难而进，像挖矿一样，虽然挖得很累，如果能咬紧牙关挖到一块宝石，就一定会兴趣大增、信心大增。

俗话说："机遇总是留给有准备的人。"在写作中，好稿子总是留给那些有慧眼、有准备的人。有慧眼的人观察得细，腿也勤，耳也灵，不满足于看看材料就写新闻，更不满足于发篇通稿就交差，而是满脑子随时在想，怎么样能抓到"活鱼"？怎样才能找到有新闻价值的素材？他们对此怀有极大的兴趣与好奇心。因此，对于一个优秀通讯员来说，采访不仅是工作，而已成为生活的一部分。

1974年，陕西秦陵附近发现了一批"泥娃娃"。中国新闻社的一位青年记者敏锐地感觉到，这可能是"国宝现世"。为此，他立即写成内参上报中央领导，终于迎来了一场伟大的考古发现——秦始皇兵马俑出土了。秦始皇兵马俑被联合国列为世界遗产，也被誉为世界第八大奇迹，以及世界十大古墓稀世珍宝之一。

慧眼来源于知识的积累，来源于勤学、博学。邓拓《燕山夜话》一书中有一篇文章，题目是《欢迎杂家》。他说："无论做什么样的领导工作或科学研究工作，既要有专门的学问，又要有广博的知识。""而广博的知识，包括各种实际经验，则不是短时间所能得到，必须经过长年累月的努力，不断积累才能打下相当的基础。"邓拓在文中大声呼吁："殊不知，真正具有广博知识的'杂家'，却是难能可贵的。如果这就叫做'杂家'，那么，我们倒应该对这样的'杂家'表示热烈的欢迎。"

笔者把《燕山夜话》这本杂文选推荐给大家，此书的署名"马南邨"是邓拓的笔名。读懂了它，写散文和评论可以轻松许多。你如真心想当个好的宣传干部，你就要当个多面手，当个一专多能的"杂家"。有了广博的知识，写作时脑子里会八方呼应，技巧也会随之而提高。

范长江前辈总结得非常到位，他说："广博的知识，丰富的思想，广阔的活动天地，这对于一个记者是非常非常重要的。一个记者如果到最后变得知识很干瘪，思想很闭塞，活动领域很狭窄，我想，这记者也就不大好当了。"

今天，笔者把邓拓、范长江的这两段话送给我的通讯员朋友们，与大家共勉。

# 第五十六讲：通讯员们提出了哪些问题？

2020年9月，笔者赴成都一个新闻研修班讲学。讲课内容有7个方面：1.新闻采访、写作及新闻标题的制作艺术；2.宣传策划、编辑及如何提高上稿率；3.新媒体稿件的写作技巧；4.重大社会事件新闻报道注意事项和把握要领（如重大自然灾害、疫情、突发公共安全事件等）；5.公文写作技巧及把公文变成新闻稿件；6舆情危机处置原则和技巧；7微信公众号等新媒体的合理应用及舆情管理和引导。

在课堂上，笔者对与会的通讯员作了一次小调查，要求他们每人提出一至两个在新闻宣传工作中遇到的问题。回到北京后，把这些问题整理了一下，可以分为3个方面。

**关于新闻采访与写作**

1.如何进行采访？

2.采访员工、学生时，有部分人容易紧张，怎样尽快消除他们的紧张情绪？

3.对电视新闻稿有什么需要注意的事项？

4.新闻素材太少了，撑不起稿件怎么办？

5.新闻素材挺多的，如何取舍？

6.新闻写作中用不同的角度会有不同效果，怎样选择最优效果？

7.写稿中引用案例细节时，对话怎样表达较好？

8.马上要去做一期新闻微信直播，直播的标题一直未定下来，您有什么建议吗？

9. 自我感觉良好的稿子可能发不出去，相反，质量一般的就发表了，这是为什么？

10. 怎样准确把握重点进行写作？

11. 写评论文章需要注意的要点有哪些？

12. 新闻报道能用"一是、二是"的结构写法吗？

13. 宣传先进人物事迹，怎样写才能更生动？

14. 宣传本单位工作亮点，怎样写才更有深度？

15. 领导喜欢用"非常重视""反应迅速""纷纷表示"等词，如何改进？

**关于公文与新闻**

1. 如何做好公文写作中的词语搭配？

2. 写工作信息，能否用人物对话？

3. 如何把公文转写成新闻宣传稿？

4. 如何写好会议纪要？

5. 公文如何转化为新闻稿？

6. 新闻报道与工作简报的区别是什么？

7. 怎样省时省力地把工作报告改为宣传稿件？

**关于做一名优秀通讯员**

1. 为什么而写作？写作已有17年了，是热爱？是天赋？是责任？

2. 没有写作动力，不敢写，写完不敢发，怎么办？

3. 写了稿投稿渠道窄，影响写稿积极性，怎么办？

4. 工作干久了，走不出传统和固化模式的圈子，怎样提高能力，跟上时代步伐？

5. 企业报通讯员来稿质量一直不高，怎么办？

6. 单位里年轻人不愿意写稿，不想写稿，如何走出困境？

7. 如何快速提升个人的写作能力？

8. 怎样才能成为一个合格的新闻宣传工作者？

9. 自学 3 年古诗词，能求指导吗？

**如何回答这些问题**

这些问题，确实是企业事单位新闻宣传干部每天面临的。概括起来，就是有的通讯员在新形势下对如何做好宣传报道工作还不够熟悉，与新闻采访、写作、编辑等工作的要求还有差距，对新闻中的消息、通讯、评论各种体裁和公文的驾驭能力还不强。

在以往的新闻培训班上，不少学员也提出过类似的问题。

为此，笔者在 2018 年年初写成了《全媒体时代宣传干部新闻采编实务手册》一书，这本书的内容共有 15 讲，是专门针对宣传干部在实际工作中遇到的问题写的。

人民日报原副总编辑，经济日报原总编辑、社长武春河在为该书作的序中指出，"本书最大的特色是一个字：实。实际、实证、实践、实用。对基层从事宣传工作的人和初入新闻媒体之门的从业者，这是一本指导性和操作性都很强的好教材！"

该书由中国国际广播出版社在 2018 年 3 月出版后，受到读者欢迎，至今已第四次印刷。这本书在新华书店和淘宝网、当当网可以买到。有一位学员得到此书后，读了 4 遍，重点处还作了笔记。

在这次研修班上，通讯提到的"关于新闻采访与写作"的问题，在该书中第一讲"全媒体时代的新闻采访与写作"、第二讲"通讯与深度报道的写作技巧"、第三讲"新闻的选题与策划"、第五讲"编稿、标题与新闻评论"这几个章节中基本上都讲到了。

通讯员提出的"关于公文与新闻"的问题，在书中第四讲中有"公文与新闻的不同""如何把领导讲话变成新闻稿"的章节。书中第十一讲是"行政公文写作概要"。以上内容基本上讲了公文与新闻的写作、关系、转换等问题。

"关于做一名优秀通讯员"的问题，除在那本书中有讲解之外，笔者在本书中多篇文章均有论述，讲的就是不断提高写作水平和修养的问题，如《怎样改稿？》《从零起步，走上新闻写作之路》《用讲故事的方式写新闻》《如何避免"记账式"的新闻稿？》《写作灵感从何而来？》《怎样成为一名合格的通讯员？》等。这些文章可供通讯员们在实践中参考。

对于通讯员提出的一些具体的特殊问题，如交流古诗词写作体会、具体的某一篇文章的标题等，我们可以通过微信方式个别交流，以期共同进步。

通讯员们是笔者的朋友，也是笔者的"老师"，通讯员的优势是接地气，肯学习，有朝气，只要努力发挥优势，补齐短板，就一定能有所突破，一定能"青出于蓝而胜于蓝"。

# 第五十七讲：怎样成为一名合格的通讯员？

笔者在当通讯员的那些岁月里，整天忙忙碌碌地写稿，从班组小结到车间总结，从车间主任的讲话稿到给厂报投稿，直至给省级、中央级报刊投稿。但是，在实际工作中很少思考"怎样才能成为一名合格的通讯员"这个问题。

如今，静下心来，回顾总结一下这个问题，与广大通讯员作个交流。

**是热爱也是责任**

通讯员身处一线，每天在本职工作之余，兢兢业业地为媒体提供大量的新闻素材和稿件，付出了辛勤的劳动。然而，大多数通讯员不是新闻专业科班出身。因此，在动手写新闻稿时，对一些基本概念还不熟悉，对一些基本写作手法还不了解。写出来的文章，有的类似工作总结，有的类似日记。不少通讯员面临的主要问题：怎样才能迅速提高新闻业务水平？怎样才能写出优秀的新闻稿？

与做其他工作一样，政治思想素质应当是考核通讯员的首要标准。这是"德"的方面的要求。通讯员从事的是新闻宣传工作，是以新闻传播手段向社会提供新闻信息，与社会各方面有着广泛的联系，其工作性质带有鲜明的政治思想工作特点。这项工作的政策性强，能引导舆论，产生社会影响。没有过硬的政治思想素质，就会走偏方向，甚至走入泥潭。在我们的身边，就发生过多起因为思想政治上失误导致失足的事例，这样的教训就在眼前，就在身边，必须经常提醒，引起警觉。

通讯员常年写稿是为了什么？有人写了十几年稿，仍感迷茫。其实，写稿是一种热爱，也是一种责任，是为了更好地报道本单位的事迹，通过报道进一步促进工作。从思想上来说，是为了弘扬社会主义核心价值观，是为了推动社会进步。为此，通讯员应当有坚定的政治立场，有成熟的政治观点。通过不断学习新的东西，对党的路线、方针、政策有准确的理解和把握，对国民经济发展状况有清晰的认识，找到写新闻的"尺子"。

一名忠于社会主义新闻事业的通讯员，有全局观念，能坚持新闻的真实性原则，有良好的职业道德，有责任心，有使命感，敢于同不良倾向做斗争。

## 做个知识储备丰富的人

一名优秀的通讯员必然是知识储备丰厚的人。由于大多数通讯员在学校不是学习新闻专业的，对新闻学的一些基本原理、概念、名词不够了解。这是短板，必须补齐。

不要受"新闻无学"思想的影响，认为写几篇稿子就入门了。新闻有着自身的规律与特性。学习新闻理论、新闻采访、写作、编辑是通讯员的必修课。可以通过阅读新闻专业书、听课、交流、阅读网上有关文章等方式，多渠道获得新闻专业知识。

此外，还要具备其他方面的广博知识，如科技、哲学、经济、互联网、历史、地理、文学艺术等，还包括社会学、心理学、法学等，努力使自己成为一专多能的"杂家"。

迅速提高通讯员的观察能力、感悟能力是一项比较迫切的任务。有些单位的通讯员常常处于"无新闻好写"的境地，十分郁闷。究其原因，是观察能力不强，发现新闻的能力不强，不能触类旁通地感悟到新闻，有时只能"炒冷饭"或写一些类同的稿件。

通讯员必须具备敏锐的眼光，细心观察周围的事物。其实，国家的很多宏观方面的政策，与企业生产、职工生活紧密相连，与企业的发展息息相关。把身边的事放到大背景下去观察，就能胸怀全局，高瞻远瞩，写出以小见大的好稿子。

**在采访中培养好的作风**

要写出好稿子，采访是关键。采访就是收集新闻素材。有了采访，才能有下一步的写作、编辑、投稿、发表。

采访有时间的局限性，要求在一定时间内完成，是相当艰辛的劳动。因此，对工作要有紧迫感，不能疲沓拖拉。

钟南山说过一件事：在一个会议驻地，钟南山为绕开众多围追的记者，决定步行上18层的房间。有一名记者仍坚持采访他。钟南山问，能不能一起爬楼？那位记者一口答应。此事"惊"到了钟南山，他没想到这位记者如此执着。

上海东方电视台有位记者作风雷厉风行，接到报料电话就马上出发采访，所以每天晚上和衣而睡，半夜两三点钟赶到现场是常事。

采访是与人打交道，要学会提问，敢于提问，善于提问，善于交流。有些采访对象侃侃而谈、滔滔不绝，这就需要引导，抓住主题，尽快拿到素材。有的采访对象沉默少语，不善言辞，这就需要启发，还可采访他的亲友，用"别人说"来充实材料。有的采访对象比较紧张，可以从"唠家常"开始，让他放松下来，说出心里话。有了采访前的充分准备，有了采访提纲，就可避免发生"话不投机半句多"的尴尬情况，而是能敏锐地发现有新闻价值的谈话内容。

采访有的是有计划的，有的是突发的。无论哪种采访，都要腿勤、眼勤、笔勤、脑更勤，要多思考，在沟通交流中不断提高自己的分析、概括、抓住重点的能力。一流的采访者必定是一流的撰稿人。离开采访，写作就成了无米之炊。

**保持锲而不舍的毅力**

要当一名优秀的通讯员,必须具备锲而不舍的毅力,常年努力,笔耕不辍。决不能因为写了一两篇好稿而沾沾自喜,也不能因为有的稿件被退回而灰心丧气。因为写新闻稿这件事,是一种创造性的劳动,又要在限定的较短的时间内完成,所以必须有吃苦的准备,在体力、脑力上要敢于付出。有的通讯员说,只要保持足够的定力,能够沉下来,专心积累,就一定能生产出更多有价值、有能量的新闻作品。

一篇文章的产生,归根到底是知识、阅历、思想与技巧相结合的产物。写稿中,有时新闻素材太少了,撑不起稿件;有时新闻素材挺多,不知如何取舍。如何把宣传先进人物事迹的稿件写得更生动?如何使宣传本单位工作亮点有深度?这些问题只有在锲而不舍的努力中才能找到答案。

文无定法,变化众多。只有读更多的书,积累更多的知识,不断丰富自己的阅历,深入一线,加上掌握必要的写作技巧,才能思如泉涌、妙笔生花。

做一名合格的通讯员,还需要配合好自己的领导和同事,有集体责任感和荣誉感,建立起良好的人际关系。在一个团结融洽的氛围中工作,心情愉悦,自然会激发起每个人的潜能,创造新的优秀业绩。

采编实用技巧88讲

## 第五十八讲：什么样的记者受欢迎？

有人说，记者是"无冕之王"。但是，记者头顶上的这个光环在当今未必那么耀眼。除召开新闻发布会外，一些地区或企事业单位不大愿意接受某些记者的采访。有的人甚至找出一些理由避而不见。

一些网站记者的遭遇也很不如意。他们在街头随机采访，遭遇过无数次拒绝。那些在街上扛着摄像机的记者，拿着准备好的采访问题，一次又一次询问路人是否愿意接受采访，得到的回答却是"我要去上班，没空，对不起"。"我晕摄像头……真的。"

那么，什么样的记者会受到人们的欢迎呢？

**扎实进行调查研究的记者**

调查研究是记者的一项基本功。凡是这项基本功扎实的记者，无论到什么地方采访都受欢迎。他们深入一线，深入基层，脚上有泥土，脑中有题材。他们不忘初心，不惜脚力，迈开步子，走出办公室，到车间码头、到田间地头，多层次、多方位、多渠道地调查了解情况，真正掌握全面、真实、丰富、生动的第一手材料，在深入调查研究中写出了一篇又一篇优秀的新闻稿。

新华社原社长穆青在其50多年的新闻实践中一直身体力行调查研究，走到哪里调查研究到哪里。他的优秀的作品《县委书记的榜样——焦裕禄》《为了周总理的嘱托》等，都是在实际生活中深入进行调查研究的产物。

人民日报原总编辑范敬宜的力作《分清主流与支流 莫把开头当过

头》，同样是在农村进行深入调查研究后写成的，他当时在辽宁日报工作。《人民日报》在1979年5月16日转发此文时加了一个"编者按"，指出："作为新闻工作者，要像《辽宁日报》记者范敬宜同志那样，多搞一些扎扎实实的调查。"

**有大爱的记者**

记者的爱心是对党的热爱，对国家的热爱，对社会的爱，对人民的爱，对新闻职业的爱。正因为心中有大爱，他们在战火纷飞之时能不顾生命危险坚持发稿，在抗击疫情与洪涝灾害中能够坚守采访，在一切困难的场合都能保持职业操守。

1999年北京时间5月8日，以美国为首的北约轰炸了中国驻南斯拉夫联盟大使馆。时任人民日报社驻南斯拉夫记者站首席记者吕岩松在第一时间将这一消息发回国内。吕岩松说："我们来不及多想，出于一种本能，迅速走到窗前拿起照相机、摄影包和海事卫星电话朝门口冲。"他表示："我们是记者，我们牺牲是职业的需要。"

云南省的一名记者选择了报道艾滋病感染者为主跑的新闻口。突然有一天他有点后怕了，跟感染者接触，担心被感染。然而，这位记者凭意志坚持了下来，顺利地完成了采访任务。他回家后，收到了艾滋病感染者发来的短信："你是真的把我当朋友。"读者评价说："让不幸的人不孤独，让幸福的人都充满爱心，正是这位记者一直在努力告诉我们的。"

2020年，抗击疫情国家级表彰正式推荐对象公示，有15名媒体人入选。他们在报道任务重、难度大、风险高、环境复杂的情况下，不怕艰难，不畏死亡，长期奋战，他们是新时代的勇士，是有大爱的记者。

**会讲故事的记者**

记者永远是在路上，总在接触到最鲜活、最基层、最温暖的故事。把这些故事真实地、生动地报道出来，让人们喜闻乐见，给人们以精神上的启迪和产生情感上的共鸣，这样的记者是不负众望的读者欢迎的。

成功的新闻报道就是讲好一个故事。新闻记者的工作应当是讲故事，而不是在传达文件。不会讲故事，不是一个称职的记者。笔者现在回想起以往的采访经历，常常为错过了不少好故事而惋惜。如果当年有"讲故事意识"，那该多好啊！

清华大学国际传播研究中心一位教授指出，在对同样的新闻事件进行报道时，有些记者写得枯燥无味，有些记者写得生动活泼，引人入胜，这是因为记者采写首先要掌握"讲故事"的本领。那些枯燥的报道中一般很少有故事，都是大段的套话、行话、空话。而会讲故事的记者总是把读者最关心的内容放在文章的开头，利用戏剧性的情景抓住受众的注意力。

他还说，真正有水平的记者可以把普通人的故事写得很好看……如果你能够发现并讲述普通人的故事，报道当今媒体很少报道的故事，你会赢得人民的尊敬。

**替老百姓讲真话的记者**

"敢为老百姓讲真话！"这是一位读者对某家报纸的评价。这个评价是读者给报社的最高奖赏。讲真话，就是敢于反映老百姓的心声，就是能帮助老百姓解决困难。

自古以来，讲真话就是中华民族伦理道德的基本规范，是个人良好品行的重要体现。作为记者，积极反映人民群众的正确意见和呼声，批评侵害人民利益的现象、行为，依法保护人民群众的正当权益是义不容辞的职责。讲真话、说实话是老百姓最希望记者做到的事。

记者是一个崇高的职业，承载着高度的社会责任。一位读者在评选优秀记者投票时说："这位记者经常写舆论监督文章，我曾经听说过他来我们这里采访的事，确实给我们说了话，帮老百姓讨了公道，所以我就选他了。我没读过多少书，投票还是听别人念的报纸。"

国以民为本，上以下为基。外交部前部长李肇星在退休前不忘叮嘱记者："报道时候要说真话，要说对老百姓有用的话。"讲真话，就是讲实情，就是反映民情、民意、民心。记者要少讲四平八稳的废话、表面漂亮的空话、貌似严谨的套话，绝对不讲假话。这样，才能成为党和人民的好记者。

**尊重基层通讯员的记者**

有些记者的报道是在基层通讯员的协助下完成的，有的稿件基本上是通讯员写的。个别记者在采访时离不开通讯员，可是在发稿时把通讯员甩开了，只署上自己的大名。更有甚者，记者没去采访，报道却出来了，署记者的名，稿件却是通讯员写的。

有的记者下基层就摆架子、耍派头，"吃拿卡要"，不尊重基层通讯员劳动，既挫伤了通讯员的写稿积极性，也给自身形象丢分。

《北京日报·郊区版》有一位年轻女记者，她平时对工作一丝不苟，采访深入扎实。有一次，在春节前的最后一个星期天，丰台区有8对残疾人举行集体结婚典礼。通讯员把这个消息告诉了她。那天，虽然天气寒冷，记者仍准时到达，还把摄影记者也约来了。婚礼刚结束，两位记者没歇脚、没吃饭，急着赶回去发稿。通讯员为他俩领了饭费补助，他们说什么也不收。过了几天，在稿子见报时，报纸上却只署了两名通讯员的名字。

这才是记者的格局与气度，这个故事值得我们深思。

# 第五十九讲：如何克服写作中"眼高手低"的毛病？

"眼高手低"是许多写作者在初入这一行时的通病，说实话，笔者也有过。那时候，无论是看消息、通讯，还是读散文、诗歌，总觉得别人写得不怎么样，认为写出这些文字太简单了，自己也能轻松做到。但是，当真的要自己动手写文章时，霎时觉得压力山大，太难了，往往懒得去提笔。

产生"眼高手低"的原因是什么？怎样才能克服"眼高手低"？怎样把"眼高手低"转化成举重若轻？从笔者的几十年的经验教训来看，必须克服"三少"——阅读少、阅历少、写作少。变"三少"为"三多"，在写作上才能有所突破。

## "眼高手低"在于阅读少

有经验的记者和通讯员都知道，眼高手低、缺乏行动、不切实际是写稿的大忌。犯忌的一个重要的原因：阅读太少。

书籍是人类进步的阶梯。古人云："读书破万卷，下笔如有神。"显然，阅读与写作有着因果关系。许多作家、名记者成功的经验表明，写作能力的提高，得益于大量的、持久的、广泛的阅读。

阅读可以扩大我们的眼界，足不出户可以了解古今中外的许多信息，积累大量的写作素材。

阅读可以让我们看到名家的许多精彩语言和生动描写，对于提高我们的语言表达能力大有裨益。

阅读可以使我们了解名家写作思路和情节设置、谋篇布局，培养我们打好"腹稿"的想象力和思维能力。

阅读是写作的基础，丰富的阅读能为我们储存足够的知识，写作时能自如地引经据典，厚积薄发，下笔如有神。

著名作家、教育家叶圣陶说过，阅读是吸收，好像每天吃饭吸收营养一样，阅读就是吸收精神上的营养。《围城》的作者钱锺书年轻时考入清华大学后，他的第一个目标就是"横扫清华图书馆"。鲁迅从小爱阅读。在江南水师学堂读书时，成绩优异，学校奖给他一枚金质奖章。他立即拿到南京鼓楼街头卖掉，然后买了几本书，又买了一串红辣椒。每当晚上寒冷时，边嚼辣椒边驱寒，坚持读书。

"好书不厌百回读，熟读深思子自知。"网传一位农民工在东莞图书馆坚持读书12年，临走时留言："书能明理，对人百益无一害的唯书也。"网友读后跟帖说："携书如历三千世，无书唯度一平生。"这位农民工因在图书馆的留言感人而找到了新工作。

多读好书，读精读透，会使我们的视野更广阔，写作技巧也会随之提高。通过阅读，与名篇对比，切实知道了自己的不足，再也不会志大才疏、好高骛远了，而是脚踏实地进入了写作状态。

**"眼高手低"在于阅历少**

"读万卷书，行万里路"，一直是中国文化人增长知识和才能的途径，为的是达到知行合一的境地。

写作的灵感来源于生活。一个人有了丰富的经历，就有了人生的经验，有了生活的沉淀。阅历越丰富，写出来的文章就越有味道，就越能感动人。丰富的阅历可以积累大量鲜活素材与语言，使写出来的文章更有厚度和感染力。

托尔斯泰曾经参军，经历过惊心动魄的岁月。雨果经历过普鲁士军队入侵法国、巴黎公社起义。狄更斯12岁时,父亲就因债务问题而入狱,他被送到伦敦一家鞋油厂当学徒,每天工作10个小时。正是由于这段生活经历,狄更斯的作品更关注底层社会劳动人民的生活状态。所以,他能写出《雾都孤儿》,描述资本主义社会穷苦儿童的悲惨生活,揭露贫民救济所和学校教育的黑暗,决不是偶然的。

有一位作家在介绍路遥的作品《平凡的世界》时说,书中的孙氏兄弟其实很大部分有路遥自己的影子。正因为路遥经历过这些,他在写作的时候,泪水与汗水通过文字传达给读者,具有强大的感染力。

真实的生活是创作最主要的来源。创作的世界非常大,千万不能做井底之蛙,故步自封,目光短浅。大力提倡深入生活、深入实际、深入群众,就能从生活的沃土中吸取营养。周游各地,访遍名山大川,眼界开阔了,便有不一样的灵感与想法。经历过人生的风风雨雨,克服了许多艰难险阻,使自己的阅历不断丰富,方能深刻理解人生的真谛,写出有深度的作品。

对于"眼高手低"的人来说,通过在生活、工作实践中的一次次历练,获得过成功的喜悦,也经受过失败和挫折,就可以一步一步走向成熟,走向成功。

### "眼高手低"在于写得少

要想成为写作高手,必须像蜜蜂般的辛勤采蜜。要踏实工作,增强脚力、眼力、脑力、笔力。任何懒惰的借口都会导致浅尝辄止、半途而废。

只有勤写,才能善写;只有勤写,才能保持思维活跃。

鲁迅一生写作共约1000万字,其中著作600万字,辑校和书信400万字。金庸一生写了15部小说,约1000万字,还有其他许多别的文章。巴金一生中创作与翻译了1300万字的作品。司马迁写《史记》用了十几年时间。曹雪芹写《红楼梦》,"字字看来皆是血,十年辛苦不寻常"。

勤写是克服"眼高手低"的法宝,勤写的好处是:

勤写长知识。为了把一件事写清楚，会去学习、查资料，久而久之，知识的广度、深度大大增加。

勤写出思路。在写作中要观察，更要思考，逐步养成思考问题的习惯，对人生和社会看得更加透彻，有自己的独到见解。

勤写育精品。在不断写作过程中，逻辑思维能力增强了，用词用字更精准了，必然会越写越好，孕育出精彩的作品。

"眼高手低"者的"眼高"，并非真正意义上的"眼高"。任何缺少阅历与眼界的"眼高"，只不过是沉浸在自己幻觉中的臆想而已。

"操千曲而后晓声，观千剑而后识器。"多练习、多读书、多实践是提高文学鉴赏能力和写作水平有效途径。当你切实了解到优质文章的风格特点，并能坚持写作，那你就离写作高手不远了。

# 第六十讲：如何练就"新闻脑"？

一名优秀的记者是有思想的人，是会思考问题的人，是在采访中敢于提问、善于提问的人。练就"新闻脑"，用"脑子"写新闻，就是要多思多想，多问几个"为什么"。

人们常说，问题，问题，有问才有题。学问，学问，学习就要问。记者要带着问题去采访，在采访中发现问题、探讨问题，树立问题意识，坚持问题导向，科学分析问题，深入研究问题，弄清问题本质，才能写出针对性强、启示性强、指导性强的报道。这样的报道也才会受到读者的欢迎。

问题就是思路，沿着这条思路确立文章的中心，然后用具体的材料来体现这个中心。无论是消息、通讯、评论，凡是能提出问题、分析问题的稿件，都是有深度、厚度的文章。如条件成熟，能找到症结所在，解决问题，那就更好了。

### 文章标题　点出问题

俗话说："提出问题等于解决了问题的一半。"有的记者写稿时，稿子的标题就是一个问题。点出问题之后，记者就按照"这个问题是什么时候出现的""为什么会出现这个问题""怎样解决这个问题"的思路去采访、去写文章，写出的文章回答了读者心中的疑问。

这样做的效果：单刀直入，特别醒目，特别吸引人，一下子就引起读者对问题的思考，对正文充满好奇，想带着问题往下探究。

如《人民日报》上刊登的《如何看待山西经济负增长》《矿难瞒报

何时了》《决策为何连连失误》《沉重的代价换来什么》《这样好的党支部委员为何跳海》等报道,都是把问题直接在标题上点出来了。

我们以《如何看待山西经济负增长》(见《人民日报》2009年8月21日)为例,来看记者是如何来回答标题上的这一问题的。

首先,记者拿出了当年上半年GDP数据:全国平均增长7.1%,而山西为负4.4%。记者接着追问:"山西怎么了?山西经济的未来在哪里?"

接着,记者从"面对负增长:是'进'还是'退'?""煤炭行业:是'收'还是'放'?""追求GDP:是'绿'还是'黑'?"这三个方面分析了山西经济转型形势与发展方向。

最后,记者得出结论:危机中毅然转型,转型中"绿色"当先,发展中民生第一。尽管转型之路注定不会轻松,却是必由之路。力图摒弃老路的山西,正努力在一条"阳关道"上实现转身。

笔者在写文章时,也常用问题作为标题。如写了《"深度游"深在何处?》《有多少"奢侈"可以炫耀?》《与动物较什么劲?》《"零团费"意味着什么?》《没有"市"哪来"市容"?》等文章,都是在标题上直接发问。

看来,把文章的标题直接设成一个问题,是写稿件时一种不错的选择。

**文章开头　提出问题**

有的记者善于在文章的第一部分把问题提出来,这也是一种通常写法。这样做的好处是,记者不只是提出一个问题,而是可以提出一系列问题,在文章随后的篇幅中一一加以回答。

著名记者斯诺的著作《西行漫记》第一篇的第一个小标题为"一些未获解答的问题"。这些问题包括:"中国共产党人究竟是什么样的人?""旅游者问的是,他们是不是留着长胡子,是不是喝汤的时候发出咕嘟咕嘟的响声,是不是在皮包里夹带土制炸弹?""中国的苏维埃是怎样的?农民支持它吗?""共产党怎样穿衣?怎样吃饭?怎样娱乐?怎样恋爱?怎样工作?""他们的婚姻法是怎样的?他们的妇女真的像国民党宣传所说的那样是被'共妻'的吗?""中国共产主义运动的军事和政治前景如何?它的具有历史意义的发展是怎样的?它能成功吗?一旦成功,对我们意味着什么?对日本意味着什么?这种巨大的变化对世界五分之一的人口会产生什么影响?"等等。

正是因为这第一章的几十个问题,才使斯诺写出了一篇又一篇的报道。在这些报道中,有写红军领袖人物的,有写苏维埃运动的,有写长征的,有写农民的,还有写红军日常生活的。他写了近30万字,终于完成了《西行漫记》。此书出版后轰动世界,许多进步青年因为读了这本书走上了革命道路。

由此可见,在文章的第一部分提出一个或多个问题,逐步加以回答也是很好的办法。

### 小标题上　列出问题

有许多文章是有小标题的。有的记者在每个小标题上提出一个问题,这也是写作中的一种常用方法。这种写法的好处是条理清楚,一环扣一环,步步深入,引人入胜。

人民日报记者李克农、宋琤去陕西采访,访问了八百里秦川腹地户县和长安县,写出了报道《在"转化"中看多数——关中农村见闻》(见《人民日报》1984年8月2日)。

这篇文章主要讲的是陕西农村经济向商品经济转化过程中的情形。记者列了三个小标题,分别是三个问题:"是快还是慢?""他们为什么不要奶牛?""'磨'不推能自转吗?"

记者说,我们为什么要提这个问题?因为当地农村里"吃死饭"的农民还相当多。所谓"吃死饭",指的是那些能吃苦耐劳的农民,却只能是别人安排好了叫干啥就干啥,叫怎么干就怎么干。记者提出,怎样把他们也引进商品生产的队伍中来呢?这正是这篇报道给人留下的思考。

每一段一个问题，一个故事，脉络清楚，有条有理，娓娓道来，十分细腻，有丰富的信息量。这种写作手法可以借鉴运用。

**结尾之处　发出提问**

在文章的最后一句用问号结束，是加强文章语势、引起读者共鸣的方法。常用的是用反问句的方法。

以下这段结尾就是用的这种方法："在大庆人已经为祖国建设立下奇功的时候，在全国都学习大庆的时候，他们还要冷一冷，继续运用毛主席提出的'两分法'，从自己的不足处找出不断前进的动力。这不正是我们想了解的问题的答案，也是大庆人更可贵的性格吗？"（见《人民日报》1964年4月20日）

如果不用问号结束，本来可以这样写："这正是我们想了解的问题的答案，也正是大庆人更可贵的性格。"用了反问句，答案其实就在其中，不但使整段文字加重了语气，而且更显示出了强烈的热爱大庆人的情感。

我们再看另一篇文章的结尾。一位农村老党员说："俺桌子上这党章、报告，可不是摆设，俺可是真学真记，活到老学到老。老党员也不能放松学习，不了解中央政策，咋在村里参政议政？"（见《人民日报》2017年12月20日）。

这段文字的意思也很明白，老党员只有不放松学习、了解中央政策，才能更好参政议政。用了问号结束文章，使老党员的讲话更加有力，更显得充满决心。

笔者在写文章时，也常用这种手法为文章结尾，如"这种状况难道还不应当引起警觉吗？""当你想参加'探险游'时，有必要再问你一句：你真的准备好了吗？""为了保护动物，抑制类似的人兽比赛蔓延，有关方面能考虑出些规定或条例吗？"等等。

用问号为文章结尾，可以使作者的情感更加充分地发挥，使文章的感情色彩更强烈，与读者产生情感共鸣，还可以使问题清楚地摆在政府与民众面前，促进问题的解决，推动社会进步。

# 第六十一讲：写作灵感从何而来？

写作灵感似乎是个玄而又玄的东西，看不见，摸不着，突然出现，又转眼消失。然而，它是确实存在的。有了写作灵感，文思如泉涌，创作如行云流水，一气呵成。没有写作灵感，写了一会儿就写不下去了，只好看着天花板发呆。

什么是灵感？灵感是人们经过较长时间的积累之后，瞬间获得解决问题办法的一种思维状态。灵感可以使人在"山重水复疑无路"之时，达到"柳暗花明又一村"的境地。

**灵感的基本特性**

要抓住灵感，首先要了解灵感的基本特性。灵感到底有哪些特性呢？

灵感的第一个特性是平等性。灵感对每一个人是平等的，张三可以有，李四也可以有；作家、记者、通讯员可以有，书画家、建筑师、科学家也可以有。关键是谁能发现，谁能把握。

灵感的第二个特性是飘忽性。它不是一个固定的实物，不是一把椅子、一张桌子或一盆花、一棵树。灵感是思想上、精神上的东西，它会在脑海中闪现，或让人眼前一亮。

灵感的第三个特性是瞬间性。灵感是稀有的，它是瞬间出现的，不是天天有，不是时时有。当它出现的时候，也许只有几秒钟，这时，你就要果断地牢牢抓住它，切勿让它从你的眼前溜走。

灵感的第四个特点是专属性。别人的灵感不能代替你的灵感，你的灵感别人也用不上。灵感仅供一个人的受用，而不是像共享单车那样，你用他也可以用。

那么，怎样才能获得写作灵感呢？

**从触类旁通中找到灵感**

所谓"触类旁通"，指的是掌握了解某一事物的变化、趋势及规律，从而类推了解同类的其他事物的变化、趋势及规律。人们常说要学会举一反三、融会贯通就包含着这一层意思。

京剧表演艺术家盖叫天在学艺时，有一天他在西湖边上散步。当天，路上行人很多，一位盲人的竹杖杵到了一位老人的脚上，老人怒道："唉！你也不看看前面是什么？"那位盲人说："前面一片漆黑。"老人说："黑都看得见，难道白就看不见吗？"盖叫天听到此话后猛然醒悟：如果我想在表演上达到出神入化的地步，就必须看到别人所看不见的东西，达到"心明自明"的思想境界。无意中听到的一句话，给了盖叫天京剧创作灵感，使他的艺术造诣有长足的进步。

著名书画家郑板桥学习书法时临摹古人，很是刻苦。某夏日，他与妻子在外乘凉。郑板桥为练字用手指在自身大腿上比画。写着写着，比画到妻子身上去了。其妻说："你有你的体，我有我的体，为何不写自己的体？"郑板桥从这句话中迸发灵感，决心集古人之长，走创新之路，终于形成了独具风格的"六分半书"。

**从厚积薄发中发现灵感**

厚积薄发，首先要"厚积"。只有读书多、阅历多，才能达到厚积的境地。

作家莫言有一段时间经常去书店买书。有的书写得很差，但他还是买下。他的想法是，写得再差的书里，总是能找到一个好句子的，而一个好句子，很可能就会引发灵感，由此产生一部小说。当然，好书里的妙句就更多了。莫言的短篇小说《白狗秋千架》的开头，就是受了日本作家川端康成的中篇小说《雪国》的影响。川端康成写的是黑色壮硕的秋田狗，而莫言写的是山东高密白色温驯的大白狗。莫言说，开篇几句话，确定了整部小说的调门，接下来的写作如水流淌，仿佛一切早就写好了，只需我记录下来就可以了。

一位作家在说到找灵感时说，感觉自己没东西可以写的时候，可以尝试着从相关的专业书籍中寻找灵感，看看同行的作品，多研究读者喜欢的文章是如何表达的。他还建议可以打开一些资讯类的网页，看看最近有哪些新闻热点，说不定就有不少可以让你有感而发的内容。

有一次，笔者通过阅读资料，了解到《诗经》中"抱布贸丝"和《周易》中的"日中为市"的情况，读到了春秋战国的"前朝后市"和《礼记》中对市场的一些规章条例，以至了解到汉、唐、宋的市场情况，引发灵感，连夜写成了一篇加强当前集贸市场发展与管理的文章。

灵感的产生虽然是偶然的，但它却是作家长期思考的结果。有了积累，就能有比较、有分析，经过思考，就会有突然间的灵感闪现。

**从处处留心中萌发灵感**

俗话说："处处留心皆学问。"在采访中、生活中，只要处处留心观察，就能从一些细小的地方看到亮点，萌发灵感。

瓦特因留意烧开水时水壶盖的跳动产生灵感，发明了蒸汽机。牛顿躺在苹果树下看到成熟苹果坠落产生灵感，发现了万有引力定律。

英国作家狄更斯通过散步来寻找创作灵感。有时白天，有时夜晚，他经常外出散步，一走就是好几英里。他的《伦敦夜行记》就是散步最直接的成果。在他的一些小说中，破烂的街道、流浪的乞丐、悲惨的生活都源于他在散步中的所见、所思、所感。

唐代诗人李贺骑驴出门时，身上背个锦囊，看见典故、词汇便收集起来，回家整理时读到产生灵感后就写诗。

用心的记者、通讯员、作家都有一个好习惯,有专门的笔记本,随时记录所见、所闻、所感,记录下自己的一点一滴的生活感悟。因为有些顿悟到的东西,时间一长便会忘记。有时半夜突然想起些妙句警言或文章布局、素材,最好马上把它们记录下来。养成了这样的好习惯,灵感再也不会从你身边溜走了。

**从深入一线中获得灵感**

"问渠那得清如许,为有源头活水来。"现实的生活是"活水",是创作的源泉。只有扑下身子,沉到一线,全面了解情况,深入研究问题,才能激发灵感,看到事物的本质和规律,找到破解难题的办法。

许多著名的记者、作者正因为深入生活,才获得灵感,有了创作激情,写出了优秀作品。我在以往文章中介绍过的人物有范长江、邓拓、斯诺、魏巍、范敬宜、穆青、罗开富、吕岩松、商恺、林里等,都是如此。

在此,我再讲一位歌词作者胡小石的故事。1962年,年仅22岁的胡小石写出了著名歌曲《乌苏里船歌》的歌词:"乌苏里江来长又长,蓝蓝的江水起波浪,赫哲人撒开千张网,船儿满江鱼满舱……"这首传唱半个多世纪的优美歌曲,让人们记住了我国的一个少数民族赫哲族以及他们的生活。

当年,胡小石一路辗转,跑遍了赫哲族在黑龙江和乌苏里江边的3个聚居地。他和赫哲族渔民同吃同住同劳动,一起住窝棚,一起捕鱼。正是这样扎扎实实的一线生活经历,让胡小石找到了歌词创作的灵感,写出了这首脍炙人口的歌。胡小石说:"没有生活,就无法写出鲜活的、有生命力的、贴近大众心灵的好歌。"

**灵感可遇但不能强求**

人们获得灵感的方式多种多样,但不能强求。有一位著名作家曾夜半起身到田野里去寻找灵感，走了半夜，当然没有找到。据说，有一位立志写作的小伙子知道此事后，便学习这位作家的样子，夜半起身去街上寻找灵感，险些被巡夜的人当小偷抓了起来。看来，当我们刻意去寻找什么灵感的时候，常常是得不到的。

灵感是潜藏于人们思维深处的活动，它的出现有许多偶然因素。说到底，灵感不过是顽强劳动所获得的奖赏。辛勤的调研，艰苦的探索，丰富的阅历，善于观察，勤于思考，是灵感产生的先决条件。同时，我们在写作时心须抱有积极的心态，有热情，有激情，有兴趣，有想象力，敏锐而清晰地开展工作。在这样的工作状态下，灵感很快会出现，就会搬掉写作中拦路的大山，眼前呈现一片光明。

抓住灵感吧，它将使你获得成功！

# 第六十二讲：想写出好作品就要立大志吃大苦

翻阅着中外名家写出的一篇又一篇好作品，敬仰与羡慕之心油然而生，心想哪一天自己也能这样挥笔，写出超凡脱俗的文字。

在读了一些古人学习、写作的故事后，受到启发，得知想要写出优秀的作品，不但要有天赋，而且要志存高远，不怕吃苦，勇于实践。正如古诗所云的那样："千淘万漉虽辛苦，吹尽狂沙始到金。"

**洛阳为何纸张贵？**

"洛阳纸贵"的故事是人们耳熟能详的。说的是西晋时期有个文学家叫左思，写出了著名的作品《三都赋》，洛阳城内的人争相传抄，纸张成了紧俏物资，价格遽涨。

左思之所以能写出《三都赋》，除了博学多才之外，还有两点做得非常到位：一是掌握了大量的背景材料，二是深入实地调查采访。"三都"指的是蜀都成都、吴都建业、魏都邺城。左思所处的西晋时期在三国鼎立时代刚结束不久，他立志写这样一篇文章是很有意义的。左思一方面认真查阅了魏、蜀、吴三都的史料、方志、地图，做到史料翔实，言必有据。此外，他还迈开双脚，到当地调查考察名山大川、风土人情、鸟兽草木。历经10年，终于写成《三都赋》，声震洛阳，耀眼文坛。

从现代的眼光来看，《三都赋》类似概貌通讯。而写好通讯的重要条件是有情感、有史料、有现状、有议论。只有选材精当、主题突出、角度新颖，才能别具一格，引人入胜。

**前人未知如何探？**

在写作中立大志、能吃苦的还有一位名人叫徐霞客。一提到徐霞客，人们不约而同地会说出一本书的名字：《徐霞客游记》。

徐霞客是明代著名的地理学家、旅行家、文学家。他从 19 岁开始就走上了考察祖国河山之路。他在旅途中喜欢走险路，渡险滩，爬绝顶。有一次在雁荡山考察时，竟攀登到猿猴也难以罕至的山峰之巅。他在广西溶洞考察时，因山洞狭窄，便脱了衣服贴着地面钻进去看个究竟。在云南腾越山区考察时，遇到险情，几乎坠入万丈深渊。

"真正的才智是刚毅的志向。"在大半个中国的土地上，都留下了徐霞客的足迹。他历时 30 年，终于完成了 60 万字的《徐霞客游记》，实现了"达人所之未达，探人所之未知"的心愿。

如今，《徐霞客游记》开篇之日，即 5 月 19 日，被定为中国旅游日，以纪念这位杰出的旅行家。

**采遍百草何所得？**

这里要讲的第三位人物是李时珍，他是明代著名医药学家。他在北京宫廷太医院任职时，读了大量医药典籍。为了能写出一本济世救人的医书，他开始实地考察，搜集各种标本，访问各地药农。他到过江西、江苏、湖北、安徽、河南、河北等地，攀武当山、上庐山、进茅山，历尽艰辛。他不但用笔详细记录了各种药材的性状、功能，而且做了相应的试验。对少数有怀疑的药物，不惜冒着生命危险亲自服用。

"勤奋是理想飞翔的翅膀。"经过 3 次修改，历经 30 多年，《本草纲目》一书得以完成。全书 52 卷，190 万字，载有药物 1892 种，搜集医方 11096 个。

**古人经验怎样学?**

以上3个古人写作的故事,对我们的新闻采访编辑写作有哪些重要的经验启发呢?

首先,我们要学习他们锐意进取的志向。

无论是左思、徐霞客还是李时珍,都是有进取心的人,都是有干一番事业的雄心壮志的人。他们既总结前人的经验又看到了前人的不足,锐意要创造出新的成果。左思的时代,先有东汉班固写的《两都赋》,继有张衡写的《二京赋》,左思读后觉得仍有不足之处,于是立志写一篇《三都赋》。虽然他出身寒门,但能破世俗,开新局。徐霞客、李时珍也是敢走前人没有走过的道路,为自己的理想执着地追求,最后取得了成功。

其次,要学习他们认真调研、细心观察的方法。

谚云:"只在河滩上沉思,永远得不到珍珠。"左思、徐霞客、李时珍都是善于在实践中学习的高手。他们遍访各式人等,深入基层,贴近生活,认真调查研究,细心观察世界,掌握了大量的鲜活材料,这正是我们新闻工作者必须认真学习之处。左思不但对三都的山川名胜、风土人情有研究,而且对建筑、园林、绘画、音律、工贸、农商等知识也了解。徐霞客的向导和采访对象有老农、樵夫、猎户、渔民、采药人、捕蛇者等,掌握的都是第一手资料。李时珍访问过许多药农和百姓,以海纳百川的胸襟编纂成鸿篇巨著。"要知山中事,须问打柴人。"他们的这种实践方法,不正是我们新闻人应当遵循的吗?

第三,要学习他们注重史料的一丝不苟态度。

史料是前人知识的积累,是重要的背景材料。左思博览群书,潜心研究史籍;徐霞客最爱读地理及旅游探险之类的书籍;李时珍阅读过800多部历代医书。他们是"站在前人的肩膀上"的远眺者,是善于吸取前人经验教训的实践者。正因为知识根基扎实,建立起来的创新知识大厦就能坐稳坐实,矗立云霄。

第四，要学习他们吃苦耐劳的精神。

"宝剑锋从磨砺出，梅花香自苦寒来。" 在艰苦环境的磨砺下，往往能造就人才。人才的成功因素固然有天赋、出身、机遇等条件，但决定因素应该是勤奋且能吃苦。知识是从刻苦学习中得来的，优秀作品是汗水的结晶。人只要有一种信念，有所追求，什么艰苦都能忍受，什么环境也都能适应。左思、徐霞客、李时珍都是具有吃苦耐劳精神的人，他们的成功是必然的。

水珠聚集成大海，经验积累是学问。有了上述的4条经验，我们的采访就有方法，我们的写作就能进步。在岁月的长河中，有着许多许多成功的经验，我们应当学习铭记，以丰富自己，激励自己，砥砺前行，为新时代贡献一份力量。

# 第六十三讲:"富"记者与"穷"记者

记者中有"富"记者与"穷"记者。这里指的"富"与"穷",不是指钱的多少,而是指掌握新闻线索的多少。"富"记者的采访线索多,可以采访的人和事多,联系的单位多,加上知识储备足,资料积累丰富,所以采访起来能得心应手,水到渠成。"穷"记者则反之,感到无从入手,无题可写。

为什么两者会有这么大的差别呢?

首先是因为对新闻的理解程度不同。

我们所处的时代是全媒体时代。互联网正在一步一步地改变着我们的生活,在媒体领域催发一场前所未有的变革,新媒体和传统媒体的深度融合深刻地影响到我们每一个人。

在这种形势之下,媒体格局、舆论生态、受众对象、传播技术都在发生巨大的变化,我们要顺应这种发展大势,勇于创新,在新闻的理念、内容、手段、体制机制等方面进行全方位探索。

现代互联网新媒体的出现,使新闻内容可以自主创造,用户广泛参与,平等互动交流,使新闻成为影响社会政治生态和经济民生的重要因素。

那么,对于新闻的理解,"富"记者与"穷"记者是不同的。

新闻的定义有许多种。笔者认为,新闻是具有新意的、经过选择加工并及时公开传播的信息。

"富"记者能够从新闻定义中分析、了解新闻到底有哪一些基本特征,从而加深对新闻的理解，这样才能增强做好新闻工作的自觉性。

新闻的主要特性，一是新鲜性，二是真实性，三是要把这件事报道出去。其他还有重要性、接近性、显著性、时宜性、奇特性、趣味性等等。

"富"记者深知对新闻进行"选择""加工"的重要性。

为什么同一件事在不同的国家、不同的通讯社、不同的记者报道出来的文章是不一样的？这是因为立场不同，观点不同，选择角度不同，加工写作不同。由此可见，新闻是有选择性的。

"富"记者是善于提问的记者。

作为一个新闻从业人员，要学会提问。问题、问题，有"问"才有"题"。能提出简洁、深刻、有分量、有挑战性的问题，是记者的基本功。

著名记者埃德加·斯诺在1936年6月进入陕甘宁边区时，就准备了大量问题。他在《西行漫记》一书的第一章，就用了"一些未获解答的问题"为文章开头标题。接着，他一口气提出了50多个问题。这些问题，题多面广，是经深思熟虑的。正因为有了这些问题，斯诺采访起来如鱼得水，游刃有余。他成为第一个采访红区的西方记者。

无论是个别采访，还是参加记者招待会、新闻发布会，提问总是第一环节。不会提问的记者不是好记者，不善于提问的记者挖掘不到好消息。正所谓"涉深水者得蛟龙，涉浅池者得鱼虾"。

"富"记者心里明白，采访是写作基础，明确采访目的，确立新闻主题，做好采访提纲。在采访过程中，眼、耳、手、鼻、口、腿、大脑并用，想得深些、远些，不浅尝辄止，有写作意识、发表意识。

此外，"富"记者善于发现新闻线索。有些"穷"记者到一个单位去采访，往往会问这样一个问题："你们这里有什么新闻？"这就显得比较嫩，比较幼稚。新闻要靠发现，要靠挖掘，吃别人嚼过的馍没有味道。

"富"记者则能想办法掌握独家线索、有了第一手资料，在采访中掌握主动权。他的新闻线索多，稿件内容与质量好。

那么，发现新闻线索的途径有哪些呢？

会议、文件、简报、领导谈话、群众反映、报刊、电视、广播、网络媒体、热线电话、重大节日、闲谈、主动发现的线索等等。

经过长期的新闻实践，我们会了解到新闻线索有这些特征：

1. 新闻线索不完全等同于新闻事实，它只是记者写稿的一个起因。

2. 新闻线索比较零碎，全貌不完整，需要在采访过程中完善。

3. 新闻线索也有时效性，过了时间，也变成没有价值了。

4. 有些新闻线索可能是表象，事实并非如此，需加以甄别。

5. 新闻线索是偶然与必然的统一，肯下功夫的记者可以找到其规律。

"富"记者在采访后，在写作时十分注意把稿件写得有血有肉。他通过现场描写、语言对话、对比强烈、细节刻画、议论几句、背景运用等手法，使文章情景交融、富有哲理、引人入胜。

范长江以写改造山区的问题为例谈采访写作，他说："没抱负的记者，可能拿着这个题目找李顺达同志访问一番，然后写一篇不痛不痒的报道，也就完了。有抱负的记者不这样做，他要先研究全世界改造山区的情况，研究中国历代改造山区的资料。（这是他报道的后盾，是重要的仓库！）有了自己对改造山区问题的看法；然后，去找专家分别请教有关的问题；最后再去找李顺达，那么，他的报道就可以顺手拈来，而又写得扎实，写得深刻。"这确实是经验之谈，值得举一反三学习运用。

要把文章写深写活，关键在人的修养与水平。如果一个人知识贫乏，作风浮夸，采访不深入，别人讲什么就记什么，不知何为重点，不知怎样取舍，只是起个"录音机"的作用，记下一笔流水账，与被采访者无共同语言，这样写出的文章必然是干巴巴，读起来味同嚼蜡，更不要说去打动读者了。因此，加强素养，提升文化水平是写活文章的必要前提。

首先，要有针对性地写稿。写稿不是为写稿而写，而是要为宣传一个主张、透析一个问题、促进一个事物而去写，既要符合大政方针，又要符合客观实际,而不是眉毛胡子一把抓。

其次,要认真地写稿。要精心构思,勤奋地搜集资料,运用好语言文字,仔细地修改与校对,以精益求精的态度对待每一篇稿件、每一段文字,力求写出新意,写出精品。

作家老舍说:"熟才能生巧。写过一遍,尽管不像样子,也会带来不少好处,不断地写作才会逐渐摸到文艺创作的底。"文艺创作是这样,新闻写作也是这样。

勇敢地拿起笔来吧!你一定能成为一名"富"记者。

# 第四十六讲：好题目从何而来？

在新闻写作中经常会遇到这么一个问题，写着写着没有题目好写了，特别是缺少好题目，十分着急。

怎样解决这个问题呢？古人云："目在足下，不可以远视，虽明何益！"把目光放远放大，提高把握全局的能力，心中装着大局，就能发现一个又一个好题目。

**从"石头"的角度写出的好文章**

牛年春节过后，加勒万河谷冲突现场视频公开，引发国人关注，人们十分想了解边防军人的工作、生活状况。2021年2月22日，公众号上一篇文章的题目吸引了我的眼球。标题是《清澈的爱，喀喇昆仑的石头为证！》这真是一个好题目，带出了一篇好文章。文章从边防军人的"石头情结"说起，讲述了一块块石头背后的故事：有的战士在石头上记下姓名与交党费的日子，有的把青春誓言写在石头上，有的在石头上画上国旗、国徽、军旗……昆仑山的石头，见证了边防军人的大爱和坚守，见证了一代代边防军人的传承。

"大好河山，寸土不让"是大局；"我站立的地方是中国"是边防军人对祖国的忠诚。因此，昆仑的石头就成了文章的好题目。

**为何"农民卖粮食"成了"神来之笔"？**

1997年7月7日，《人民日报》上发表了《河南农民高高兴兴卖粮食》

的报道。看题目，挺平常，夏收了农民卖粮食很正常，是个常规性的报道。然而，这篇报道却受到中央一位领导的表扬，认为"人民日报跟中央的精神跟得很紧啊"！是一次"神来之笔"。

这是为什么呢？这篇报道为什么这么重要？它又是怎样策划并写成的呢？

原来，那一段时期经济工作中最重要的问题是按保护价敞开收购议购农民的粮食，这是关系保护农民种粮积极性、保持社会稳定、防止出现"折腾"的事关大局的重大问题。可是，当时社会上的人们对这个问题认识不深，思想还不统一，急切需要新闻媒介加强引导。

正当此时，人民日报经济部的一位编辑在读了中央领导同志视察安徽、河南的消息后，意识到"按保护价敞开收购粮食"是一件大事，于是组织河南记者马上采写，并配了评论。正是这位编辑有大局意识，有目的地去组稿，才有了题目，才发表出有价值的稿件。

**"不谋全局者，不足谋一域"**

在记者和通讯员的政治素质中，大局意识是重要的一条。"不谋全局者，不足谋一域。"我们报道文章中的深度、力度、广度，正是体现了对宏观大局的认识与把握。

在20世纪60年代的头几年，我国遭受很大困难。但是，我们的一些优秀媒体人有大局意识，写出了《为了六十一个阶级弟兄》《毛主席的好战士——雷锋》《"南京路上好八连"纪事》《大庆精神大庆人》《县委书记的榜样——焦裕禄》等报道，极大地鼓舞了全国人民的斗志。

记者或通讯员有没有大局意识？这种意识在脑海中是否牢固？这是判断他是否在政治和业务上成熟的重要标志。只有增强大局意识，紧扣时代脉搏，"胸有大志，腹有良谋"，才能在采访中不断涌现好点子，写出有影响力的好作品。

为什么我们有些报道往往停留在就事论事上？为什么达不到一定的高

度和深度？不是材料不够，也不不是文笔欠缺，而是缺乏把握全局的能力。只有总览全局的记者或通讯员，才能在采访中对事实的取舍心中有一杆秤，能选择那些政治上重要、有着普遍意义的事实，选择那些与大局有关的群众关心的新鲜事，选择那些"一滴水能反映出太阳的光芒"的具体、形象、生动的事实。

**如何才能增强大局意识？**

首先，要自觉地从大局看问题，即"站在天安门上看问题"，把新闻宣传工作放到大局中去思考与定位，在了解大局、服务大局的前提下开展本职工作。

其次，对党的方针政策、我国的基本国情要吃透，认清当前一段时期的中心任务，以指导自己的实践。

第三，要增强独立思考能力，善于在"小荷才露尖尖角"时发现新趋势、新情况、新问题，深入基层，并能跳出地域局限，使获得的微观信息与大局结合，摆脱"只缘身在此山中"的困惑。

有一位铁路单位的通讯员在一次采访中发现，在广州火车南站的仓库里堆放着500多批落满了厚厚灰尘的各种货物。这些从全国各地千里迢迢运到广州的货物，到达目的地后却长期无人认领，损耗十分严重。

这位通讯员就此展开调查，采写了一篇题为《广州南站无主货耗损严重》的调查报告和《广州南站500余批无主货渴盼回"家"》的消息，分别在《光明日报》《工人日报》一版头条加编者按刊登，《法制日报》也在二版头条刊登并为此加了短评。文章发表后，在社会上引起强烈反响，《光明日报》还作了连续报道。

这位通讯员说，这是一篇典型的"大题小作"作品。从报道本身抓的问题来看，不过是一个车站积压了500多批货物无人认领，而它反映的主题却不小：正是通过对这一货物积压现象的透视，反映出一些企业管理不善，鞭挞了视国家财产如草芥的浪费行为。同时，通过剖析一个站，找到了全国成千上万个货运站共同存在的一个问题。文章以小见大，由点及面，反映了加强企业管理的大主题。

**胸中有大局才能做出大文章**

一位资深的媒体人多次指出："地方记者要有全局观念""时时不忘考虑大局""抓住带全局性的问题大做文章""抓好带全局性的重大报道"。他认为，新闻人才的潜力是很大的。每个部都有这种潜力。关键是领导要用好选题、好点子把这种潜力引发出来，组织起来。而出好选题、好点子的关键又在于胸中有"大局"。没有大局，就做不出大文章。

另一位人民日报记者说，新闻从业者有了大局观念，才能抓住事件的本质，走出局部真实抵达真理。大局观念的养成，绝非一日之功，需要长期努力而为之。

"风物长宜放眼量。"站得高才能看得远，吃透全局才能出思路，这是我们新闻工作者须经常思考的问题，并应当努力付诸实施。

# 第六十五讲：人民日报编辑有哪些"戒律"？

"戒律"一词，原指宗教徒必须遵守的法则，现常比喻为需要限制、束缚言行的规定。

常言道："没有规矩，不成方圆。"凡是一个有抱负的团体，必然会建立一套自己的规章制度，并且严格执行，以保证工作的顺利进行。

戒律是禁忌，是不能触犯的。只有明确禁忌，照章办事，才能把握正确方向。

人民日报编辑在实际工作中总结提炼出15条编辑戒律，时刻提醒自己在工作中不失语、不违规，明白何处当行，何处当止，从而使编辑工作有条不紊夜以继日地进行。

这15条戒律可分为4个方面的内容。

一是坚持新闻报道的真实客观：戒失实、戒炒作、戒跟风、戒增添、戒盲从。

二是不断提升编辑技能与水平：戒笼统、戒绝对、戒啰唆、戒迟缓。

三是培养吃苦耐劳、深入细致的工作作风：戒抱怨、戒推托、戒随意。

四是努力在工作中创新与持久：戒守成、戒封闭、戒透支。

**戒失实、戒炒作、戒跟风、戒增添、戒盲从**

这5条戒律都与坚持真实客观报道有关。

新闻真实性指的是在报道中的具体事实必须符合客观实际，经得起核对与推敲。

真实，是新闻的生命。一些失实的"地雷"常常隐藏于细节之中，不易发现，需要高度警惕。

除了造假之外，一些"采编手段不妥"也会造成虚假新闻的出现。有的随意抓取网上的"猛料"，复制粘贴，未加核实就发表；有的是人没有到新闻现场，事后摆拍，搞"场景复制"，都会造成新闻失实。有些社会热点问题是媒体炒作的对象，为了吸引读者眼球而过分渲染。这是应当十分注意的。

2010年5月上旬，富士康因连发员工跳楼事件而引发社会广泛关注。人民日报社会新闻版的记者、编辑在第一时间给予重点关注，并保持冷静，客观中立，不妄加炒作。通过发表多篇文章，跳出当时众多都市类媒体热衷的"N连跳"的"数字游戏"等框框，用严肃的态度分析这一社会事件，摆事实，讲道理，有分析，有观点，发挥了社会舆论的稳定器的作用。

为确保新闻的真实性，人民日报编辑部门有一条规定，编辑在审阅稿件时，凡是增加的内容，即使有"可靠"的信息来源，也必须与记者沟通。在审稿时，严格按照编辑程序审读校对，适度质疑，高度警觉，在出新出彩的同时，保证不出错。

**戒笼统、戒绝对、戒啰唆、戒迟缓**

这4条戒律讲的是不断提高组稿与编辑技巧与水平。

有一次，为了写好春运报道，编辑部门与分社记者充分沟通，从一趟农民工专列中写了一位返乡的人。他历时25小时，行程1500公里。从上火车一直写到回家吃团圆饭。写出了经历，写出了心情，有血有肉，可读性强，打动了无数读者。

在报道典型人物时，不"选择性失明"，也不"习惯性扭头"，而是看到典型是有情感、有困惑、甚至有时有不足之处。这样的典型才是生动丰满、真实可信的，是可敬可学的。

编辑部提倡讲究策划时效，即用最短的时间，补充新闻背景，挖掘新怎样成为优秀新闻人？

闻内在价值，理清来龙去脉，策划出有时效的深度报道。而要做到这一切，必须有扎实的功底，既用脚去追，又用脑去追。

**戒抱怨、戒推托、戒随意**

这3条戒律讲的是培养吃苦耐劳、深入细致的工作作风。

夜班编辑常常是"晚九朝三"，有时天亮才能下班，十分辛苦。编辑部的人员说，选择了黑夜，去创造更加灿烂的明天。任何时候付出的努力，都是一种积累；任何地方所下的功夫，都不会白费。能吃苦能吃亏，凡事皆可为。能干事能共事，才能成大事。

编辑部提倡勇担"第一责任"，把每一道程序都视为"最后一关"。一篇稿件，从内容的提法到文字，从数字到标点，都要反复推敲，慎之又慎。

按照《编辑规范手册》的工作流程编稿，已成为编辑人员的自觉行为。因为大家知道，这些规定是日常工作经验的积累与总结，对实际工作有指导性、针对性、实用性。遵守了，可以少出差错；违反了，必然会受到惩罚。

**戒守成、戒封闭、戒透支**

这3条戒律要求编辑人员不断努力创新并保持韧性。

无论是稿件的采写，选题的策划，版面的编辑，读者的需求无止境，创新便无止境。为此，不能自缚手脚，裹足不前，画地为牢，而是要按照新闻传播规律办事，创新观念，创新内容，创新形式，创新方法，创新手段。

2010年6月3日，《人民日报》以《河南求解四道难题》为题，在文中提出当地求解加快转变的4道难题：钱从哪里来？人往哪里去？民生怎么办？粮食怎么保？文章概括了河南对问题的思考——解难之钥在转变，解难之力在持续，解难之法在统筹，解难之根在创新。这篇报道不但受到读者欢迎，而且引起中央和省级领导关注。认为内容写得好，写得活，新闻工作就是要大胆创新。

281

编辑部始终保持与外界的顺畅沟通，坚持报一网互动融合。在选题策划中保持与记者的沟通，一线编辑记者走进校园，开展"人民日报校园行"系列活动，组织工人、农民、学生、机关干部走进报社大院进行交流。这些措施，体现了开门办报的精神，取得了良好效果。

要创新，要开放，编辑人员必须有一个好身体，又有知识储备。为此，戒律的最后一条是戒透支。休息好才能工作好，才能有持续性。学习不间断，才能"为有源头活水来"。

报社经常组织编辑人员开展沙龙探讨、专题讲座、集体观影、参观交流等。通过多种形式的活动，以放松编辑人员心情，舒缓压力，以更充沛的精力投入工作，更出色地完成编辑任务。

# 第六十六讲：应该怎样阅读才能更有效？

**全民阅读备受重视**

2021年两会政府工作报告中指出，"推进城乡公共文化服务体系一体建设，创新实施文化惠民工程，倡导全民阅读。"这是自2014年起，"全民阅读"连续第八次被写入政府工作报告。

不久前，我参加了"书香中国 北京阅读季"活动，了解到全民阅读活动开展的状况。

在我国，倡导全民阅读已越来越受到重视。全民阅读率逐年攀升，至十三五末，综合阅读率已达到81.1%，比十三五初期上升12个百分点。全国农村建立了58万个农家书屋。全民的数字阅读、手机阅读及移动有声听书成为新的阅读方式。全国数字阅读用户总量达4.7亿。

在这些数字的后面，我们需要深层思考的问题是，怎样的阅读才能更有效、更能精准地吸收知识？怎样通过阅读实现人生飞跃？

全球人力资源服务机构的一位资深咨询顾问、畅销书作者说："唯有阅读，才能成为'十中挑一'的人才。"他认为，在21世纪这样的成熟社会中，修养是很重要的。通过读书提高修养，是决定你能跻身于那百分之十的人才的重要因素。

**古人怎样读书？**

我们从古人谈起吧。

古人对读书的要求一是"多读""泛读",二是"反复读""仔细读"。"读万卷书,行万里路",一直是读书人的追求。熟读和背诵是古人倡导的读书方法。常说的一句话是:"熟读唐诗三百首,不会作诗也会吟。"古人说的"读书百遍,其义自见""学富五车""读书破万卷,下笔如有神",也是多读书、反复读。

宋代的苏东坡说:"发愤识遍天下字,立志读尽人间书。""旧书不厌百回读,熟读深思子自知。"他下定了多读书、反复读的决心,并付诸行动,从先秦诸子百家到汉代大赋、唐代诗歌都很精通。

朱熹对读书的方法有自己独到的见解,他说:"读书有三到,谓心到、眼到、口到。心不在此,则眼看不仔细。心眼既不专一,却只漫浪诵读,决不能记,记也不能久也。三到之中,心到最急,心既到矣,眼口岂不到乎?"在这里,他提出了读书必须用心方能生效的见解。他还说:"读书譬如饮食,从容咀嚼,其味必长;大嚼大咽,终不知味也。"他也是主张读书要"细读"的。

清代的曾国藩对读书有自己的理论。他说:"士人读书,第一要有志,第二要有识,第三要有恒。"说的是既要有决心,又要有方法,还要有毅力。他主张"生书宜求速""旧书宜求熟",要把读书和习字、写作结合起来,缺一不可。他认为:"人之气质,由于天生,本难改变,惟读书则可以变其气质。"

**一些名人的读书见解**

到了近代,对读书重要性的论述越来越多。

鲁迅主张博采众长,反对死读书。他说:"只看一个人的著作,结果是不大好的;你就得不到多方面的优点。必须如蜜蜂一样,采过许多花,这才能酿出蜜来。倘若叮在一处,所得就非常有限、枯燥了。"鲁迅还说:"读死书会变成书呆子,甚至于成为书橱。"

人民日报社原社长、总编辑邓拓对怎样读书有深刻的见解。他说:"重要的书必须常常反复阅读，每读一次都会觉得开卷有益。"他主张，"读书要用批判的眼光，要取其精华，去其糟粕"。他认为精读是重要的方法之一，"读书不必求多，而要求精。这是历来读书人的共同经验"。

老一辈革命家陈云主张读书应做好笔记。他说："读书要做笔记。这有两个好处，一是让你多读几次，一是逼着你聚精会神，认真思索，使你了解深刻，而不像随便看过去那样模模糊糊。"

周恩来从小就养成了爱读书的习惯，他的读书方法是"加紧学习，抓住中心，宁精勿杂，宁专勿多"。他的名言"为中华之崛起而读书"激励了一代又一代莘莘学子。

毛泽东说过，饭可以一天不吃，觉可以一日不睡，书不可一日不读。他一生酷爱读书，博览群书，即使在晚年身体状况越来越差的情况下，坚持读书的精神也丝毫不减。

**有效阅读的五条启示**

我们从以上这些读书的事例和论述中，可以获得怎样的启示呢？

一是读书要把泛读和精读结合起来，以精读为主。

读书要多，但也要精。有一位读书达人每年读书120至200本。我觉得太多了，既无可能，也无必要。对新闻从业人员来说，多选一些优秀的新闻专业书籍阅读很有必要。除此之外，还要读一点诗歌、散文、科学知识、政治理论、学术经典方面的书。对这些书的选读，也要求精，以补充自己各方面的知识。至于读多少数量，因人而异吧！每月1至2本应当予以保证。

二是要把网络阅读与纸质书阅读结合起来。

现在网络阅读十分流行，人人手机不离身，每天花费大量时间浏览"今日头条""百度""抖音"等网页，有的网络平台还开展了"听书"活动，通过"听"来读书。网络阅读有其迅速、方便、信息量大的优点，从而受到读者欢迎。然而，由于知识碎片化和真假难辨等因素，网络阅读比较浅显、浮躁。纸质书本由于其权威性、严谨性、易保存等特点，新闻从业人员应予重点关注。把两者有机结合起来，才是正确的方法。

三是读书要把读与写结合起来。

边读边做笔记，写点读书心得。或者把书本上学到的典故、诗词适当用到文章中去，充实文章的背景材料，可以增强文章的可读性。有的写作者说：只读书不写作，无异于"茶壶里煮饺子——有货倒不出"。不读书不知自己愚昧，不写作不知自己肤浅。

四是要多读好书，不花冤枉钱，不做无用功。

现在书店开架售书，网上购书也十分方便。不能见到什么书都想买，要买有用的书、经典的书，能反复读的书。有的书可以在图书馆借阅。如果买了一大堆无用之书，只是为了书橱好看，不但花费巨大，而且会变成累赘。

五是读书要有计划，把短期计划与长期计划结合起来。

一年读十几本，日积月累，几年即可达上百本。给自己定一个读书计划，长计划，短安排，有韧性，有毅力，"衣带渐宽终不悔，为伊消得人憔悴"。下真功夫、苦功夫、细功夫，刻苦钻研，一步一步积累知识，才能增长才干。

有一位写作者说，平时自己眼高手低，但到真正开始写作之后，却发现写作居然那么难。同样的一个选题，别人洋洋洒洒几千字，旁征博引，引经据典，而我完全写不出多少东西，偶尔写出点内容也毫无深度。这是什么原因呢？就是阅读不够，阅历不够。

让我们一起在阅读中思考，在阅读与生活中增长阅历，把阅读、思考、写作当作生活的有机组成部分，我们就能享受到阅读的快乐，收获思想上、写作上和气质上的进步。

# 第六十七讲：名人闪光点对新闻工作的启迪

读名人故事，颇有感触。领悟他们的精神，对如何做好新闻工作有所启发。

在阅读中可以发现，名人身上都有一些显著的闪光点，值得我们学习。

**吃苦耐劳**

许多名人故事表明，一生绝大多数是都吃过苦的，而且特别能吃苦。正所谓"天将降大任于斯人也，必先苦其心志，劳其筋骨，饿其体肤，空乏其身，行拂乱其所为"。

孔子是一位世界名人，当年可是吃尽了苦。他周游列国14年，整天东奔西跑，忍饥挨饿，自嘲如丧家之犬。然而，他的成就是十分突出的，创立儒家学派，编纂《春秋》，修订《六经》，开创私人讲学，其弟子将他言行整理成《论语》。

范仲淹是一位名人，他的名篇《岳阳楼记》为人们所熟读。范仲淹小时候是很苦的，两岁时父亲就去世了。他母亲孤苦无依，改嫁到山东一个姓朱的人家。小时候，范仲淹借住在山上的一座寺庙里读书，生活十分贫困，吃不上饭，他就每天烧一锅粥，冷凝后用刀划为4块，早晚各取2块，就着咸菜下咽。就这样，苦读3年，读了不少书。年幼时的吃苦，培养了他顽强的意志和勤俭的作风。后来，他考中进士，文韬武略，官至副宰相，并写出了千古传诵的《岳阳楼记》。

杜甫的"茅屋为秋风所破"、陶渊明的"夏日常抱饥，寒夜无被眠"、塞万提斯在狱中构思《堂吉诃德》……都说明了他们吃过苦，能吃苦，却在苦的面前矢志不移。

**发愤读书**

名人的第二个特点是好读书。孔子、陶渊明、范仲淹、杜甫好读书自不待言，战国时期爱国诗人屈原、刘邦的高参张良、大数学家苏步青等名人也都是好读书之人。

屈原小时候读的是竹简，手不释简，烛光彻夜到明。一日，山风吹灭了烛火，又点不着。他便用手摸着竹简上刻的字继续读。文化典籍、神话传说、天文历法、自然地理，他都如饥似渴地追求，创作了《离骚》《九歌》《九章》《天问》等名著。

西汉开国功臣张良在桥头获神秘老人《太公兵法》这本书后，日夜反复诵读，牢记在心，终得真谛，成了刘邦的高参。在鸿门宴上，由于张良细心调度，刘邦安然脱险。

数学家苏步青小时候家境贫困，读不起书，有时只好在私塾窗外听几句。后来，到小学读书，因贪玩而几次得分倒数第一名。后经老师教诲，苏步青深虑惭愧，暗下决心，发愤读书，有时为了看懂一本书，他步行几十里山路，向别人借字典逐个将生僻字弄明白。以后，他的名字总和"全班第一名"联系在一起。最后，他成为了复旦大学校长，著名的科学家、教育家。

**坚韧不拔**

名人的第三个显著特征是有韧性。

那位从小就懂得砸缸救人的司马光，在编纂《资治通鉴》这部巨著时常常一伏案就是一整天。他怕时间不够用，特意做了一个圆木枕头，在困极之时，便枕在圆木枕头上睡一会儿。只要身体一翻身，圆木枕头就滚到一边,把人惊醒了,他接着便投入写作。奋战19年,终于完成了《资治通鉴》这部记载了1300多年历史的巨著。

此外,徐霞客历尽千辛万苦写成几十万字的《徐霞客游记》,李时珍倾注一生心血历时30多年编撰成《本草纲目》,司马迁忍辱负重用18年时间完成《史记》,海明威不怕失败卧薪尝胆写出了《老人与海》一举获得诺贝尔文学奖。正是因为他们是特别有毅力、有韧性的人,所以才能取得这样的成就。

**阅历丰富**

名人是阅历丰富之人。孔子周游列国从鲁国出发,走了卫国、曹国、宋国、齐国、郑国、晋国、陈国、蔡国、楚国等地,十几年内受到冷遇。苏东坡一生坎坷起起落落,多次遭贬谪。成吉思汗曾经被俘,后又机智逃脱。岳飞四次从军力主抗金,自叹"八千里路云和月"。孙中山流亡海外时先后赴日、美、英等国。这一切,都使他们阅历大增,思维更缜密,思想境界更开阔,行动更有力。

苏联作家高尔基11岁时当皮鞋铺学徒,后来又在轮船上当洗碗工,还当过扫院人、守夜人、搬运工、司磅员、泥瓦匠、捕鱼工人、晒盐工人。正是其丰富的人生阅历使他认识了祖国,积累了丰富的写作素材。他创作的自传体三部曲《童年》《在人间》《我的大学》成为名著,他的《海燕之歌》成为鼓舞人民斗志反抗沙皇政府的精神武器。

了解名人的这4个特征,对于我们新闻工作者来说,有重要的借鉴意义。作为一名新闻宣传战线上的战士,必须要吃得起苦,勤奋学习,守得初心,有坚韧的意志,在工作与生活中不断丰富自己的阅历。只有这样,才能恪守道德,敬业奉献,清正廉洁,精通业务,服务人民。

学习名人,从名人身上的闪光点获得人生的启迪,并付诸行动,你才会获得成功!

# 第 7 部分

# 学习新闻理论与新闻史很有必要

# 第六十八讲：学习新闻的定义

有的记者或通讯员整天忙忙碌碌地写稿发稿，但水平提高得不快。究其原因，是缺少对新闻学理论的学习。在新闻学原理中，新闻的定义是重要的一章，是一块基石。弄懂什么是新闻，提高对新闻的认识，才能较快地从新闻写作新手转变成行家里手。

关于新闻的定义，在笔者阅读过的新闻专业书中就有几十条之多。今天，我们一起来学习其中的十几条，以此加深对新闻的理解，从而进一步做好新闻工作。

**陆定一的定义最通用**

最常见、最通用的新闻定义是陆定一在1943年提出的。他在《我们对于新闻学的基本观点》一文中指出："新闻的定义，就是新近发生事实的报道。"陆定一曾任中共中央宣传部部长、文化部部长、国务院副总理。他提出的新闻定义明确事实是新闻的本源和实体，突出了"新近发生"这一新闻主要特征，文字简明易记，因此，该新闻定义提出以来，在几十年中一直为我国新闻界广泛使用。

**梁衡的定义作了补充**

人民日报原副总编辑梁衡在谈到陆定一的新闻定义时说：这是到现在为止最为简洁明了的一个定义。他又结合自己的新闻实践作了一点补充，提出了新闻定义："新闻是为广大受众所关心的新近发生的事实的信息传递。"他认为，这个定义一是增加了受众的态度，二是增加了信息传递这个概念。

梁衡认为，新闻是通过大众传媒向全社会发布的信息，因此它首先要考虑有无发布的社会价值，即这条消息会有多少人看，多少人听。有时还要估量一下这条消息的社会效果，即它的正作用或负作用。他还说，新闻的本质是信息，记者的报道是通过选择传递事件的主要信息来实现的。

**徐宝璜的定义关注"多数"**

读过新闻教育家徐宝璜的《新闻学》一书便可知道，梁衡的新闻定义显然是受到徐宝璜的影响。徐宝璜1912年毕业于北京大学，后公费留美，于密歇根大学攻读经济学、新闻学，在美国密苏里大学受过系统的新闻学教育。

徐宝璜的《新闻学》一书出版于1919年，这是我国第一部新闻学专著。徐宝璜的新闻定义："新闻者，乃多数阅者所关注之最近事实也。"他说，新闻一是事实，二是最近事实，三是为阅者所注意之最近事实，四是为多数阅者所注意之最近事实。就是说，即使是新近发生的事实，只为少数人所关注，还不能成为新闻。

**李大钊的定义强调"社会性"**

中国共产党的主要创始人之一李大钊在1922年《北大记者同志会上的演说词》中提出："新闻是新的、活的、社会状况的写真。"这一新闻定义，突出了新和活，说明新闻是在变动的，同时，强调了新闻的社会性这一特征。

李大钊是开创中国马克思主义新闻事业和新闻思想的先驱。他的一生与新闻报刊工作息息相关。从1913年起开始进行报刊宣传活动，到1927年被捕遇害，在这14年中他先后主编或指导编辑出版的报刊近20种，为二三十家报刊撰写政论、时评、通讯等300余篇，约百余万字。

## 范长江的定义讲"三知"

我们有必要重温一下著名记者范长江的新闻定义。范长江认为，新闻就是广大群众欲知、应知，而未知的重要事实。这个"三知"的新闻定义为许多人所接受、引用。这个定义的特点突出了对受众感受的体验。广大群众作为受众，他们想知道的、应该知道的、还未知道的重要事实，记者就应当发掘，应当报道。

范长江 1935 年深入中国西北地区考察采访，公开报道了红军长征，采写了《中国的西北角》《塞上行》等经典作品。1949 年 1 月 31 日，北平和平解放。范长江带领一批"新闻兵"，跟随解放军先头部队进入北平，成为新中国新闻事业的奠基人和开拓者之一。他先后担任新华社总编辑、新闻总署副署长、人民日报社社长等，为创建和发展党的新闻事业做出了不可磨灭的贡献。

## 甘惜分的定义重"影响"

在众多的新闻定义中，有的以事实为结论，有的以信息报道为归宿，另外有一种是以注重社会影响为依据。中国人民大学新闻系著名教授甘惜分 1982 年在《新闻理论基础》一书中说："新闻是报道或评述最新的重要事实以影响舆论的特殊手段。"

甘惜分认为，新闻工作虽不能说一言系天下之安危，但笔下的重大矢误足以搞乱人们的思想，或使领导陷于被动，这种情况有时是可能发生的。所以一个成熟的记者常会感到笔下千钧。有了这种感觉，说明这位记者是逐渐臻于成熟，说明他具有了对国家、对人民、对社会的高度责任感。干好新闻工作这一行，是要费一番力气的。那种把新闻工作看得很容易，以为能写几篇新闻报道就算完成任务的人，是把自己的目标定得太低了。在这类新闻定义中，认为新闻是一种工具、一种手段，用以唤起读者，鼓舞读者，使读者得到启发。

**国外的定义各有千秋**

下面我们来看一下外国学者给新闻下的定义。

日本新闻研究所所长小泉秀雄在《新闻学原理》一书中提出："新闻是根据自己的使命对具有现实性的事实的报道和批判。"

苏联《真理报》消息部主编哥捷夫说："新闻是有共同兴趣的、有典型意义的事实。"

德国柏林大学新闻学教授比法特在他的《新闻学》第一卷中，对新闻定义作了这样的规定："新闻就是把最新的事实现象在最短的时间距离内连续地介绍给最广泛的公众。"

在这3条新闻定义中，同样强调的是"事实""最新""广泛的公众""使命"等概念，说明新闻必须有新意，必须公开面向公众，必须付诸报道，且有自身承载的使命。

**"狗咬人，人咬狗"定义不规范**

有一条流传甚广的"新闻定义"："狗咬人不是新闻，人咬狗才是新闻。" 这是美国《纽约太阳报》19世纪80年代的编辑主任约翰·波加特说的。这条所谓的"新闻定义"，其实是不足以成立的。因为这个"定义"只是说了新闻的一个特性：奇特性。它所关注的新闻只是那些异常、刺激、惊愕之类的事，没有说明新闻的真谛。作为"定义"，在逻辑上也是不合乎规范的。如果有的记者只是记住了这一条"新闻定义"，并且身体力行去采访、去写作，必然会走偏方向。

诸如此类的"新闻定义"还有："凡是能让女人喊一声'啊呀，我的天哪'的东西，就是新闻。" "新闻是一种令人读了就会惊叫的东西。" 对于这些所谓的"定义"，简单了解一下即可，别把它们当真就是了。

# 第六十九讲：新闻与宣传有什么不同？

"记者和通讯员都是新闻宣传干部，从事的是新闻宣传工作。"在这句话中，"新闻"与"宣传"好似一对孪生兄弟，既密不可分，有时又让人有点分不清楚。

那么，什么是新闻？什么是宣传？它俩有什么不同？有什么联系？弄清楚这些基本概念，对于提高对新闻宣传工作的认识、进一步掌握新闻媒介的宣传技巧是十分有益的。

**学者眼中的新闻与宣传**

新闻与宣传的关系是新闻理论和新闻实践中经常涉及的问题。国内外学者对此经常进行研讨，并发表各自的看法。

有学者认为，新闻媒介既传播新闻也从事宣传，这件事不但在中国是这样，国外也是这样。但是，新闻与宣传是两种不同的社会现象。新闻的基本职能是告知人们所需要的信息，宣传的基本职能是传播一种观念，这就是两者的最基本的区别。

新闻与宣传的出发点不同。新闻的出发点是读者与观众的需要，宣传的出发点是宣传者自身的需要。

新闻与宣传的归宿点不同。新闻发布后，是由读者、观众自己去分析、判断，做出决策。宣传是要影响人们的思想，让人们按照宣传意图去行动。

新闻与宣传的传播方式不同。新闻传播的信息带有"新"的特点，一般为一次性的，而宣传可根据需要重复进行。

新闻与宣传的传播要求不同。新闻要求定量准确，而宣传要求定性准确。

复旦大学新闻系原主任、教授王中说："宣传是灌输一种主义或主张。"

中国人民大学新闻学院教授甘惜分认为："宣传是传播思想，是用一种思想去影响别的思想。"

在研讨中，有少数人认为，一切新闻都是宣传，新闻等同于宣传。这种观点分不清宣传与新闻的区别，在理论上站不住脚，在实践中也是行不通的。

有的学者认为，宣传是大概念，新闻是小概念，宣传包含着新闻。这种看法就是说，新闻与宣传是部分与整体的关系，新闻是宣传的一部分。一切新闻都是宣传，而一切宣传并非全是新闻。这种看法同样抹杀了新闻的特性，忽视了新闻本身的规律。

大多数学者则认为，新闻与宣传是交叉关系，新闻与宣传是两种不同的社会现象。两者既有区别，又有联系；既有各自独立的部分，又有相互交叉的部分。不能把两者割裂，也不能把两者混同。

**实际工作中的新闻与宣传**

在实际工作中，新闻人都知道，新闻具有宣传功能，宣传可以借助于新闻。新闻强调的是"事实"，宣传强调的是"观点"，但是，在实际工作中，两者是一种复合关系。通过新闻来达到宣传的目的，是一个客观存在的现象。

新闻工作要宣传党和政府的重大决策部署，宣传社会主义核心价值观，宣传先进事迹和模范人物，这是义不容辞的责任。问题是，如何做才能达到这个目的？

在实际工作中，有的新闻有宣传价值，但是缺少新闻价值，这样的新闻要不要写？有的新闻，领导指定要见报，而读者又不喜欢看，碰到这个问题怎么办？企业领导的长篇会议报告占据了大量版面，怎样才能使读者有阅读兴趣?如何处理好新闻报道"眼睛向上"与"眼睛向下"的关系?这些都是基层新闻宣传干部经常遇到的问题。

看来,只有正确处理好报道中新闻与宣传的关系,才能写出好稿,才能办好媒体。

"最巧妙的宣传,是不用'宣传'两字,而最终达到了宣传的目的。"这就是说,我们在进行新闻传播时,不要把宣传口号喊得震天响,不要有许多"宣传味""广告味",而要通过生动的事例的陈述娓娓道来,在形式上不张扬意见,而在内容上落实自己的意见,学会巧妙的宣传方式。

**学会巧妙的宣传**

做新闻与写口号、发广告不同。后者是纯宣传。而要做好新闻工作,在宏观大局方面,必须以宣传为导向;在微观采访写作编辑中,可以让宣传依附于新闻,让新闻作为宣传的载体。这才是新闻工作者巧妙宣传的办法。具体来说可以这么做:

——"抓活鱼"。读者喜欢看的是新鲜、有趣的事实,而不是生硬的说教。要达到寓宣传于新闻的目的,在写新闻稿时必须"抓活鱼",将社会中的新情况、新事物、新问题、新经验,像新鲜的活鱼一样,呈现给读者。在采写中既不能"抓死鱼"也不能"抓到活鱼压死了"再卖,而要新鲜地、及时地发表出来。

要抓到活鱼,必须到有水的地方。要想有新鲜的事实,必须深入现场第一线去挖掘。只有真正置身新闻之中,才有更真切的感受。在采访中细心观察,抓住每一个细节,抓住关键人物的关键动作和语言,写出的稿件才能吸引读者。

——"用事实说话"。宣传是讲观点、讲理论,而新闻是讲事实、讲过程。新闻的事实不是罗列事实,而是经过精心选择的事实。作者要选择那些最能反映事物本质、体现主题、能说服人、打动人的事实,潜移默化地影响读者。"用事实说话"与议论文的摆事实、讲道理不一样,它不是通过作者的直接议论，而是运用事实的逻辑说服力，充分而含蓄地表现作者的倾向与观点。

胡乔木在《人人要学会写新闻》中说："最有力量的意见乃是一种无形的意见——从文字上看去，说话的人只是客观地、朴素地叙述他所见所闻的事实（而每个叙述总是根据一定的观点的），这样人们就觉得只是从他那里接受事实，而不是从他那里接受意见了。""新闻就是这种无形的意见，愈是好的新闻，就愈善于在内容上贯彻自己的意见，也愈善于在形式上隐藏自己的意见。"

——"讲好故事"。同样是新闻报道，有人喜欢用多年不变的大段套话来写，有人却会用"讲好身边的故事"的手法来写，效果大不一样。前者往往会把文章弄得千人一面，枯燥无味，而后者能写得生动活泼，读者爱看。

写文章的高手都是讲故事的高手。把新闻故事化，写好新闻中的主人公，写出能打动读者的故事，用细节刻画人物的性格。动人的故事能够潜移默化地影响读者，起到了宣传作用。

摒弃那些"灌输式""模式化"的新闻报道，用"抓活鱼""用事实说话""讲好故事"来唱响主旋律，凝聚正能量。让我们一起在探索中创新，在创新中提高，奋力开创新闻宣传工作的新局面。

# 第七十讲：谈受众心理

**俗话说：** "看菜吃饭，量体裁衣，到什么山头唱什么歌。"我们做任何事情都要从实际出发，才能取得成功。写新闻、办媒体也是这样，需要深入研究新形势下受众的心理特点和接受习惯，想他们之所想，写他们之所爱，让心弦共鸣，奉献出能在受众中广泛传播的优秀新闻作品。

**从一篇满分高考作文说起**

2020年高考的一篇作文《生活在树上》火了。对这篇带有"嚆矢""滥觞""振翮""婞直""玉墀"等难懂字眼儿的文章，褒贬不一。若以满分为100分计，有的阅卷老师给100分，有的给80分，有的给65分，但更多的网友给的分是不及格。

为什么同一篇文章，不同的人的看法会有这么大的差距呢？网上已有许多评论，有人说作文考生的文化底蕴深厚，有人说是辞藻堆砌不知所云。有兴趣者可以在网上读一下。下面仅从阅卷者心理状况来略加分析。

高考作文的读者极少，少到只有几位阅卷老师。高考作文不是写给广大网民看的。高考作文不是新闻稿，通常情况下作文不会在报纸上或网络上发表。

阅卷老师工作时的心理状态是怎样的呢？在作文阅卷过程中，老师既辛苦又乏味。这时，突然有一篇又新又异的文章映入他的眼帘，他的倦意为之一扫，精神为之一振，这篇作文就有机会得高分了。

浙江这位写《生活在树上》的考生牢牢抓住了阅卷老师的心理状态。但第一位阅卷老师只给了36分，随后的两位老师却给出了55分的高分（满分为60分），最后这篇作文被审查组判为满分。

看来，抓住读者心理，是写文章的重要一环。

**让新闻"为多数阅者所注意"**

什么是好新闻？新闻教育专家徐宝璜指出："新闻为多数阅者所注意之最新事实。"他认为，最近事实如果只有少数受众关注，不是新闻，因为此种事实太多而且没有什么价值。只有多数受众关注，方能成为新闻。若能为全体受众所注意，则为绝好新闻。

新闻受众作为新闻活动的起点和归宿，其心理本质是一种社会心理，有很强的自发性、随意性、交融性、互动性、差异性和可变性。新闻从业人员写新闻稿，是为了借媒介的力量拓展自己的认识，让受众有意或无意地接受。在写作时，作者的新闻导向往往是隐含在事实报道之中，而不是强制性地对受众进行灌输。

新闻产品的这种非强制性，决定了受众的自由选择，他可以选择看，也可以选择不看。因此，受众的态度决定了新闻传播效果。凡是题材新颖、新闻性强、用事实说话、能引起受众的兴奋的新闻就是好新闻。能使受众因信息影响而落实到积极行动、有明显的社会效果的新闻，就是佳作。

如何使新闻从少数阅者走向大众阅者？除了写稿要求真实、准确之外，还要认真考虑驱动受众选择新闻的原因，了解受众的现实需求与潜在需求。只有那些针对性强、题材鲜明、内容有料、标题突出、文字生动的文章才会受到更多人的欢迎。

**重视传播过程中的"双向互动"**

双向与互动是新闻受众心理的一个重要特性。新闻发布者对受众的心理影响是十分明显的，提倡什么，反对什么，会在受众的思想和行动中反映出来。2011年3月全国出现的抢盐风波，就是因为网络上疯传"日本核辐射导致海水污染"引起恐慌造成的。在这关键时刻，主流媒体通过科学知识打破谣言，报道紧急调集食盐货源消息稳定市场和人心，使风波很快平息。

受众在接受新闻时的心理影响主要表现是对媒体的反馈。反馈是体现现代传媒双向性与互动性的重要机制，是传播过程中不可或缺的要素。反馈可以通过阅读与收视率的调查、发行量的增减、群众来信来访的多少、街头问卷以及网络跟帖状况得到。

对反馈活动要坚持经常化、制度化、实效化，不可三天打鱼两天晒网，不可一时兴起搞一阵子，然后长期停顿。只有切实了解受众的反应，听取受众的意见，掌握受众的心理情况，才可以避免闭门造车，以获得良好的受众效果。

随着互联网的发展，受众不仅仅是媒体信息的接受者，而且成了积极的参与者、监督者。这种互动式的反馈是新媒体最显著的特点之一。坚持双向互动，对媒体提高产品质量、改进作风有很大的好处。

### 让受众从"无意"向"有意"转变

受众对媒体的注意分为无意注意与有意注意。无意注意就是随便看看，顺手翻翻，没有什么固定的目的，随意选择一种媒体、一个栏目作为获取新闻的渠道。事实证明，无意注意是受众的一种常态，有的只是浏览一下标题就过去了。

有意注意则不同，它是受众有预定的目标。传受双方形成紧密关系，互相守候，受众如"铁杆儿粉丝"一样，还能成为"啦啦队"。比如，有人看到《人民日报》上"任仲平"的文章，知道这是《人民日报》重要评论，就抓紧去读。又比如，有人预定好当晚8点电视体育频道，准时观看北京国安队的足球比赛。

我们在写新闻时，如何使自己的稿件成为更多人的有意注意？一是要让文章适合受众的求真心理、求新心理、求近心理。二是要在固定的、经典的栏目上刊登，努力使自己成为知名撰稿人。如上海新民晚报原总编辑赵超构以"林放"为笔名，那些年经常发表杂文，受到许多人的有意关注，影响很大。北京的邓拓以"马南邨"为笔名在《北京晚报》上发表的"燕山夜话"，也是当年读者关注的热门栏目。

让受众从浅阅读向深阅读过渡，从逆反心理向顺畅接受转变，让媒体持久地保持用户黏性，就必须尊重受众，让他们行使各种对媒体的权利：

受众对媒体有传播权，可以投稿，可以反馈；

受众对媒体有知情权，可通过媒体获取各种信息；

受众对媒体有选择权，可以选择某一份报纸、某一电视频道、某一网站；

受众对媒体有监督权，可以对媒体提出批评、建议。

任何无视或忽视受众的媒体，必然会走向失败。新闻传媒的制胜之道，是在任何情况下都要摆正并协调好发布者与受众的关系，切实了解受众心理，做到"你的心思我知道"，争取获得最广大的而又最忠诚的受众。

# 第七十一讲：把握新闻的接近性

新闻有许多特性：真实性、时效性、重要性、显著性、奇特性、趣味性等等。这里讲一下新闻的另一个重要特性：接近性。把握好新闻的接近性，能增加新闻的价值，有利于办好报刊、电视、广播、网站，有利于写出好稿件。

**什么是新闻的接近性？**

新闻的接近性指的是这条新闻事实令人关切程度的特性。接近性高，关切的人就多；接近性低，关切的人就少。

新闻的接近性表现之一：地理的接近。比如，某外国发生地震，当地的人关切程度极高，其他国家的人关切程度相对较低。离新闻发生地越近的读者，对该新闻最为关切。渐行渐远，离新闻发生地远，读者关心度自然就降低了。

著名新闻教育家徐宝璜在《新闻学》一书中举过一个例子。他说，如果美国芝加哥城中有一富翁病故，当地报纸均登新闻，中国报纸不可视为新闻，因为中国的受众绝大多数未闻其名。如果这位富翁立下遗嘱，将其所有财产捐赠给中国建设一个博物馆，即可成为中国报纸之新闻。

不知大家有没有遇到过这种情况：有时电视台在播报新闻时，突然跳出一段某外国一个并不著名的地区受灾的画面，其实灾害并不严重，中国的观众并不感兴趣。如果该电视台的编辑明白新闻的接近性，就不会编发此类新闻了。

新闻的接近性表现之二：心理上的接近。中国古代诗词中有"天涯若比邻""千里共婵娟"的句子，讲的就是心理上的接近。比如，国外的一场地震，发生时正好有一批中国游客在那里，受了伤。这样的新闻，我国民众的关心度就会增加，因为我们的同胞也受伤了，心理上的距离很接近。

2011年，利比亚局势紧张，内战全面爆发。当时我国派出飞机和轮船去利比亚进行撤侨活动，在10天之内就将所有的侨胞都撤回了中国，还帮助救助了200多名其他国家的民众。由于心理上的接近，全国人民都关心此事。过了几年，以此事件为背景的故事片《战狼2》，热播热映，创造了观看1.4亿人次和票房56.8亿元的纪录。

新闻的接近性表现之三：性别上的接近。比如，一家新的美容院或妇婴医院开张，女性读者会比较关心。某企业发明了一种新型电动刮胡刀，那肯定是男性读者关心较多。据调查，男性受众对新闻类节目的兴趣明显高于女性受众。女性受众则明显偏爱文娱类内容。

新闻的接近性表现之四：年龄上的接近。在不同年龄段中，青年人更热衷于新闻和知识类节目，老年人则热衷于养生、健康、调解等节目。

新闻的接近性表现之五：兴趣爱好上的接近。股民、球迷、藏友、驴友、摄影发烧友、美食爱好者各自有自己的兴趣，所看媒体的内容自然不同。一个足球迷可以在半夜12点到凌晨3点在电视机前看一场世界杯足球赛，第二天睡眼惺忪还要去上班，这是许多非球迷朋友无法理解的。

以此类推，新闻的接近性还有在相关利害关系上的"接近"、生活习惯上的"接近"，等等。

**办媒体的接近性**

"近水楼台先得月，向阳花木易为春。"在了解新闻接近性的含义后，我们在办媒体时，必须考虑受众的地理、心理、性别、年龄、利益、爱好等诸多因素，有针对性地设立版面、专题、专版、栏目。心中有读者，媒体有特色，才能有好的效果。

毛泽东在指导红军办报时十分关注新闻的接近性,他指出:

红军编的《时事简报》,它的内容国内国际消息要少,只占十分之三,本军、本地、近地消息要多,要占十分之七。只有这样,才能引动士兵和群众看报的兴趣,取得我们所要取得的效果。

人民日报海外版是笔者曾就职的单位,这是一家对外宣传的机构,报纸的主要读者是海外华人、华侨、港澳台同胞、中国在各国的留学生和工作人员,关心中国情况的各国朋友,以及来华旅游、探亲、进行学术交流、从事经贸活动的各界人士。因此,海外版上的各种报道要求更适合海外读者的需求,所开设的版面、专版、专栏都要考虑受众的关切。"桥梁""纽带""权威解读""全球华人的精神家园"等用语,是经常在宣传介绍海外版时用到的。

甘肃省的《读者》杂志是比较有名的刊物。截至2019年8月,《读者》杂志的月发行量最高达132万份,累计发行量超过20亿册。由于对受众的需求掌握得较好,杂志赢得了各个年龄段和不同阶层读者的喜爱。

办报刊也好,办网站也好,不能无病呻吟,不能对牛弹琴。根据受众的特点与爱好来办,才能办得出色。北京、天津、上海、广州各有一家晚报,《北京晚报》《今晚报》《新民晚报》《羊城晚报》。四份报纸都办得不错,但风格是不一样的。为什么会形成不同的风格?这是编辑部研究了新闻的接近性、根据当地受众的需求和他们长期养成的习惯而做出的选择。

在互联网时代,媒体主办方必须克服"我办媒体你受教育""我编你读,我播你看"等陈旧观念,要平等、真诚地对待受众,把受众当作参与者和媒体之本,想受众之所想,竭诚为受众服务。受到广泛而持久的欢迎,才能走得更稳更远。

**写新闻稿的接近性**

我们在写新闻稿中,怎样体现并落实新闻的接近性呢?新闻界倡导的"三贴近"就是解决问题的良方。"三贴近"指的是写作者要贴近实际、贴近生活、贴近群众。就是要"接地气""沾泥土""带露珠",近些,再近些,大力弘扬求真务实精神,大兴求真务实之风。新闻工作的"三贴近"培育出一批优秀的新闻人才,孕育出一批优秀的新闻作品。

在写新闻稿的过程中,无论是写丰硕成果报道,还是写改革开放报道;无论是写人民群众的奋斗,还是写英雄模范事迹;无论是写国际风云变幻,还是写舆论监督稿件,都要求稿件更加"接近"祖国的大地,更加"接近"读者的心。在写新闻稿时,多反映基层群众的先进典型,多挖掘群众身边的具体事例,多反映平凡人物的工作和生活,多用群众发自内心的语言、富有哲理的语言、生动的语言,这是新闻人的责任。

在互联网时代,人人都有"麦克风",人人都有话语权,信息的传递与反馈十分迅速。在这种形势下,受众的知识更全面了,积累更丰富了,也就是说,变得更"聪明"了,阅读习惯也随之发生着改变。受众既是信息接收者,又是生产者、传播者;受众大胆自由表达意见,确立了在传媒中的中心地位。随着全媒体各种信息量的猛增,一般性的报道已很难引起受众的兴趣。新闻的接近性更多地表现在媒体如何能抓住读者心理,采写出深受读者喜爱的新闻作品,这才是媒体生存发展的重点。

# 第七十二讲：谈新闻的时宜性及其他

在学习新闻学的过程中，我们对许多新闻名词已经很熟悉了，比如，新闻的真实性、重要性、接近性、显著性、趣味性、新闻价值、新闻五要素等等。

但是，有一些朋友对某些内容还是不熟悉、不了解。比如：什么叫新闻的时宜性？导语有哪几种形式？什么是"练笔运动"？为什么要反对"客里空"？等等。

对这些问题，我们来做一个梳理，以便更好地学习新闻理论和新闻业务，领会这些词的内涵。

**把握时宜性是一门学问**

新闻的时宜性，在讲新闻课时讲得不多，实际上它是新闻的又一条重要属性。

时宜性，指的是在当前形势下最适合需要的报道，即适宜时势的报道。古人云："善战者，见利不失，遇时不疑。""文章合为时而著。"由此可见，写文章选择时机的重要性。

在新闻选题中，应当抓住方向性的问题，抓住对全局有影响的问题，抓住受众最关注的问题，才是有意义的，也是最适合在当时形势下宣传的消息。

新闻的时宜性也是指媒体发表时必须选择恰到好处的时机与方式。在新闻不断筛选的过程中，政治标准决定着它是否能用，即是否对国家和人民有利,这是最基本的一条重要标准,事关重大。

记者和通讯员要做到这一条,必须对新闻宣传思想有比较深入的理解,对当时社会状况和受众心理有深入的了解。

笔者在人民日报值夜班当编辑时,老师告诉我:"该发的新闻要快发,不该发的新闻即使价值再大也坚决不发。"笔者理解这句话的意思是,媒体人在写新闻发新闻时,除了要新鲜、准确之外,要选择适宜的报道内容与时机,不能"有闻必录",也不能盲目地"抢新闻",这是报道工作审时度势的艺术与学问。

**三种不同的导语方式**

什么叫直接性导语、间接性导语、解释性导语?

直接性导语是最常用的一种导语,用四个字概括:"开门见山"。即把最重要、最新鲜的事实集中概括地写在新闻的开头。

以下这条新闻的导语就是直接性导语:

16日下午,河北省召开第六场新冠肺炎疫情防控工作新闻发布会。河北省卫健委副主任、河北省应对新冠肺炎疫情办公室防疫处置组副组长江建明称,关于石家庄市、邢台南宫市、廊坊固安县的再次全员核酸检测安排,已经组织了三次的专家论证,待最后研究确定后,即向社会公布。河北:石家庄、邢台南宫、廊坊固安再次全员核酸检测待最后研究确定后公布。(中新网石家庄2021年1月16日电)

间接性导语常用于非事件性新闻或新闻特写,是在新闻的开头突出某一最生动的事实或体现的现场气氛,以引起读者的兴趣,如描写、轶事、引语等,但必须间接地说明主题。

以下这条新闻的导语是间接性导语:

随着岁月的足迹,奥林匹克一路走来。今夜,国家体育场火树银花、欢声雷动,举世瞩目的北京奥运会开幕式在这里隆重上演。历时近4个小时的开幕盛典,以中华书卷书写中华文明为主线,精彩连连,惊喜不断。

也许在多年以后，再次回忆起这个神奇的夜晚，还会有一些经典的瞬间让人难以忘记！（《工人日报》2008年8月8日电）

解释性导语又称评述性导语，即在新闻的开头突出对事实来龙去脉的分析或解释。

以下这条新闻的导语是解释性导语：

我国使用通信广播卫星定点试播的结果表明，它转播电视、广播的效果比租用的国际通讯卫星的转播效果好。（新华社1986年2月20日电）

### "练笔运动"起到了什么作用？

什么是"练笔运动"？"练笔运动"指的是1951年起新华社发起的新闻写作业务的训练活动。其目的是"把我们全体新闻工作者的业务——新闻战线上的技术和战术提高一步"。练笔运动以3个月为一期，对新闻工作者进行基本的严格训练。其内容：一是基本上消灭知识错误和技术错误；二是基本上消灭文法错误；三是反对冗长，力求简练。

"练笔运动"进行了两次：第一次从1951年2月中旬至5月中旬，这期间编辑部以"练笔运动"为中心工作，部局负责人亲自领导，督促检查，指定专人负责技术错误的检查、登记、统计与总结，制定奖惩办法，推动运动的开展。

第二次是从1954年7月11日至7月20日，先在总社开展消灭错误运动，取得经验后，在分社范围内推广，求得在半年内取得显著成效。新华社的做法为全国新闻界所重视，在全国产生了广泛的影响。

### 为什么要反对"客里空"？

"客里空"原是苏联卫国战争时期上演的一出话剧中的一个人物，他是新闻记者，惯于捕风捉影，捏造事实。后来，"客里空"这个名字被新闻界所借用，泛指新闻报道中的虚构浮夸的作风。

1947年6月，我国解放区的《晋绥日报》发表《关于"客里空"的检查》和《不真实的新闻与"客里空"的揭露》等文章，公开检查报纸在土地改革宣传中的失实报道，并对写作上凭空制造"英雄模范"，采访上的道听途说、捕风捉影，编辑工作中的毫无根据的任意删改，译电校对工作中的马马虎虎等极坏的作风进行了揭露与批评，通称之为"反对'客里空'"，并且号召群众揭发检举。

1947年9月1日，新华社发表社论《学习晋绥日报的自我批评》，号召把"反对'客里空'运动"扩展到全解放区，这对改造新闻工作者的立场与作风起到了积极的影响。

1948年4月2日，毛泽东发表了著名的《对晋绥日报编辑人员的谈话》，为反对"客里空"作了总结。毛泽东指出，"《晋绥日报》在去年六月以后进行的反对右倾的斗争，是完全正确的"，后来出现的缺点，"主要是'左'的偏向"。在谈话中，毛泽东特别强调了党报工作者的学习与修养问题。毛泽东认为："报纸工作人员为了教育群众，首先要向群众学习。""要使不懂得变成懂得，就要去做去看，这就是学习。"

1948年10月2日，刘少奇对于一年多来的反"客里空"运动，也作了总结。他说："报道一定要真实，不要加油加醋，不要戴有色眼镜。""去访问，不论访问什么人，要得到群众的真心话，是很不容易的……工作做好了，党和群众会报答你们的。但是，这是结果，不能当作目的去追求。如果你着急，马上想搞一个全国出名，那只能是'客里空'。"

# 第七十三讲：学新闻既要学"术"又要学"道"

要想成为一名合格的记者、通讯员，在学新闻的过程中不但要学"术"，而且要学"道"。有道无术，术尚可求也；有术无道，止于术。这句话说明了"道"的重要性。掌握了"道"，就能很快踏上通向成功之路。

**"道"是方法、规律和道义**

什么是道？从哲学观点来看，道是指自然界万事万物的运行轨道或轨迹，也可以说是事物变化运动的情况。有时候它指的是方法，更多的时候指的是规则、规律、学说，有时候指的是道义。

茶道、书道、香道、柔道、足道，都有道，都有方法、规则、规律。我们常说的天道酬勤、大道至简、养生之道、道法自然中的"道"字，都有规律的意思。

就拿"天道酬勤"这个成语来讲吧，这里的"天道"，指的就是客观规律。这个成语的意思很明白：上天会按照每个人付出的勤奋，给予相应的酬劳。而"大道至简"这个成语，它的意思是：世间事物的基本原理、方法和规律都是极其简单的，简单到用一两句话就能说明白。

**关于新闻的"道"和"术"**

什么是新闻的"道"？笔者认为，它包含两重内容：一是理论新闻学上讲的那些道理,二是新闻工作者的道德修养。

理论新闻学主要是研究新闻学的学理,研究新闻学的一般原理、马克思主义新闻观、西方新闻理论、新闻理论的基本问题等。它的研究方向是人类新闻活动的基本规律。学了规律性的东西,用以指导实践,可以明确方向,少走弯路。

新闻工作者的道德修养则包含新闻从业人员必须坚守的新闻专业理念、承担的社会责任、必须遵守的职业道德准则和职业纪律。有什么样的新闻观,就有什么样的新闻方法论。新闻观是"道"。"道"正则"术"通。

什么是新闻的"术"?就是实际应用新闻学上讲的内容,包括:新闻采访、新闻写作、新闻评论、新闻编辑、新闻摄影等。比如,怎样写人物通讯、怎样做新闻标题、怎样写会议报道、怎样提问等,都是在探讨"术"的问题。

"术"很重要,要精通,要掌握,要应用。在新闻实践中,记者和通讯员的实际工作能力要不断提高,业务知识要不断丰富,要掌握各种采写、编辑技巧,这些都是新闻从业人员的基本功。

**学好新闻规律之"道"**

在明白了新闻工作的"道"和"术"的基础上,我们来讨论一下新闻工作中如何学好"道"、行好"道"。

从新闻的规律方面来论"道",首先要了解新闻的定义。知道陆定一的新闻定义,知道邵飘萍、徐宝璜的新闻定义,知道李大钊、范长江的新闻定义,知道胡乔木、王中、甘惜分、梁衡的新闻定义。并对各种新闻定义有自己的分析,对西方诸如"人咬狗才是新闻"的定义有所评判。关于以上这些人物的背景材料以及他们提出的新闻定义的内容,在此就不一一列出了,本书已有专门一篇文章来加以说明。

新闻规律的"道"还包括:1.必须认识新闻的本质,新闻是当前社会现实生活的真实反映。2.新闻具有意识形态属性,它有思想性、政治性、倾向性。3.新闻是一种公共资讯,具有商品的属性,但它是一种特殊的商品，是一种精神产品，在考虑经济效益之时，必须把社会效益放在首位。

4. 新闻价值理论是新闻规律之"道"的重要内容。弄清楚新闻价值的由来，明白新闻的时效性、接近性、重要性、显著性、趣味性等新闻要素对实现新闻价值的作用，努力在工作中按照新闻传播规律办事，把握好时机，掌握好分寸，以达到最佳效果。

在学习新闻理论中，要理顺新闻与信息、宣传、舆论的关系，了解中外新闻发展的历史，认识新闻工作的党性原则和群众性原则，坚持正确的舆论导向，守好舆论阵地，把握好舆论监督和正面宣传的统一。

对记者和通讯员来说，建议抽点时间，系统地读几本关于新闻学原理、概论等方面的专著，以提高自己的新闻学理论水平。

**如何做到"铁肩担道义"**

从新闻工作者的道义方面来论"道"，就要"铁肩担道义"，要养育自身的浩然之气，"三观"要正，作风要实，勤于思考，勇于行动，做一名正直的、有良心的、有责任的新闻工作者。著名教育家陶行知说过："因为道德是做人的根本。根本一坏，纵然使你有一些学问和本领，也无甚用处。"

无论是国际还是国内，对新闻工作者的道德都有严格的标准。

联合国的《国际新闻道德信条》草案指出，新闻从业人员"职业行为的崇高标准，是要求献身于公共利益。谋求个人便利及争取任何有违大众福利的私利，不论所持何种理由，均与这种职业行为不相符合"。"任意中伤、污蔑、诽谤和缺乏根据的指控，都是严重的职业罪恶；抄袭剽窃的行为亦然。"

《中国新闻工作者职业道德准则》指出，新闻工作者要"发扬优良作风。要树立正确的世界观、人生观、价值观，加强品德修养，提高综合素质，抵制不良风气，接受社会监督"。"要增强法制观念，遵守宪法和法律法规，遵守党的新闻工作纪律，维护国家利益和安全，保守国家秘密"。

建议年轻的新闻人在写作之余，多读一些优秀新闻工作者的传记和他们的作品。在那些文字里，许多地方讲的就是如何弘扬道义的故事，讲的是做人的道理。

在悟道之中，必须学会宽容、学会选择、学会自我调节，不断提升自身素质，即提升思想、品德、知识、才能、性格等方面的综合水平，保持一个健康的身体和开朗的心态。

"道可道，非常道。"当你能悟出新闻之"道"的时候，你就已成为一名政治强、业务精、纪律严、作风正的优秀新闻人了。

# 第七十四讲：新闻报道的"2＋1原理"

什么是新闻的"2＋1原理"？

有的学员问："单位的日常工作能不能当作新闻来写报道？"

笔者的回答："有的能，有的不能。"

他又问："什么可写？什么不要写？"

笔者回答："具体问题要具体分析。如果你能从总体上理解新闻报道的'2＋1原理'，你便会有一个比较清晰的认识。"

"什么是新闻报道的'2＋1原理'？我怎么从来没有听说过？"学员急切地想了解这个原理。

是的，这个原理在新闻教科书上是没有的，是笔者在学习研究新闻学中自创的一个通俗易懂的说法。

这个原理中的"2"，指的是新闻与生俱来的两个最基本属性：真实性、新鲜性。这是新闻最基本、最核心的内在要求。新闻报道一要"真"，二要"新"。不"真"的是谣言或传言，不"新"的是历史与往事。这两条缺了哪一条都成不了新闻。

但是，作为新闻报道，光有这两条是不够的，还必须加上"1"。

这个"1"，就是新闻的其他特性：重要性、接近性、显著性、奇特性、趣味性。

**举例说明这个原理**

下面，举3个例子来加以说明。

例1：有一条消息："工厂领导班子今天上午召开例会，讨论了本月的工作。"这条消息是真实的、新鲜的，"2"是具备的，但是缺少"1"。所以，发个简报通报一下厂内是可以的。但是，要向报社投稿就不必要。因为这样的例会经常召开，太多了。

如果这条消息中有一个"1"，消息是这样的："工厂领导班子今天上午召开例会，讨论了本月的工作，并决定对贫困山区援建两所希望小学。"这就增加了新闻的"重要性"。因为"援建两所希望小学"这件事比较重要，社会上也会关注。这样的新闻，就可以写了。

例2：有一条消息："老王今天早晨骑自行车去单位。"这条消息也是真实的、新鲜的，但是不能作为新闻报道去写，去发表。因为这条新闻也只有"2"而缺少"1"，太普通了。

如果这条消息中有一个"1"，这条消息为："老王今天早晨骑自行车去单位，去领取我省唯一的全国劳模奖状。"这样，就可以写新闻报道了。因为"去领取我省唯一的全国劳模奖状"这件事增加了新闻的"显著性"，能引起人们的关注。

例3："保安小李今天凌晨6点在厂区发现一只麻雀。"这条消息也太平常了，没有报道的必要。如果是"保安小李今天凌晨6点在厂区发现一只全身白色的麻雀"。这就有了"奇特性"，有了那个"1"，就有新闻价值了。如果再深入追究为什么麻雀全身变白？是外界原因还是本身变异了？更能引起读者兴趣。

在现实的报道中，许多报道正因为缺少这个"1"或者因为"1"的分量不够而显得平淡、大路、枯燥，一般化的动态报道多，来稿雷同化现象比较严重。

如果一条新闻中，不但有"2+1"，而且有"2+1+1"，甚至"2+1+1+1"，那就更好了。

**为啥这条会议消息能获奖？**

我们来看以下这条获奖消息：

## 向劳模鞠一躬

本报哈尔滨 11 月 16 日专电（通讯员 刘英贵 记者 周子平） 文化宫大厅里一片寂静，坐在前排的劳模们胸戴红花，肩披红色绸带，聚精会神地倾听分局长王冉的总结报告。

11 月 12 日下午 3 时，齐齐哈尔铁路分局正在召开安全生产 3000 天祝捷大会，分局长的讲话，句句叩击着人们的心扉。他说："有个火车司机叫董振东，他的父母一瘫一傻。不幸的是，5 年前，他的妻子得了脑溢血，瘫痪在床，董振东一个人担负着全家十几口人的生活担子。出乘前，要一次做好两三天的饭，送到老人和妻子的床前。更不幸的是，去年春的一天，妻子病情突然恶化，董振东本想请假照料妻子，但当时车间人手紧，他话到嘴边又咽了回去。当他驾驶机车刚走完单程，单位领导和亲友就赶过来了。到医院后，他看到的是妻子的遗容，他曾向妻子许诺，'再有两年，我就实现安全行车 25 年，那时，我就退休，好好伺候你，等我两年吧！'他猛地扑到妻子冰冷的身上，放声大哭：'亚芳，我对不住你！'"

讲到这里，王冉同志再也抑制不住内心的激动，泪水夺眶而出。他泣不成声了。坐在主席台上的铁道部部长韩杼滨和黑龙江省省长邵奇惠也跟着落起泪来。顿时，会场里一片抽泣声。

许久，人们才渐渐恢复了情绪。王冉用手绢擦了擦脸上的泪珠，嗓门提高了些："在我们分局正是有了像董振东这样的职工，才有安全生产的今天，我作为分局长，向你们深深地鞠一躬，谢谢你们啦！"

王冉离开讲台，站好立正的姿势向劳模们恭恭敬敬地弯下了腰……

（原载《人民铁道报》1992 年 11 月 17 日）

《向劳模鞠一躬》是一篇会议新闻，获得了第 3 届"中国新闻奖"消息三等奖。这条消息如按"2＋1 原理"来分析，除了真实性和新鲜性的"2"之外，还具备几个特点：内容比较重要，角度新颖，很接地气，细节感人，情感真挚，可读性强，达到了"2＋1＋1＋1＋1"的境界。因此，这篇稿子能够获得全国好新闻奖。

**用心挖掘新闻价值**

为此，我们在写本单位的新闻稿时，必须用心挖掘出一个又一个的"1"。这些"1"包括：

单位在改革发展中迫切需要解决的问题；

单位职工和家属特别关心的事情；

单位怎样解决一些长年积累的老大难问题；

单位在工作进程中出现的新矛盾；

职工中深厚友谊与情感的故事；

励志创新故事及意外故事；等等。

单位的工作动态可以写成新闻稿，但在报道中不是简单地记录，而是必须围绕大局和中心工作，报道新动态、新成就、新经验、新人物。这些新闻是建立在真实性和新鲜性之上的，接近员工心理的、独特的、显要的、有血有肉的，是具有新闻价值的，有的甚至是有趣的。

抓住重要性、接近性、显著性、奇特性、趣味性上的明显特征去写稿，就一定会写出好新闻。

# 第七十五讲：学习新闻史好处多

新闻学有3个方面内容：实用新闻学、理论新闻学、历史新闻学。

学新闻，不但要学习新闻采访与写作、新闻理论，还要学一点新闻史。这好比我们看到了一条大河，或乘船航行过，或在河中畅游过，如果能溯源到它的发源地，了解它千百年来的变迁，就会对这条大河有更深刻的认识。

我们可以通过学习新闻史，了解新闻的传承、积累和扩展，进一步加深对新闻的理解，写稿编报、办媒体时眼界就会开阔。

**学习新闻史的必要性**

学习新闻史，可以使我们了解中外报刊及新闻传播的发展脉络，以史为鉴，吸取经验教训，少走弯路，为当代新闻研究与实践提供可靠的史学参考。

学习新闻史，可以使我们认识历史上新闻界的许多名记者、名编辑，学习他们"铁肩担道义"的精神和勤奋踏实的工作作风。

学习新闻史，可以使我们读到许多著名报刊及其上面的文章，对于开阔眼界、摸索规律、增加知识积累大有好处。

学习新闻史，有助于我们了解红色革命报刊的产生与发展过程，不忘初心，坚定信念，进一步做好新闻宣传工作，更好地服务于社会发展的需要。

总之，学习新闻史可以让我们认识新闻演进的规律，把握新闻史进化的真相。

**新闻是人类社会活动的产物**

人类的新闻活动从原始社会就有了。原始人狩猎时或作战时需要互通情况，协同行动，有时以火把为信号，有时以岩画为标记，有时以发声来传递。德国的一位学者曾在巴西一条河边沙岸上看到一条古代土人画的鱼，便叫人在河中下网，果然捕住几条与画上形状相同的鱼。此事说明，在原始部落时代，土人已懂得用图画传递信息，告诉同伴河内有鱼。

进入奴隶社会后，人类的新闻活动更频繁、更扩大了。奴隶主统治的国家机器上下需要互通消息，商业活动的兴起需要互通商品信息，以致产生了一批专门采集新闻情报的"食客"。

在封建社会，人们彼此的联系更加密切，社会对新闻的需求越来越迫切。为了更好的传播效果，人们发明了笔和纸，打开了传播新局面。通过驿站等交通点传递公文与书信，通信开始健全。新闻活动随着生产力的发展规模日趋扩大，内容日趋丰富，传播手段日趋多样。

封建社会产生了中国最古老的报纸——邸报。邸报是中国新闻史的起点。邸报最早出现在西汉初期，约公元前2世纪。邸是郡国在京师自行设置的办事机构，负责把郡国地方长官的奏章通过呈递给中央。

到唐朝时，邸报已成为封建王朝的政府机关报。因由"邸吏"负责传发，所以称为邸报。唐朝的《开元杂报》也属于古代官报的范畴，比欧洲威尼斯的新闻信早出现800年。

到了宋代，已有雕版印制的邸报出现，编辑、发行日益完善。刊登内容包括皇帝诏令、朝臣奏章、官吏迁黜通报、刑事案件等。明末则已有用活字印刷的邸报了。清代除有邸报外，还诞生了提塘报房出版的小报、民间报房的京报，以及辕门抄等非官方报纸。

中国古代邸报与近代报刊有着本质差别，邸报的读者主要是政府官员和士大夫知识分子。

## 国外新闻传播发展简述

国外最早的新闻传播工具是约公元前59年古罗马帝国的《每日纪事》，这是一个阅报栏式的木板，公布元老院的议事记录。至公元前6年，创办了《每日纪闻》。《每日纪闻》的内容主要是帝国政事、战争消息、参众两院议事情况、民事和刑事案件、名人言论、宗教活动、议会记录等，除公开张贴外，还抄送多份分发。以后，随着罗马帝国版图扩大到英国、德国、土耳其、伊拉克西部和北非，《每日纪闻》也传播到上述地区。

在公元14至15世纪，欧洲出现了"新闻信"。这些新闻信是远郊的贵族雇人在城中打听消息而写的。后来，想看新闻信的人多了，使之逐步成为商品。

近代报纸的产生是资本主义商品经济的产物。在15~16世纪，意大利威尼斯城出现了一种手抄小报，以刊登船期、商品行情及社会动向，因有商业价值而得以销售。到17世纪，这种手抄小报方式传至欧洲的德国、英国、法国、荷兰等地。随着现代印刷业和造纸工业的发展，手抄报进入印刷时代，使现代新闻事业趋于成熟。

世界近代最早的定期印刷报纸是德国在1609年出版的《报道与新闻报》。另一份报纸《观察周报》创刊虽然更早一些，但不定期。之后，又有德国的《法兰克福新闻》、英国的《每周新闻》、法国的《法国公报》相继问世。

在资产阶级革命时代，报纸发挥着重要作用。至19世纪30年代，大众化报纸逐步取代政党报纸，占主导地位，把新闻事业推向繁荣。

19世纪三四十年代，无产阶级在欧洲登上政治舞台，诞生了革命的工人阶级报刊《北极星》（1837年）、《人民报》（1852年）。马克思、恩格斯创立辩证唯物主义和历史唯物主义后，诞生了无产阶级政党，产生了无产阶级政党报刊《新莱因报》（1848年）、《社会民主党人报》（1879年）。后来，列宁在德国创办了《火星报》（1900年）。

## 中国近代新闻事业之兴起

1815年,中国第一份近代报纸《察世俗每月统记传》问世,标志着中国近现代新闻事业的发端。《察世俗每月统记传》创刊于1815年8月5日,是世界上第一个以华人为对象的中文近代报纸,内容主要是宗教,次为新闻、新知识。该报纸每期5~7页,约2000字,初印500册,后增至1000册,免费在南洋华侨中散发,于1821年停刊,共出80多期。

之后,广州的《东西洋考每月统纪传》(1833年)、香港的《遐迩贯珍》(1853年)、宁波的《中外新报》(1854年)、上海的《六合丛谈》(1857年)、《中外杂志》(1862年)、北京的《中西闻见录》(1872年)等纷纷出版发行。这些均为中文杂志。

说到中文日报,1858年香港的《孖剌报》增出中文晚报《中外新报》,开始为两天一期,后改为日刊,这是我国最早的日报。

在报业史上很有名的《申报》发刊于1872年3月23日,是英人创办。至1911年,新闻事业家史量才买下申报馆,于是申报馆完全归于华人。

与官报、外报办报宗旨不同的,是当时民报的兴起。

据戈公振《中国报学史》"民报勃兴时期"这一章节统计,39个城市共出版定期报纸179种、杂志82种。在对中国新闻史的研究中,戈公振的《中国报学史》一书具有重大的里程碑意义。《中国报学史》于1927年11月出版。这是我国第一部系统的新闻史专著,汇集了大量的第一手材料,基本勾勒出了中国新闻事业产生发展的大致脉络。

清朝的维新运动失败,使刚诞生的新闻事业受到摧残,大量报刊被禁。袁世凯复辟称帝时,北京报纸仅存20家,上海仅存5家,汉口仅存2家。著名记者黄远生在《申报》头版刊登明确反对帝制启事,尽管逃亡至美国旧金山,仍于1915年被暗杀。

### 五四运动后的新闻事业

1919 年五四运动的发生，以至后来中国共产党成立，北伐战争，抗日救亡运动兴起，进步的、人民的新闻事业得以发展。

1919 年，毛泽东在长沙创办《湘江评论》。1920 年 8 月，陈独秀主持的《新青年》杂志从第 8 卷第 1 号起迁上海出版，成为中国共产党上海发起组的机关刊物。1922 年 9 月在上海创刊的《向导》，是中共中央第一个机关报。

在第一次国共合作时期，共产党人参与了国民党主持出版的《政治周报》《中国农民》《农民运动》等报刊。各地的共产党报刊、共青团报刊初步形成网络，工农群众报刊迅速发展。

在北洋军阀统治地区，北京的《京报》《世界日报》、天津的《大公报》、上海的《申报》《新闻报》等都十分有名。有的报纸发行量超过 10 万份。在这时期，一些进步的报人不畏强权，不惜用生命和良心坚守社会正义，不幸被反动势力杀害。

《京报》创始人、著名记者邵飘萍于 1926 年 4 月被北洋军阀杀害，年仅 40 岁。同年 8 月，《社会日报》主笔林白水被军阀枪杀，年仅 52 岁。

1927 年"四一二"反革命政变后，许多革命报刊被查封或被迫停刊。但在极其困难的情况下，仍秘密出版了一些刊物。在国民党统治区，共产党人和进步人士以报刊为阵地，坚持斗争。最早的倡导者是创造社、太阳社和鲁迅支持的社团和刊物。1930 年"左联"成立，出版了《萌芽》《北斗》等机关报刊。

在民族危亡之际，著名新闻事业家史量才毅然赞同团结抗日主张，《申报》面貌有了变化，为反动派所不容。1934 年 11 月，著名报人、《申报》总经理史量才被特务枪杀，年仅 54 岁。

## 从《红色中华》到《人民日报》创刊

1931年11月,中华苏维埃共和国临时中央政府成立。12月,在江西瑞金创刊的《红色中华》报是中央政府机关报。另一份报纸《红星报》则是中国工农红军军事委员会机关报。各根据地和各部队也出版了一批报刊。这些报刊的出现,揭开了中国新闻史新的一页。

在这个历史时期,邹韬奋主办过《生活》周刊、《生活日报》等报刊,他热爱人民,真诚地为人民服务,鞠躬尽瘁,死而后已,形成了完整的报刊思想。

此外,范长江和斯诺的西北采访活动,在中国新闻史上写下了浓重有力的一笔。

1937年1月,《红色中华》改名为《新中华报》,后来改组成为中共中央机关报兼陕甘宁边区政府机关报。还有《共产党人》《八路军军政杂志》《中国青年》等报刊出版。1940年12月30日,延安新华广播电台开播。1941年5月16日,《解放日报》创刊。

值得一提的是,在1938年至1947年的8年多的时间里,重庆的《新华日报》在以周恩来为首的中共南方局领导下,坚持抗日民族统一战线政策,成为国统区人民心中的灯塔。

随着抗战的胜利,1945年9月12日,中共中央晋察冀分局机关报《晋察冀日报》从阜平迁至张家口出版。1946年5月15日,中共晋冀鲁豫边区中央局机关报《人民日报》创刊。

1948年6月15日,《晋察冀日报》和晋冀鲁豫《人民日报》合并改组,创刊中共中央华北局机关报《人民日报》,实际上发挥党的全国性机关报作用。现在,把这一天作为《人民日报》创刊之日。

1949年10月1日新中国成立,社会主义新闻事业踏上了新征程。

# 第七十六讲：中国新闻史上两篇重要谈话

在学习中国新闻史的过程中，有两篇重要文章读过好几遍，印象至深。文章的精神至今仍在指导着新闻实践。这两篇文章，一篇是毛泽东的《对晋绥日报编辑人员的谈话》，一篇是刘少奇的《对华北记者团的谈话》。

这两篇谈话至今已过去70多年了。如今重读，感触良多。在融媒体时代，如何进一步做好媒体工作，谈话的内容依然有重要价值与启发意义。

毛泽东的《对晋绥日报编辑人员的谈话》是在1948年4月2日的讲话。当时，毛泽东途经晋绥边区，对《晋绥日报》和新华社晋绥分社编辑人员作了这次谈话。

刘少奇的《对华北记者团的谈话》是，1948年10月2日，刘少奇在西柏坡举办的一次记者学习班上的讲话。

这两篇谈话，是马克思主义新闻观的经典文献，是中国新闻史上的重要一页，是我们新闻工作必须遵循的指导思想。

## 毛泽东谈话高屋建瓴意义深远

毛泽东在《对晋绥日报编辑人员的谈话》中主要讲了以下几方面的内容：
——无产阶级党报的作用与使命

毛泽东在谈话中指出："报纸的作用和力量，就在它能使党的纲领路线，方针政策，工作任务和工作方法，最迅速最广泛地同群众见面。"

毛泽东还指出："办好报纸，把报纸办得引人入胜，在报纸上正确地宣传党的方针政策，通过报纸加强党和群众的联系，这是党的工作中的一项不可小看的、有重大原则意义的问题。"

——在宣传工作中贯彻群众路线

在谈到如何办报时,毛泽东强调:"我们的报纸也要靠大家来办,靠全体人民群众来办,靠全党来办,而不能只靠少数人关起门来办。"提出了全党办报、群众办报的思想。

毛泽东还说:"报纸工作人员为了教育群众,首先要向群众学习。""慢慢地使自己的实际知识丰富起来,使自己成为有经验的人。"

——改进报道策略和文风

毛泽东强调,办报纸要"内容丰富,尖锐泼辣,有朝气"。

他强调:"我们党所进行的一切宣传工作,都应当是生动的,鲜明的,尖锐的,毫不吞吞吐吐。这是我们革命无产阶级应有的战斗风格。""用钝刀子割肉,是半天也割不出血来的。"

**刘少奇谈话内涵丰富,方向明确**

刘少奇在《对华北记者团的谈话》中主要讲了以下几方面的内容:

——论述了新闻工作的重要性

刘少奇说:"我们党要通过千百条线索和群众联系起来,而你们的工作、你们的事业,就是千百条线索中很重要的一条。报纸每天和群众见面,每天把党的政策告诉群众。"报纸办得好,"就能引导人民向好的方面走,引导人民前进,引导人民团结,引导人民走向真理。"一方面,党要依靠报纸来领导人民;另一方面,人民要依靠报纸反映心声,这样就把党和人民群众联系起来了。

——记者的职责和任务

刘少奇认为,记者"一定要认真负责地从事你们的事业,要对党对人民有很大的责任心"。他一再强调,"党依靠你们的工作,指导群众,向群众学习。因此,你们做得好,对党对人民的帮助就大;做不好,帮助就不大";如果做错,"故意夸大,反映得不真实,就害死人了"。

——做好党的新闻工作的条件

刘少奇认为，记者必须具备4个方面的能力和素质： 第一，"要有正确的态度"。第二，"必须独立地做相当艰苦的工作"。第三，"要有马列主义理论修养"。第四，"要熟悉党的路线和政策"。这篇谈话为新闻工作者适应新的形势、完成新的任务提出了明确的方向。

**用两篇谈话指导现实新闻工作**

在当前互联网时代，毛泽东、刘少奇在这两篇谈话中的精神依然是新闻工作必须遵循的指导思想。

这两篇谈话标志着我党对无产阶级党报性质、作用、任务、文风等马克思主义新闻观认识成熟，具有里程碑意义。不仅对研究中国新闻史和新闻理论意义重大而且并将继续熠熠生辉。

在新形势下，新闻主力军正在全面挺进主战场，吹响了推进媒体深度融合的新时代号角。在新闻工作中，必须坚持党性和人民性一致的立场。无论是在革命战争年代，还是在新时代的今天，新闻宣传工作必须始终坚持党性和人民性相统一的原则，坚持正确的政治方向，站稳政治立场。要切实维护好、发展好最广大人民根本利益，坚持以人为本。在工作中做到守土有责、守土负责、守土尽责。

新闻媒体必须坚持以社会主义核心价值观引领文化建设，旗帜鲜明反对和抵制各种错误观点，构建网上网下一体、内宣外宣联动的主流舆论格局。为此，必须大力培养全媒体人才，提高主流媒体人才吸引力和竞争力，加快培养和造就一支政治坚定、业务精湛、作风优良、党和人民放心的新闻舆论工作队伍。

有了一大批密切联系群众、全心全意为人民服务的新闻工作者，我们就能把各种媒体办得"内容丰富，尖锐泼辣，有朝气"，就能走好全媒体时代群众路线，坚持以人民为中心的工作导向，贴近群众，服务群众，大兴"开门办报"之风，把党的优良传统和新技术、新手段结合起来，生产出更多更好的群众喜爱的新闻产品。

# 第七十七讲：谈名记者的深厚笔力

在中国近代新闻史上，涌现了一批名记者，他们都有一颗赤子之心，怀着"天下兴亡，匹夫有责"的志向，在新闻界留下了浓重的一笔。他们的一个显著特点是都具有深厚的笔底功力，写出的文章深刻而生动，推动着社会进步。

那么，他们的笔力是如何练就的呢？我们通过了解民国时期报人黄远生、张季鸾的写稿经历与方法，可以获取许多宝贵的经验。

## 知识丰富　深入一线　恪守本真

报界奇才黄远生（1885—1915）是近代新闻通讯的开创者。他在1912年5月至1913年10月一年半的时间内，作为《时报》驻京特派员，发表了130余篇新闻和评论，内容涉及民国初期所有重大事件，如宋教仁被刺、日本对华"二十一条"等，对象涉及孙中山、黄兴、宋教仁、袁世凯、章太炎、蔡元培、段祺瑞等著名人物。

后来，黄远生在1913年12月起担任了《申报》驻京通讯员。到1915年12月，在这两年时间内，他在《申报》上发表通讯110多篇，内容广泛而深刻，主题重大，引人关注。

黄远生在写作中把叙述、描写、议论、抒情等多种表达方式融入新闻中，通过漫谈、书信、日记等体裁不拘一格加以表现。他常用夹叙夹议手法，语言流畅易懂，文风洒脱。他的写作有时达到倚马可待一挥而就的程度，有时为了应急发稿，戏剧节目单的背面都成了他写作的稿纸。

黄远生的笔力那么好，关键在于三点：

一是刻苦学习，有丰富的知识积累。黄远生出身书香世家，从小就熟读经史诗文。18岁时县试中秀才，后又参加乡试中举人，之后到上海震旦学院（今复旦大学）就学。20岁时进京殿试，成为中国科举史上最后一批进士。

后来，他东渡日本学习法律，5年后的1909年学成回国。他学识广博，国学功底深厚，无论对旧学识还是新知识都能很好地掌握。回国后，开始在官场任职，后来，为寻"报国为民"之路而选择进入新闻界。

二是身体力行，深入一线。"不入虎穴，焉得虎子。"黄远生在写作时十分注意现场搜集材料。他总是要搜集自己亲自得来的材料才去写评论。他善于交谈、善于倾听，能从别人的交谈中发现新闻线索，能把看起来杂乱无章的谈话整理成一篇条理清晰的报道。他说："记者须有四能，即脑筋能想，腿脚能奔走，耳能听，手能写。"在采访重要人物时，黄远生总是审时度势，努力接近采访对象，以达到采访目的。如他写出的《记者眼光之中孙中山》等4篇通讯，就是经过反复努力采访而成功的。

三是思想深邃，恪守本真。黄远生的笔力之所以这么强劲，是由于他有着一股"为国民请命"的情怀。他以自己敏锐的洞察力，看到了当时社会的弊病，主张批评与怀疑，冲破悲哀与彷徨，发出了理性与清醒的呐喊。他认为，记者就要敢于监督那些如袁世凯那样的权势者，为社会民生大声疾呼，在动荡变革的社会中发出自己的声音。由于他学过法律，所以擅长利用法律来阐述热点问题，有独到而深刻的见解。

不幸的是，1915年黄远生在美国旧金山遇刺身亡，年仅30岁。

**笔带感情　选题广泛　善于总结**

民国时期著名报人、政论家张季鸾（1888—1941）是新记《大公报》的总编辑。他的文章既多又好，"笔锋常带感情"，写作纵横捭阖，挥洒自如，一生写作文章约3000篇。张季鸾文章的写作特点主要是：

——选题合时，内容广泛。张季鸾办报的年代经历了许多重大事件，如"四一二"事变、"九一八"事变、"一二·九"运动、"西安事变"、"七七事变"等。他抱着"文章报国"的信念，密切关注国际、国内局势，凭着手中的笔，以文章为载体，针砭时弊，坦陈论政。其文章有痛斥军阀和反动当局的，有揭露日本军国主义野心的，有关注社会教育的，有鼓励启发青年的。

——写作迅速，立意深刻。张季鸾接掌《大公报》社论主笔时，常常是看完报纸大样后写社评，这样就保证了社评的时效性。为写好当日的社评，他经常工作到凌晨两三点钟。在1937年淞沪抗战时，在十九路军退出上海闸北的第二天，他就写出了《沪局与国民的觉悟》，对未来抗战形势做出判断，指出"长期抗战，结果是最后胜利"。

——结构严谨，语言平实。张季鸾的文章文风严谨缜密，逻辑性强，立论驳论，层层推进，语言平实，深入浅出。"西安事变"后，他在《大公报》上连续发表几篇社论，主张"救蒋"及建议政府对张学良、杨虎城"宽大处理"。这个观点与当时主张讨伐张杨的观点不同。据说，宋美龄还买了几十万份《大公报》空投西安，以影响时局。"西安事变"最后在中共中央和周恩来主导下，以蒋介石接受"停止内战，联共抗日"的主张而和平解决。

——写作经验，善于总结。张季鸾总结了自己写评论的主要经验：不用冷僻的字和典故，不写过长的句子，不用别人用滥了的成语或句子，对新发生的事不轻易下断论，看不透的问题"学孙行者跳到半空中向下鸟瞰"，多比较但不抄袭，要有主见，说出读者心里想说的事。他的这些写作经验是很珍贵的，值得我们学习。

1941年张季鸾因病逝世。毛泽东等人联名唁电："季鸾先生在历次参政会内坚持团结抗战，功在国家。惊闻逝世，悼念同深。肃电致悼，藉达哀忱。"对张季鸾毕生献身新闻事业给予高度评价。

# 第七十八讲：谈长江韬奋奖

全国优秀新闻工作者最高奖是长江韬奋奖。它是经中央批准，由中华全国新闻工作者协会组织评选的一个奖项，每两年评选一次。

2020年11月2日，第三十届中国新闻奖、第十六届长江韬奋奖评选结果揭晓，评出长江、韬奋系列各10位获奖者。

**这个奖项是怎样设立的？**

长江韬奋奖设立时间为2005年。

在这之前，范长江新闻奖设立于1991年，韬奋新闻奖设立于1993年。

在2005年，范长江新闻奖和韬奋新闻奖合并为长江韬奋奖。其中，长江系列表彰的是以从事新闻采访报道、新闻类节目播音、主持为主的新闻工作者。韬奋系列表彰的是以从事新闻编辑、新闻评论、新闻校对、新闻类节目制片为主的新闻工作者。

中国记协向获奖者颁发长江韬奋奖奖杯、获奖证书和奖金。

长江韬奋奖这个名称，是为了纪念中国现代新闻史上两位红色传媒大家——范长江与邹韬奋。他们是两颗光芒璀璨的巨星，是我国杰出的新闻战士，为发展我国新闻事业，做出了不可磨灭的贡献。

设立这个奖项，是为了鼓励广大新闻工作者继承和发扬范长江、邹韬奋真诚为人民服务的崇高品德和思想作风，表彰德才兼备的优秀新闻人。

## 范长江的新闻实践与思想

范长江（1909—1970）从事新闻工作之初，正是中华民族处于危亡的年代。1935年，26岁的范长江作为天津《大公报》特约通讯员决定到大西北采访，发表了反映当地人民受压迫、各界人士抗日激情高涨、工农红军坚持斗争的连续报道，后汇集成《中国的西北角》一书，轰动国内外。后来又报道西安事变真相，采访了周恩来。还赴延安采访，见到了毛泽东、朱德、廖承志等人。他又把在西北和内蒙古采写的报道汇集出版了《塞上行》一书，畅销全国。他还是中国记协的前身——1937年成立的"中国青年记者协会"的发起人和领导人之一。1939年，加入中国共产党。范长江为中国的新闻事业奋斗了几十年，曾经担任新华通讯社总编辑、人民日报社社长。

范长江的新闻报道特点：关注社会政治问题，关注社会民生，揭露黑暗势力，有浓厚的地域文化特色，对人物刻画十分到位。我们通读范长江的通讯后，便会有深切体会。

范长江在长期的新闻实践中锤炼出经典的新闻思想。这些思想的核心有三点：

——新闻报道要如实反映人民呼声。他认为"报纸是人民的"，记者要"生活在人民当中，真诚地和人民共患难，同甘苦，齐爱憎。"1961年，他写了《记者工作随想》一文，指出：一个记者最基本的锻炼就是人民群众观点的锻炼，记者应活跃在人民群众中间，了解他们的心思、行为。范长江在办报过程中，欢迎广大读者群众为报纸写稿，还提出报社各部门建立通讯小组与群众联系，做到"大家办报"。

——新闻报道要坚持正确的政治方向。范长江认为，新闻报道在反映时代变化中，要以"正确政治认识作指导"。他认为，新闻的政治性"是一个基本的新闻学原理"。他指出："任何报纸与通讯社，都代表着一定社会势力的利益，绝对没有超社会的事情。"为此，在写新闻报道时，他总是选择那些国内外关心的大事，对旧社会的弊政进行尖锐的揭露，具有强烈的时代感和深刻内涵。

——新闻报道要由知识全面的记者来完成。范长江认为,作为记者应当有"全能"素质,加强修养,严于责己。为此,他专门写了《怎样学做新闻记者》一文,指出:记者第一要有坚定的政治态度,第二要有高尚的操守,第三要有广泛储备知识,既要博又要精,第四要掌握相关的技术。这是他结合自己新闻实践得出的结论,至今仍有指导意义。

## "邹韬奋精神"感人至深

邹韬奋(1895—1944)是我国著名记者、出版家、社会活动家。1922年,开始从事教育和编辑工作,1926年接任《生活周刊》主编,1935年起相继创办《大众生活》《抗战》《全民抗战》等刊物。他的文笔有力,抨击黑暗,主持正义,贴近群众。其考察亚欧和北美的文集《萍踪寄语》《萍踪忆语》揭露了资本主义社会弊病,指出:"我们的出路,最重要的是当然在努力于民族解放的。"邹韬奋在实践中形成了马克思主义的世界观。他是1936年震惊中外的"七君子"事件当事人之一,最后在社会各界声援下出狱。1941年,他还去过苏中、苏北抗日根据地。

邹韬奋的办刊特点:怀着强烈的使命感,贴近群众、贴近生活,贴近读者,服务大众。文章选材强调趣味性、新鲜性、知识性。他主张刊物的价值与趣味的统一,应当承担相应的社会责任。他还是一位报业营销行家,在拓展刊物广告业务方面下了很大功夫。在他的不懈努力下,《生活》周刊实现了经营与内容的良性循环。

毛泽东在总结邹韬奋的精神时说:"热爱人民,真诚地为人民服务,鞠躬尽瘁,死而后已。这就是邹韬奋先生的精神,这就是他之所以感动人的地方。"

邹韬奋在办刊过程中设立了"读者信箱",每年会收到数万封读者来信。来信中的问题有大有小,有青年对未来的憧憬,有百姓对困难的诉求,甚至还有如何化解夫妻矛盾的话题。邹韬奋总是不厌其烦地为他们排忧解难，认真回复，不得已时才安排人代复。办刊中还设立了"书报代办部"，为读者购书报、衣服，请医生，找律师，竭尽全力为人民服务。

邹韬奋是一位具有高度社会责任感的新闻人。他说过："农人的苦生活，工人的苦生活，学徒的苦生活，乃至工役的苦生活，女仆的苦生活……都是本刊已载过的材料，也是本刊替民众里面最苦的部分，对于社会的呼吁。"在抗战宣传中，刊物高举抗日救国旗帜，反对不抵抗政策，积极为抗日将士募款，为民族的生存与斗争发出强烈的声音。

邹韬奋曾学过理工科，后来"弃理从文"。他不但中文很好，而且英语很好，还基本上能看懂法文。广博的知识为他的新闻事业打下了扎实的基础。他的刊物招收员工，要求有"敏锐的观察与卓越的见识"，主持评论的人要能"搜集材料，贮蓄思想"。他对新闻从业人员媒介素养的要求很严，从而培养出一批德才兼备的记者、编辑。

我们纪念范长江、邹韬奋这两位中国现代新闻史上的巨星，并设立长江韬奋奖，表彰当代优秀的新闻工作者。我们要以范长江、邹韬奋为榜样，不忘初心，实践"三贴近"，坚持"走转改"，增强"四力"，继承和发扬优良传统，保持为民的情怀，讲好中国故事，为祖国的富强和人民的幸福谱写新的篇章。

# 第8部分

## 提高媒介素养成为多面手

# 第七十九讲：说说媒介素养与网络舆情

## "媒体"二字前"头衔"多

如今，在"媒体"二字前加上的"头衔"十分繁多，什么新媒体、传统媒体、网络媒体、自媒体、多媒体、全媒体、融媒体等等，令人眼花缭乱。

笔者听过一位新闻学老师讲新媒体课，第一个问题是："什么是新媒体？"或许是表达得过于细腻，讲了近一个小时，许多人仍未听懂。

后来，笔者在讲新媒体课时就先问学生："哪些是传统媒体？"学员回答："传统媒体有报纸、杂志、广播、电视等。"笔者接着问："除此之外，现在你们还用什么媒体？"学员们回答："有博客、微博、微信、微信公众号、新闻客户端、手机报、网络电视、网络直播等。"笔者说："对了！这些随着网络技术、数字技术、通信技术的发展而兴起的、相对于传统媒体而言的新兴媒体，就是统称的新媒体。也许过了一段时间后，新媒体又会产生新的形式。"

这样一来，基本上可以理顺了：

传统媒体：是相对于近些年兴起的网络媒体而言的，是传统的大众传播方式，主要包括报刊、户外、通信、广播、电视等。

新媒体：利用数字技术、网络技术、移动通信技术，通过计算机网络、无线通信网、卫星等渠道，以电脑、手机、数字电视机等为终端，向用户提供信息和服务的传播形态。新媒体是个宽泛的概念。

新媒体之中的网络媒体与传统媒体相比较，网络媒体以秒更新新闻，传统媒体以天更新；网络媒体是双向互动，传统媒体则是单向传播；网络媒体的内容空间宽广无际，传统媒体的容量则受到版面、时间限制；网络媒体可以做到个性化服务，传统媒体则是大众化覆盖，无法照顾个性需要。因此，网络媒体逐渐成为信息与舆论传播的主要场合，成为热点事件传播的重要平台。

**为什么要提高媒介素养**

"媒介素养"这个概念是从海外传过来的。早在1933年，外国的两位学者在他们的论文中提到了这个问题。按照定义的解释，媒介素养是指人们在面对不同媒体中各种信息时所表现出的信息的选择能力、质疑能力、理解能力、评估能力、创造和生产能力以及思辨的反应能力。

说得通俗一点，提高媒介素养就是要求人们认识媒体，善用媒体，以推动社会进步；对媒体上发布的各种信息能够正确判断，去伪存真；在生产信息时能够不断创新，熟练掌握新技术，使媒体越办越好。

媒介素养有两个层次：受众的媒介知识与传媒工作者的职业精神。媒介素养就是媒体人和受众在对待媒体时表现出来的品格、能力、水平的综合文化修养。

为什么要提高媒介素养？因为在融媒体时代，媒体在给我们带来各种信息的同时，产生了低门槛、浅阅读、管理滞后、复杂的网络利益格局等问题，使网络可能成为虚假信息的温床。在信息生产、传播和接收过程中，有的网民、新媒体从业者缺乏辨别信息的科学态度，有的人不经认真核实随意转发、评论，扩大了信息的负面影响。还有的人以"键盘侠"自居，在网上寻衅滋事。

各种媒介各具特点，如何熟悉它们、使用它们？面对海量的信息，如何过滤它们、捕捉它们？对各不相同的信息，如何辨别它们、评估它们？从目前情况来看，提高全社会的媒介素养呼声较高，很有必要。

我们要想营造一个和谐的网络环境，规范网络行为，就必须提高信息发布者与公众的媒介素养。

**如何提高媒介素养？**

当我们是受众时，需要不断地加强学习，丰富知识，有较好的理论功底，做到正确解读信息，利用信息，完善自我。在接触到各种虚假信息时，能抵制识别，提高对负面信息的免疫能力。

当我们作为信息发布者时，要做一名优秀的传播者。"花繁柳密处拨得开，风狂雨急时立得定。"在舆论风口浪尖敢说话，会说话。在生产和传递信息过程中，有较强的判断力与理解力，能够熟练地运用互联网技术，熟练地使用电脑、电视、相机、录音机、录像机等技术来制作、传播信息。通过职业道德与业务专业的培训，使自身了解传播实质，明白传播意义，知道话语权的重要性，成为真正意义上的合格传播者。

如何把传统媒体的优势与新兴媒体的优势结合起来，实现传统媒体的改造、升级、融合？如何使两者不再是两张皮，而是完全融合、合二为一？这一切，信息发布者需要在实践中努力加以解决。

推动媒体的融合发展，我们要把技术建设和内容建设一起抓。要按照互联网传播移动化、社交化、视频化的趋势，运用大数据、云计算等新的技术，发展各种新应用、新业态，加强技术攻关，不断提高研发水平，以新技术引领媒体融合发展，促进媒体的转型升级。同时，要适应新媒体传播特点，突出内容方面的建设，创新采编流程，以内容优势赢得发展优势。

总之，读者、记者、编辑、通讯员、新闻发言人、领导干部都要提高媒介素养。尤其是各级干部要有高度的责任心，学习新媒体，管理好新媒体，用好政务微博、微信公众号、直播平台等新媒体，完善网上政务服务，引导好舆论。

在信息发布中，必须严格遵守网络底线，包括遵守法律法规，坚持社会主义制度，切实维护国家利益，维护公民合法权益和社会公共秩序，提倡良好道德风尚，遵守有关保密规定，等等。

### 如何做好网络舆情工作？

什么是网络舆情？网络舆情是网民的各种意见、情感在网上表达与互动的总和。它对现实生活中热点、焦点问题有较强影响力。在互联网传播形式迅速发展的形势下，网上各种思潮接踵而来，观点交锋十分突出，网络舆情日趋活跃。

网络舆情对社会各方面稳定的影响与日俱增。政府、企业及相关职能部门如何把控好网络舆情，关系到稳定、发展的大局，对此应予充分准备。

网络舆情的主要特点：直接性、随意性、突发性、隐蔽性、偏差性和多元化。

做好网络舆情工作，第一，要加强对这项工作的重视。一些单位的重视程度和学习还不够。对于网络舆情的巨大威力和影响，有的机构目前仍没有清醒认知。一些领导认为舆情工作与企业日常经营和政府日常管理工作相比微不足道，不会产生重要影响；有的领导对网民群体存有偏见，认为每天在网上发表言论的网民是发牢骚，是对政府不满，是别有用心，其言论不值得研究；还有一部分领导缺乏互联网知识，不重视学习新知识，以致在面对网络舆情及发生危机时心中无数、手足无措。为此，努力学习互联网和新媒体知识，全面了解网络舆情发展和演变规律，准确把握网络舆论反馈的社情民意，进而提升社会治理和企事业管理水平，已成为各级党政干部和企事业单位相关职能部门负责人的必修课。

第二，要打破固守传统媒体宣传方式，高度重视网络舆论阵地。熟练运用新媒体网络技巧，做好动态反应。要适应分众化、差异化传播趋势，加快构建舆论引导新格局。在突发事件应对时，既采取在传统媒体发通稿，或在纸媒与网络媒体同时发布，又能把握对其他多种新型舆论平台（如微信、微博、公众号、直播）的运用。

第三，妥善处置应对舆情，措施有效。在新媒体时代，政府部门的一言一行被无限放大，相关部门在面对问题时如不能正视舆论和群众关切的问题，必然会导致民众的不信任感加剧，政府部门的公信力和权威地位逐渐被蚕食。

为此，处理舆论不能采取简单、粗暴、一笑了之的态度，而要快速、认真，措施到位，把解决问题放在第一位。"一把手"要重视，指挥得当。实行分级管理，统一口径和步调。把握大局，协调有序，引导好舆论，善于与媒体打交道。好的举措对危机事件往往起到事半功倍的效果，相反，则会产生二次危机。

第四，强化内部培训教育，提升全员媒介素养。应当在权威网络舆情研究机构的指导下，在大数据分析、舆情监测、危机管理和舆情人才等方面加强培训教育工作，培养一批专业舆情分析人员，增长理论积淀和实战经验，为本单位做好全方位、高品质的数据和舆情服务。

"临渊羡鱼，不如退而结网。"网络舆情发展十分迅猛，尤其是随着社交媒体和移动终端的发展，信息传播速度越来越快速，网民参与讨论的规模也日臻扩大，这导致网络舆情信息的总体容量越来越大。应当通过人机结合，进行舆情数据的挖掘、抓取、聚类、分析，进行科学、高效、精准的预警，做好舆情研判，从而为决策提供关键依据。

# 第八十讲：如何成为写文案的高手？

企事业单位里少不了要进行软文创作，在新媒体运行中搞营销策划，要做广告文案、电商文案等。面对各类文案，怎样策划？怎样撰写？在写作中需要注意什么问题？怎样才能做出与众不同、高人一筹的作品？对此，值得研究与探讨。

**找好一个目标**

做一个优秀的文案，首先要确定你的文案的目标群是谁、用户是谁，是高校学生还是医生、护士？是青年男士还是中年妇女？是中小学生还是白发老人？一些顶级文案至所以能异军突起，声名鹊起，口口相传，原因是它们紧紧抓住了既定的精准目标。

有一个教育机构针对不同年龄段的人群做了几个不同的文案。

有针对"90后"毕业生的，有针对"50后"人群的，有针对孕妈的，有针对夫妻档的，还有针对母女共学的。

由于各个文案都有指定的目标群，做成广告牌后分别向不同的人群宣传，就能达到扩大招生的目的。

此外，还有的奶粉的文案上写道，这种奶粉是"根据中国宝宝成长曲线合理匹配营养成分，从挤奶到加工两小时，用新鲜生牛乳（鲜奶）制作，天然含有OPO，更适合宝宝娇嫩肠胃吸收。一年超一亿五千万罐被妈妈选择，更适合中国宝宝体质。"其针对性很明确：中国宝宝。

又如，销售裤子的文案可以多种多样。

对女士，可以写：展线条之美，做完美女人！展优雅身材，做精彩女人！以及做有品位的女人、做优雅女人等。

对喜欢穿牛仔裤的人，可以写：就能这么酷，美得自信，爱上自由、自在、自我，不需刻意雕饰，你也自然出众！城市牛仔风情，给你想要的美，想怎么美就怎么美，等等。

某一位相声演员代言的羊毛裤，说它暖和、轻省、弯腰不露腰，则是针对老年人的。

**讲好一个故事**

许多优秀文案作者都是讲故事的高手。一个文案可以讲一个故事，也可以讲几个故事。强烈的叙事风格和故事情节，能够引起用户的好奇心和新鲜感，同时，也使用户在不经意中对产品与服务产生了好感，从而产生了购买与参与的欲望。

支付宝在做文案时就讲了不少故事。

有一个是讲述在外地的年轻人的故事："千里之外每月为父母按下水电费的'支付'键，仿佛我从未走远（为牵挂付出，每一笔都是在乎）。"讲的是年轻人有孝心，每月通过支付宝为父母水电费买单。

有一个是讲述老年人商户的故事："洪蓉芳67岁，个体商户——'自从孙女给我弄了支付宝，每天早上来买饼的年轻人翻了倍，他们夸我，阿婆，你好潮啊！'"

其他，还有讲述出国者、旅游者的故事。这些文案故事加上场景化的照片，显得生动而新颖，自然会给人留下深刻的印象。

前几天，笔者在北京街头看到一个某购物平台"家装节"的广告宣传牌。其文案内容讲的是买家庭装备既可优惠又可以轻松地在家获得的故事。文案的文字不多："家装无难事，只要有……，每满300元减40元，大件产品免费送货，不用自己动。"这种体验式的故事，自然会抓住在这方面有需求的用户的心。

## 做一个好标题

文案的标题特别重要。它字号大,是第一个进入用户眼球的信号。

做标题不是喊口号,而是要细致入微地击中用户的"痛点",关注用户的急切需求,最大限度地为用户服务。

标题写作的基本准则是真实、精准、有创意、带情感。常用的手法有借势法、悬念法、对比法、趣味法等。

借势法。有一种矿泉水的广告词为:"我们不生产水,只是大自然的搬运工。"它想说明什么问题?想说明的是,这种矿泉水是"纯天然的,没有添加剂,安全"。它借势于"大自然"。

有一种是借势名人的标题,它能快速抓住客户的注意力,因为名人的知名度高,信誉高,易被人接受。如《赵雅芝年轻20岁的秘密》《李冰冰最迷人的包包》等,就是借助明星效应,为化妆品、手提包做广告宣传。

悬念法。此法是在标题中用一个问号,提出用户想要知道的问题,在文案中予以解答。

如:有一家培训机构的文案标题是《我是如何从失败中崛起,然后走向成功的?》,其意思是,失败不可怕,通过培训可以让参加者走向辉煌。

另一个针对营销人的文案标题是:《现代营销人进阶之路:如何从零开始成为营销技术专家?》,这里强调的是,如何"从零起步"到"成为专家",这个悬念可以在文案中找到答案。

对比法。有一篇关于职场晋级的文案,其标题是《策划小白,两年,从月薪2000到年薪50万》。这里面,就用了强烈的对比,让求职者非常想了解,晋升这么快到底有什么"秘诀"。

"今年20,明年18"这个护肤用品的广告语,显然是让人觉得越用会越年轻。

趣味法。此法已越来越多用在文案上了。一个巧妙的趣味性标题,不但可以勾起人们的好奇心,而且能增强人们的购买欲。

如：有一个包装手提袋的文案，印在手提袋上的短句有："你就装吧""装得漂亮""装可爱""装穷"等，让人看了后忍俊不禁，在微笑中接受。

**选一个好时机**

文案发布的时机十分关键。有节日的节点，有气候变化的因素，有地区的差别，有人群的差别。在夏天发布保暖羊毛裤的广告效果不会好，在冬天发布短袖T恤衫的广告也肯定会受冷落。

有一位诗人写了一首诗，说的是时间推动过往。

诗云："正值盛夏，正午的骄阳于傍晚变成迟暮的黄昏，滂沱的大雨也于第二天变成叶尖的露珠。仿佛所有美好的事物，都在这个季节到达鼎盛。但最火热的季节，也承载着最盛大的离别。时间终会散场，随之而来的便是经久不衰的思念。"

我想，这也许可以成为文案发布应当选择最佳时间的诠释吧！

# 第八十一讲：如何避免新闻报道的片面性、绝对化？

小时候，听过"盲人摸象"的故事，说的是有4位盲人去摸大象，第一个摸身体，说大象像墙；第二个摸脚，说大象像树干；第三个摸鼻子，说大象像水管；第四个摸牙齿，说大象像玉一样的长棍子。由于没能看到整个大象，他们只了解局部的真实而不知整体的真实，犯了盲目性、片面性、绝对化的毛病。

写新闻报道可不能盲人摸象，不能犯以部分代替整体的毛病，更不能因主观臆断而导致失实。

**20世纪五六十年代的教训**

在20世纪50年代后期，由于"大跃进"而造成的新闻报道浮夸风，就是一次深刻的教训。1958年2月，报纸上提出，"工业建设和工业生产要大跃进，农业生产要大跃进，文教卫生事业也要大跃进"的号召。在当时的报纸上，农业生产"放卫星"的消息争先恐后发表。6月初，先是放出小麦亩产2105斤的"卫星"，过了几天，又曝出小麦亩产7320斤的"卫星"。之后，粮食亩产纪录不断被刷新。不出半个月，水稻亩产已高达3.69万斤。"人有多大胆，地有多大产"的口号出现在报刊上。

在工业报道上，大炼钢铁"放卫星"愈演愈烈。报纸上开辟了"比一比"专栏，汇总各地炼钢的计划数和完成数，给各地造成很大压力。虽然到1958年年底说是超额完成了炼钢任务，但大量的土法炼钢的产品并不合格。当时的报纸上，宣传的是"不怕做不到，只怕想不到，只要能想到，一定能做到"的"唯意志论"。有的新闻工作者反映了真实情况，却被扣上"右倾分子"的帽子，受到不公正的待遇。

那些年，新闻宣传工作中的浮夸风、瞎指挥风、片面性十分严重，"左"倾错误思想发展开来，讲过头话成常规，讲成绩无限夸大，弄虚作假时有发生。

即使在那样的形势下，仍有一批记者坚守岗位，写出了一批优秀作品。在60年代初，产生了《为了六十一个阶级弟兄》、攀登珠峰、雷锋、好八连、大庆人、焦裕禄等先进典型的报道。

**片面性报道危害大**

最近几年，片面性报道的风气有所收敛，但时不时会冒出来。我们依然可以看到在新闻报道中的一些不良倾向。

有的新闻报道喜欢用一些夸大其词的空话、套话来壮声势，吹喇叭。对落实工作的报道，常用词都是"第一时间""全覆盖"。对取得成效的报道，喜欢用"满分作业""超硬核"。一丁点儿事情常常被任意拔高、吹嘘。

在报道影视圈时，"影帝""影后""巨星""天王"一个接一个亮相。在报道新技术时，"最新""最高""最好""最先进科学"全都写上。在报道新产品时，"最佳""最高档""最著名""最时尚"等具有强烈评价色彩的词语满天飞。

在报道人物时，喜欢拔高，往人物身上贴金，认为只要事实基本准确，怎么"吹"都行。为了突出人物"忙于工作"，可以让他不顾父母生病，不顾妻子分娩，不顾孩子学习，不讲科学，不讲政策，几乎不近人情。

2020年，网上曾多家报道一个独臂快递员的故事。说的是这位快递员靠一只手送快递10年，日子过得红红火火。本来这是一篇励志的报道，可是写作者却犯了夸大其词的毛病，说他在2020年"双十一"期间，每天送快递2000件，一天接几百个电话，等等。读者读后，一片质疑声。就算1分钟送1件快递，2000件快递要送33个小时啊！怎么可能？

**片面化报道产生原因分析**

究其新闻报道中片面化、浮夸风的产生原因，主要有以下几条：

——辩证之法，学得太少。有的记者、编辑学习辩证法太少太浅，不会全面看问题。唯物辩证法的基本观点是认为事物是运动的，是在不断发展和变化的。因此，对事物的量变与质变应了解其过程，对前进与曲折应辩证地认识，要充分认识事物的客观性和多样性。这样，才能从总体上把握好报道的大方向。学好辩证法，写作才能有"度"，讲成就实事求是不夸大，讲缺点恰如其分不掩盖。

——知识面窄，辨别力弱。知识储备不足而造成一些绝对化、片面性，甚至虚假的报道。如水稻亩产3.69万斤，是什么概念？相当于历史最高水平的10倍，这有可能吗？

——缺少调研，道听途说。由于只听一面之词，往往上当受骗。有的人写作是在"玩新闻""编故事""摆龙门阵"，不知新闻人责任之重，热衷于街巷传闻、明星轶事。缺乏社会责任感的后果必然是谬误频出。

——形式主义，作风飘浮。只求数量不求质量，一篇又一篇，写起来洋洋洒洒，内容空洞，不着边际，套路文章多，成了现代"八股文"。许多文章好像是一个模子里倒出来的，带给读者的只会是枯燥与沉闷。

——急功好利，沽名钓誉。有的领导干部好大喜功，总想把好词用尽，成绩说满，把荣誉拿足，为此，喜欢作秀，乐于显摆。而一些记者由于缺乏深入的调研，或只把报道当作应付的差事，录音机式地写出了一些脱离现实的报道。

作为一名新时代的媒体人，应当具有高度的政治责任心，提高思想修养和知识修养，对社会负责，对人民负责，对历史负责，以忠于职守、勇敢坚定、实事求是的姿态履行职责，在新闻报道中遵循真实性的原则，杜绝片面性、绝对化的报道，努力完成时代赋予的光荣任务。

# 第八十二讲：网络新闻如何做得更有深度？

追求深度报道是新闻人的目标。在报纸、杂志不断推出深度报道的形势下，如何把网络新闻做得更有深度？这是网媒人急切关注的话题之一。

具有新闻采访权的网络媒体，可以根据记者采访得来的第一手材料进行报道、分析与评论。但是，有不少网络媒体尚未有明确的新闻采访权，只有新闻刊登权，因此，这些网媒组织网络新闻的主要工作是选题策划与编辑稿件。

网站编辑把新闻稿编好并开展分析、解释、评论，通过网页、论坛、博客、微信公众号等媒介，运用文字、图片、短视频、音频等手段进行传播。

**网络新闻的基础工作**

为了使网络新闻做得有深度，选稿工作是第一步。选稿有人工选稿和通过关键词自动抓取两种方式。当然，用人工方式更为接近选稿者的意图，也可体现编辑人员的水平。而用软件自动选稿往往会漏选或错选。网络编辑可根据稿件新闻价值的大小，将稿件安排在网页适当的位置上。

选稿标准必须是要符合国家法律法规，符合社会主义核心价值观。要选那些新闻要素丰富的稿件，即选时效性强的、有意义的、接近群众生活的、具备知识性的、读者有兴趣的稿件。

新闻信息的来源要有出处，未经许可不转载商业网站信息。不选非正规来源的信息，对网上的谣言、传言必须高度警惕。

### 网络新闻的重点工作

网络新闻的重点工作在于改稿、做标题。选出的稿件必须经过修改。因为来稿的渠道不同,在修改上下的功夫也不同。一般来说,来自传统媒体的稿件,修改的工作量小。而来自网民投稿或自媒体上的稿件,需要多下一些功夫。尤其是对一些政治敏感话题,要认真把关,严肃对待,以免造成不良社会影响。

根据网页的要求,为每一条网络新闻做一个好标题。网络上的标题一般要求单行题、实题,每个标题的字数(包括标点符号)控制在 12 字至 20 字为宜。字数太少,关键信息传达不出去;字数太多,网页主页上一行、手机主页上两行,排不下,后面的文字内容被湮没了,都成了省略号。

标题要做得突出关键词,有读者爱看的兴奋点,让人看了以后有读正文的冲动。同时,标题要防止故弄玄虚,防止摆噱头的"标题党"。

### 网络新闻的提升工作

网络新闻的提升是使网络新闻达到深度报道的关键点。

深度报道是影响力最大的报道形式。深度报道由于其角度的多样性、主题的鲜明性、思维的辩证性、条理的清晰性,可以帮助受众了解事件的来龙去脉,以寻找出事件的真相。

解读时政、深度分析、专题评论是经常采用的方法。深度要以事实为基础。在挖掘事实的基础上,抓住受众心理,循循善诱,步步深入,层层递进,奉献给受众最佳的精神产品。与传统媒体相比,网络可以通过文字、图片、音频、视频等多种形式传播信息,可以多角度地开展连续报道,把道理讲得更透。

人民日报海外版旗下的"侠客岛"微信公众号,会对一些社会热点问题进行分析与评论,如有 2020 年 10 月 16 日的《她们为啥会痴迷"假靳东"?》(阅读量 10 万+)、11 月 23 日《延迟放学,让"996 父母"松了口气》(阅读量10万＋)、11月24日的《"网上办"别忘了给老人开条绿色通道》(阅读量8.5万)、11月27日的《劣迹艺人通过直播复出？必须封杀！》(阅读量10万＋)等等。这些报道，从当前的社会现象出发，丝丝入扣地分析了目前中老年人情感诉求缺失问题、对放学后托管孩子问题、"扫码时代"如何善待老人问题、封杀劣迹艺人"直播捞金路"问题，得到广大受众关注。

在上述评析文章发表前，有关消息已经在网上报道过。但是，这些消息是群众十分关注的、感兴趣的、想解决的。对这些网络消息进行解读和分析，就有受众基础。评析文章的优势就在于它的"深度"，即不仅要复述发生了什么，还要究其原因，探索、分析发生的根源，以及如何预防。因此，这类报道会产生巨大的社会功能，在舆论引导上能够发挥作用。

**信息反馈与专题报道**

深度报道的信息反馈十分重要。互联网新闻的优势是迅速与互动。反馈快，反馈多，回复精彩，可以使信息更加全面与充分。不少受众在阅读正文之后，也喜欢看反馈信息。不同观点、不同角度的留言可以为深度报道加分，成为全篇报道不可或缺的内容。

此外，在必要时可以在网页上制作网络专题。在编辑部策划选题后，确定专题内容，把各个来源的这一类新闻加以集纳、整理，用专题的形式呈现给网民。这种"集合类深度报道"的专题方法之所以受到欢迎，是因为它把好几篇关于同一个主题的文章链接集合，采用"追光"的手法，把事件发展的连续性表现出来，从开始到结束，每个阶段的情景都有展现。受众接受的是全方位的情况，因此比较"过瘾"。

在深化改革的过程中，许多社会问题会凸显出来，如劳动就业问题、社会保障问题、社会治安问题、环境保护问题、收入差距问题、孩子教育问题、家庭矛盾问题、医疗卫生问题等等，网络深度报道肩负着为受众释疑解惑的责任，可以大有作为。许多网站已经开始进行积极的探索，必将取得可喜的成果。

# 第八十三讲:"请示"与"报告"的区别

为丰富职工文化生活,阅览室需要添置一批图书及文具,刚工作不久的办公室秘书小王给领导写了一份"请示报告"。没想到,领导看了一眼就退回来了,要求重写。

为什么要求重写呢?小王百思不得其解。难道是内容有什么问题?

小王向有经验的同事请教,同事告诉他:"'请示'是'请示','报告'是'报告',不能写成'请示报告'。"小王这才恍然大悟,学习了行政公文写作规范与技巧的知识后,把"请示报告"改成了"请示",递了上去,获批后把事情办成了。

### "请示"与"报告"都是上行文

当前,有的宣传干部、通讯员身兼数职,既要写新闻稿又要写公文,有的人还分不大清楚新闻稿与公文的区别,所写的新闻像公文,所写的公文又不够规范,因此需要掌握这方面的知识并加强训练。

行政公文分为上行文、平行文、下行文、泛行文4种形式。

上行文是下级机关把公文送到上级机关。

下行文是上级机关把公文送到下级机关。

平行文是不相隶属的、同一系统或不是同一系统的机关之间互送的公文。

泛行文是面向整个社会的、公开的公文(如通知、公告)。

"请示"属于上行文,如科长向处长写个"请示"、分公司向总公司书面请示一件事，都是上行文。

"报告"也是上行文，如去外单位交流工作回来后，向领导作个书面汇报，就可以写一篇"关于赴某地某单位学习交流考察的报告"。

"请示"和"报告"是上行文中常用的形式。然而，两者是有区别的。

**"请示"与"报告"的区别**

有的学员在写行政公文中弄不清楚"请示"与"报告"的区别，有时搞混了，有时干脆写个"请示报告"。

其实，"请示"与"报告"是两种不同的公文。

"请示"是下级机关或个人向上级机关或领导的发文。在"请示"中，下级提出的问题必须是自己无权做出决定和处理的，需要上级批准，这才写"请示"。其行文的基本原则是一份"请示"只写一件事情。这样，就较方便上级机关及时研究答复。如果写了好几方面的事，批复就比较烦琐，有的同意，有的不同意，有的需要研究后再答复，这就使问题不易得到迅速解决。

"请示"只送一个主送单位，不要多头送。谁能解决这个问题就送谁。比如，给职工办出入证的问题，要看出入证是谁有权办。如保卫处负责此事，就向保卫处行文；如办公室负责此事，就向办公室行文。如公司采购办公用品，是总务部负责，就向总务部写"请示"；如是后勤部有权批，就向后勤部写"请示"。

"请示"只是下级向上级用的公文，同级的不用"请示"，对下级更不用"请示"，也不抄送下级。

"请示"的结语应另起一段，常用语句有："特此请示""当否，请批示""妥否，请批复""以上请示，请予审批"或"望有关领导能及时解决为盼""以上请示如无不妥，请批转各部门研究执行"等。这些用语，都是在等待上级部门的答复。答复之后，才决定办或不办。

上级部门收到请示后，不论同意还是不同意，都要批复。

## "报告"的种类与写法

下面，再来讲一讲"报告"。

"报告"也是上行文，是下级部门向上级机关汇报工作、反映情况、提出建议、答复上级机关的询问的公文。这种公文经常会用到。

报告分为主动报告、被动报告、例行报告。主动向上级机关汇报工作、反映情况的，叫主动报告。下级完成上级交办的工作而汇报，或者答复上级的询问而汇报，叫被动报告。按照工作性质和惯例，定期的报告叫例行报告。

"报告"的内容主要是下级向上级汇报讲述最近一个时期做了些什么工作，有什么情况、经验、体会，存在什么问题，今后有什么打算，有什么意见、建议等。按内容分有工作报告、情况报告、调查报告、答复性报告、检讨报告等。行文上一般都用叙述方法，而不是像"请示"那样采用祈使、请求等句式。

接到"报告"后，上级领导可以批复，也可以不批复。一般情况下，不需要批复。由于"报告"是互通情况的文件，因此，在"报告"的结尾，一般不必写上"以上报告当否，请指示"等字样，而可以写上"专此报告""请审阅"等字样。

## 不再写"请示报告"式公文

从以上的分析我们可以了解到，"请示"与"报告"是两种不同的公文，有着不同的目的、不同的用途。

据此，我们可以得出以下几点结论：

1. "请示"是下级向上级请求指导、批准的公文，上级接文后要给予批复。"报告"是下级向上级汇报工作，反映情况、提出建议，供上级了解情况。上级接文后，不一定给予批复。

2. "请示"一文一事,内容明确。"报告"内容较广泛,反映多方面情况,但不能在报告中写入请示事项。

3. "请示"的写作呈事前性。"报告"的写作呈事后性。

4. "请示"时间紧迫,行文较短。"报告"行文较长,时间性要求一般。

明白了上述这些基本规则后,就知道两者不能混用,也就不会写出"请示报告"式的公文了。

# 第八十四讲：企业报如何提升传播力？

在全媒体时代，企业报如何不断提升自身的传播力、引导力、影响力、公信力？这是新形势下必须面对的问题，也是加强媒体融合发展的战略要求。

笔者曾多次参加企业报（含高校校报、医院院报）的评比工作，阅读过成百上千份企业报。在评比过程中发现，有的办得很正规、很精彩，但也有一些从内容到形式均存在差距。

随着新媒体的蓬勃发展，作为传统媒体一翼的企业报面临着严峻的挑战。企业报该如何应对？企业报应该办成什么样的报纸？如何让读者喜闻乐见？下面，我们一起来探讨一下。

**不断完善企业报的作用**

企业报是企业的一张名片。内行人看一份企业报，看一下办报质量，便可大体知道该企业的实力与经营管理水平。因为企业的经营活动、经验、企业文化都一目了然地反映在这份报纸上了。

企业报对内是建设企业文化的重要工具，对外是树立企业形象有力法宝。这双重作用缺一不可，必须同等重视。许多优秀企业家之所以重视企业报，敢于在人力、物力、财力上投入，即是看到了办好企业报纸的重要意义。

完善企业报作为企业舆论阵地与企业观点传播渠道的功能，加强企业报作为企业文化的建设手段，让企业报在员工的沟通和形象展示上发挥更大作用，是企业报的重要任务。在当今传播模式多元化、传播对象分众化、媒体融合加速化的状态下，企业报在传达好领导班子意图、加强上下级沟通、传播好企业（单位）品牌、培训员工方面可以大有作为。

企业报不是单纯的领导专刊、成绩专刊、工作总结发布栏。领导层的工作动态、计划与意图，可以在企业报上报道，但这只是报纸的内容之一，而不是全部。我们只有把眼光放宽放远，通过内容与形式的创新，深刻领会并完善企业报的作用，才能把报纸办得丰富多彩，引人入胜。

**深入研究企业报读者对象**

我们的报纸是办给谁看的？这个问题太重要了。心中有读者，报纸才能有特色，才能贴心，才会出彩。

企业报的读者包括哪些人呢？应当包括员工、家属、客户、兴趣公众、合作单位、同业单位、上下级单位、行业管理部门和协会单位、媒体，等等。

这些读者除关心国际国内大事以外，他们关心企业的什么呢？这正是报纸要表达与引导的内容。新闻是新近发生事实的报道，它是具有新意的、经过选择加工而及时公开传播的信息。为此，我们在采编新闻稿件时，必须把握好新闻的新鲜性、真实性、重要性、显著性、接近性、趣味性等一系列特性，既不可失真，也不能陈旧和枯燥无味。

对新闻的要求是，必须坚持正确的舆论导向，具有正能量，贴近实际、贴近群众、贴近生活，文风是活泼的，让读者喜闻乐见。在深入研究新形势下受众的心理特点和接受习惯后，我们无论是写稿还是摄影，就不会简单地当"搬运工"，不会把一般的工作总结稿、表扬稿当作新闻稿，而是要学会选择、学会加工、学会评析。

在采访中，不做简单的录音机；在写作上，带着感情去写；在策划时，要有深度、温度、锐度；在提问时，要切题、入情、引起听众共鸣；在展示成就时，要看到取得成就的原因；在反映问题时，要找出克服困难的办法。

报纸只有与职工共命运,与企业同发展,与同时代共呼吸,才是读者所需要的。

**以优质的内容吸引读者**

常言道:"内容为王。"在办报中,内容总是第一位的。我们要以优质的内容吸引受众,这是企业报最重要的生存之道。

好的内容出自记者与通讯员之手,出自各个版面、栏目。对栏目的设置,要深入研究栏目的内容是否具有广泛的关注性和可读性,是否与企业的发展目标相一致,是否有创意,是否有特点。而要做到这一切,就必须对企业的文化、战略、目标等有深层次的认识和把握,对企业报的目标读者群构成与比例有深入的研究。可以在编辑部开几次会以讨论、决定版面、栏目的策划,可先由总编辑提出一个方案,集思广益,确定执行。

笔者曾为某企业报设计了一些栏目,供他们参考:公司动态、品牌宣传、特写、员工心声、专题、评论、管理知识、人物通讯、产品知识、客户关注、时政短讯、文艺副刊。

对栏目设置确定后,可根据需要不定期地进行修改、补充、更新。栏目中内容要考虑多品种,如消息、通讯、评论、图片等。栏目要有利于稿件分类与读者投稿。重要节日及主题活动前,可以开展征文活动。

有的企业报每期4版,大致安排是:第一版要闻,第二版生产经营,第三版人物及企业文化,第四版副刊。各单位可根据实际情况变动。每个版面上可以有些专题栏目,如先进人物、走基层、佳作速览、杂谈等,可用报花标出。在报纸首页、杂志封面,可摘取重要的栏目与文章标题予以介绍,以引起读者关注。

**实现企业报的多重功能**

在办报过程中,可以主动切入议题设计,开展新闻策划与选题,提高引导水平。同时,要提升公信力、采集力、发布力、亲和力,以用户和市场为导向组稿,提高受众黏性。

一份好的企业报,它传播广,影响大,可以具备多重功能:1. 形象功能——树立形象,扩大影响。2. 沟通功能——上情下达,下情上达。3. 联络功能——联系作者,联系读者。4. 资料功能——便于保存,利于查询。5. 休闲功能——图文并茂,副刊有料。6. 广告功能——广而告之,有利促销。

在办报的过程中,逐步熟练地运用新闻手段,使这些功能一步一步地健全与强化。

一些企业报版面上经常出现的问题有:会议消息过多,有的稿件内容平淡,有的标题过长,动态照片少,评论文章少,人物报道少,排版单调呆板,等等。企业报的记者、编辑要研究一下,如何在实践中改进这些问题。

除了办报工作人员的努力外,还必须动员各路人员参加。这其中,企事业单位的主要领导人的关心、支持显得特别重要。对办报方针、内容、形式的指导,企事业负责人有时会起到一锤定音的作用,当然还有办报经费方面的支持。

企业报的撰稿人员主要是企事业内部人员,同时可以吸纳外部有关方面人员及专家参与。适当地整合"名人""名嘴"和"名衔"加入撰稿人队伍,选择并约定一些有分量的稿件,不失为增加信息量的办法之一。

对于企业报的通讯员队伍,应当逐步完善、扩大,定期总结、培训,表彰先进。可以请一些新闻单位里有水平的资深记者、编辑为大家上课,回答大家在工作中遇到的问题。对已出版的报纸,可以一期一期地评一评,指出其优点与不足。这样做,往往见效快,收获大,学员们的采编水平得以迅速提高。

**企业报与新媒体融合发展**

在互联网时代,报业适应和融入全媒体时代是一种必然选择。企业报应该主动去适应移动互联网的发展。不应简单地认为把报纸上的文章往网站、微信公众号、网络直播等新媒体上一贴就是报网互动了。这种搬运式的操作方式并不是真正意义上的报网融合。

纸质媒体目前正呈衰退之势，这是无可避免的。但是，只要我们把纸质媒体的公信力、权威性、深度报道优势、可保存性与新媒体实现资源整合、优势互补，纸质媒体就可以长期生存，这也是它今后发展的方向。

从另一角度来看，新媒体又是企业报的延伸。网络媒体的内容比企业报更丰富，更新更及时，反馈更迅速，这是它的特长，必须加以保持与发扬。如果把网络媒体办得又慢、又旧，内容也不多，又无互动，那还要网络媒体干啥？网络媒体的即时性、开放性、互动性、自主性、便捷性决定了我们在办网络媒体时必须有互联网思维、有技术手段，重视技术核心和技术人才的培养。

全媒体时代的到来，使新闻的生产、传播和受众阅读习惯都发生了深刻的变化。加快推进并提升企业报的传播力，已成为当下备受业界关注的话题。我们需要积极地在观念、内容、形式、手段、载体方面进行创新，努力把企业报办出新水平，使之呈现新面貌。

# 第八十五讲：写好会议纪要

单位里刚开完一个会议，领导让担任会议纪录的小李写一个会议纪要。小李一听到这个任务心里有点紧张，怎么写？感到无从入手，很犯难。下班后，他一边求教他的老师，一边学习公文写作基本知识，在弄清楚会议纪要的基本要求后，当晚就写出了他参加工作以来的第一份会议纪要。

**为什么要写会议纪要？**

笔者曾在报社的办公室工作多年，接触过各种公文，如通知、通报、请示、报告、简报、意见、函、批复、会议纪要等，会议纪要是行政公文中的一种形式。

什么是会议纪要？会议纪要是会议结束之后，用于通报会议情况和议定事项的公文。

并不是什么会议都要写纪要，只有重要和比较重要的会议才要写纪要。会议纪要的作用是全面地记载会议情况，便于会后向更多的人传达，或向有关单位通报，或向上级单位汇报，也便于日后备案查阅。

会议纪要既可以下发，也可以平发，还可以上发，是一个行文方向多向的公文。

**纪要不同于记录、简报**

会议记录是秘书在会上用笔记下的会议全过程，包括每一个人的发言内容；或根据录音整理出来的会议全部内容。而会议纪要则要将会议记录和其他会议材料（如简报、专题书面发言等）进行整理、筛选、提炼，有条理地加以概括，形成文字。

会议纪要也不同于会议简报。会议简报可以在会议进行中印出，也可在会议结束后印出。会议简报有时只议一个题目，不全面。有的简报只是介绍某个人观点，只具参考性。

一个会议可发多份简报，但是，一个会议只能有一份会议纪要。会议纪要具有比会议简报更强的知照性，比简报更权威更有效力。

**抓住"纪"和"要"关键字**

写会议纪要时，要紧紧抓住"纪"和"要"这两个关键字。

会议纪要中的"纪"，指的是纪实、真实，不能失真，不能虚构，不能凭空想象，要求真实地写出会议概况，介绍各种观点，归纳达成的公识，写清会议所做出的决定、决议。

会议纪要中的"要"，指的是突出要点，抓住重点。作者要具备较强概括、归纳能力，选择会议重要、关键、具体的内容成文。而不是拉拉杂杂什么都写，不能写得与会议记录基本一样。

会议纪要成文后，在读会议纪要的人中，有一部分是参加这次会议的，有一部分是没有参加会议的。前一部分人虽然参加了会议，但可能记录得不够详细，了解得不够全面，也未能加以概括。后一部分未参会的人，需要了解会议基本情况，了解会议提出了什么问题、解决了什么问题、提出了什么意见。为此，会议纪要必须是翔实的、全面的，阅读起来又是便利的，使这两部分人的需求都能得到满足。

**会议纪要的基本写法**

一、会议纪要的标题

如果会议的名称是"某某工作会议"，会议纪要的标题则可写成"某某工作会议纪要"。例如:"某某省林业工作会议纪要""某某市长联席会议纪要"。

如果会议的名称是"某某研讨会""某某交流会""某某座谈会"的,会议纪要的标题则可写成"某某研讨会会议纪要""某某交流会会议纪要""某某座谈会会议纪要"。例如:"某某工厂节能研讨会会议纪要""某某公司用户座谈会会议纪要"。

就是说,某个会是"会议"的,可直接在会议名称后写上"纪要"2个字。

某个会是"研讨会""交流会"的,则要在会议名称后加上"会议纪要"4个字。

**二、会议纪要的正文**

会议纪要的正文包括3个部分:开头、主体、结尾。

1. 开头部分:写会议召开目的、主办承办协办单位、起止日期、召开地点、与会人员范围及主要领导名单、议题、议程、成效、决议等。这与写消息的导语差不多,但比消息的导语更详细。

2. 主体部分:通过对会议材料的归纳整理,把会议的内容逐条写出。例如,评价过去的工作,总结经验教训,阐述面临的任务,提出希望与要求,内容可逐一展开。还可以写研讨会、座谈会、交流会中达成的几点共识,再写不同的有代表性的观点。

3. 结尾部分:一般情况结尾部分最常用的写法是,"会议要求……""会议希望……""会议号召……",即指明如何贯彻落实好会议精神,鼓舞士气,再创辉煌。也有一些会议纪要的结尾比较简单,只是一个说明。如"会议商定,下一次会议于7月份在某某地举行,请有关部门做好各项筹备工作"。

**三、会议纪要的用词**

在写作中,不要用第一人称写,即不要写成"我们认为""我们指出"。而要用第三人称写,写成"会议认为""会议指出"。

在写会议纪要时,常用的词汇还有"会议听取了""会议研究了""会议要求""会议强调""会议商定""会议号召"等。这些词,在适当处可用,不一定每段开头时都用"会议强调"。

会议纪要中还有一些词是经常用到的。以下词汇可作参考：传达、介绍、回顾、交流、分析、审议、通过、提出、讨论、决定、同意、明确等。这些词在记录会议的进程中显得十分必要，应根据会议进程具体情况，选用不同的词汇，在写作中灵活加以运用。

**会议纪要的公文格式**

会议纪要的格式，视情况不同，可以用"单体行文"发文，也可以用"复体行文"发文。

所谓"单体行文"，指的是会议纪要标识由"某某会议纪要"组成。例行的日常工作会议纪要，要用这种格式。有些重要的会议，也用这种独立直发式。

所谓"复体行文"，指的是"被批转""被印发"的会议纪要。在公文首页，有关发文单位往住会加上"批转某某会议纪要的通知""关于印发某某会议纪要的通知"等句子，并提出"请结合实际，认真贯彻执行"等要求。这种格式叫作"复体行文"发文形式。这种发文形式，向上级发文时，会议纪要是作为"报告"用的。向下级发文时，会议纪要相当于"通知"的作用。平行发文时，会议纪要相当于"函"的作用。

有的单位有固定版头的会议纪要纸，可以在版头上填上时间、地点、出席人、主持人、列席人、记录人等。

有的会议纪要可以在行文的最后写上出席人、列席人名单。这要视情况而定，无统一规定。

会议纪要一般不加盖公章。成文日期有的可以放在标题下方，用括弧标出。

会议纪要是公文，一般情况下不作为新闻稿发给新闻单位。如果要把它改成新闻稿，就需要按照新闻稿的要求，写好导语，压缩文字，突出重点，另取标题，变成新闻稿后再发出。

# 第八十六讲：怎样写调查报告？

一位新闻宣传干部在工作中遇到了难题：领导让他写一份职工培训情况的调查报告。他对笔者说："调查报告我没有写过，我用写通讯的办法照猫画虎去写，行不行？能不能给我提一些写作的建议？"

**调查报告与通讯的不同处**

笔者对他说："你会写通讯，也一定能学会并写好调查报告。但是不要用写通讯的方法去写。笔者提供你一些方法，你可一试。"

应当明白的是，调查报告与新闻报道是有区别的。有人以为调查报告就是通讯，都是陈述事实、发表议论，这种观点是不对的。

通讯可以有描写、抒情、形象刻画、细节表现等。调查报告一般不用这种写作手法，而是用"一是一，二是二"的事实来说话。通讯可以略写，可以写短通讯。而调查报告必须详写，不能太短。

调查报告属于企事业单位的事务文书，具有实用性和事务性，是一种说明性文体。它是决策类的文书，可以为领导决策提供依据，推广经验，找出规律，具有解决问题、指导实践的作用。

**调查报告的分类与特点**

调查报告通常分为经验调查报告、情况调查报告、问题调查报告、综合调查报告、专题调查报告等。

调查报告的主要特点是：真实具体，针对性强，对现实工作有指导意义。它必须是扎实"有料"的，而且是有深入见解的，切忌空泛和虚假。内容要逻辑严密，数据准确。

要写好调查报告，一要做好调查，二要写好"报告"。

如何做好调查呢？必须深入一线去了解情况，对事实材料进行考察、询问、搜集、统计。先要制订好调查方案，列出要调查的问题。要访问哪些部门？访问哪些代表人物？要不要召开座谈会？查询什么统计资料？要不要开展书面问卷？"没有调查，没有发言权。"在得到详细材料后，要进行归纳、分析、梳理和研究。

调研获得的材料可能比较多，要选那些最有典型意义的材料。针对调查的问题，把零散的材料分类，系统化。特别是对那些抓对了问题的关键材料，一定要保留并作为写文章的有力论据。

**调查报告的结构与标题**

如何写好"报告"呢？先构思一个写作的框架，即准备用怎样的顺序去写。通常的调查报告框架结构有递进式结构、并列式结构、纵横结合式结构。

递进式结构的写法：1. 介绍情况或问题。2. 分析原因或利弊。3. 提出对策、意见和建议。

并列式结构的写法：1. 按照观点列出要点。2. 几个要点都是围绕主题的。3. 通过论证，使观点立得住脚。

纵横结合式结构的写法是：1. 兼具递进式结构和并列式结构的特点。2. 纵中有横，横中有纵。可以叙事时用递进式，剖析原因时用并列式。3. 这种结构多适用于介绍经验、事故案件的调查报告。

调查报告的标题可以是单行题，也可以是双行题。

单行题如：《关于兰州市手机销售情况的调查》《关于农村图书馆的调查报告》。

双行题如：《靠名牌赢得市场——关于深圳市一家公司的调查》《桥梁与纽带——上海外商投资企业协会发展的调查报告》。

**写培训调查报告的建议**

具体到这位学员要写的《关于企业职工培训情况的调查报告》，在调研完成后，建议可以这样来完成：

开头语作为导语或引语，要指出企业在激烈的市场竞争中，归根到底是人才的竞争。树立终身学习的思想，加强职工培训是一项必不可少的重要工作。

第一部分可以写这次调查的目的和意义。写人才的重要性，学习"充电"的必要性。

第二部分可以写这次调查的情况，如何时、何地、调查对象、调查了几个单位、多少人。

第三部分可以写调查到的职工培训工作情况。例如，做了哪些工作，取得什么成效与经验，还有什么不足。

第四部分可以写调查得出的结论与今后培训工作的对策建议。

这样，一篇调查报告就基本完成了。

在写作中要多聚焦存在的问题。既要讲成绩，也要讲问题。只有讲清楚问题产生的原因，才能为领导提供很好的决策建议。

"万事开头难。"踢开头三脚，以后写调查报告就轻车熟路了。

# 第八十七讲：稿不能靠"撞大运"

"怎样投稿才能提高采用率？""给不同的媒体投稿有什么技巧？"这些问题，是撰稿人特别关心的。以下我们就这些问题来进行探讨。

### "撞大运"式的海投不可取

文章投稿之后，等待在媒体上发表。这一段时间挺熬人的。等到文章发表的那一刻，深藏在心中的兴奋之心顿时爆发，感到特别痛快。如果文章石沉大海，杳无音信，心情自然会不好。

提高投稿的采用率靠什么？"碰运气""撞大运"，编辑看中了，是运气好；看不中，算倒霉。这种把稿件命运完全托付给别人的想法，是缺乏主观能动性的表现，"守株待兔"的结果带来的是许多失望。

有的文章作者为了提高投稿命中率，采用"海投""群投"的办法，一篇稿子往多家媒体投，这样广撒网、一稿多投，以为总能捞上鱼来。殊不知，在互联网时代，查重稿是很便捷的。一稿多投会给编辑部带来一些麻烦。如遇人投诉，编辑会很上火，使编辑渐渐降低对写作者的信任度，给以后投稿带来障碍，把作者自己的投稿路堵死了。

许多媒体要求是一稿一投，超过一定时间未回复或退稿时，方可他投。

### 稿件实力是关键

其实，要提高投稿采用率，最终要靠实力，靠作品本身的力量。

一般来说，有经验的编辑不会放过每一篇好稿。他们眼里的好稿，主要有三条标准：

一是结合当前的形势和现实，内容新鲜，观点正确。

二是事例生动，有别人未讲过而读者需要的内容。

三是文笔优美，有感染力。

这样的好稿是怎样产生的呢？

这就需要作者经营关心国家、社会、经济等各方面的情况，学习好有关方针政策，始终保持清醒的头脑。深入一线，用自己较强的观察力去发现挖掘新闻。在动笔写稿之前，认真观察是必要前提。广义的观察不仅指眼睛所见，而且包括耳听、鼻嗅、味觉、触觉等。观察获得的信息经过储存、判断、加工、组合后，便可以动手写文章了。

此外，作者应锻炼自己的记忆力，让记忆力在写作中发挥独特的作用。在写作时，记忆中的感性材料、理性材料、语言词汇、往事典故都会蹦出来，写作的选择地就大了，就能写出有血有肉的作品。

一篇作品的最后成功，还要靠作者的思维力。即对文章的主题、内涵、结构、语言，都有一个经过思维后的合理安排，也就是我们常说的"思路"。写文章一定要有思路，不能盲人骑瞎马。写稿时，不能人云亦云，跟着别人写。要以领悟大局取胜，以思想深度取胜，以独特视角取胜，以快速反应取胜，以出奇制胜取胜。只有把思路理顺了，写起来才会顺畅。

## 投稿"诀窍"十一条

观察力——记忆力——思维力造就了一篇文章。同样，投稿时也要有这样的思路。

投稿时，抓住以下 11 条"诀窍"，便可奏效。

——投稿前要先了解研究该媒体的风格特点，看媒体的"投稿须知"，做到有的放矢，文章对路。

有一个新闻类微信公众号的征稿启事就写得很明白，要求"本人原创作品""具体包括：培训通讯员记者、新闻写作、新闻采集、摄影、编辑、排版、新媒体写作与制作、传统媒体的融合转型等。"并且注明了投稿格式及稿酬标准。

作者在对媒体的内容、栏目、刊出周期了解后，对照自己之特长，找到相匹配的区域，便可着手投稿。有一位自由撰稿人在给杂志投稿前，买了一大堆各种杂志，研究了3个月才开始动笔。由于研究透彻，稿件命中率达80%以上。

——根据媒体的征文活动启事进行投稿，其形式、内容、字数要符合媒体的规定。投稿时注明"征文"，以便编辑迅速归类。投稿不可超过截止日期。如编辑部有约稿信，那就要把约稿信读几遍，对照栏目内有关文章，研究制订写作方案。

——把握好投稿的时机。有的媒体对新闻稿件的时效性要求较强，有的媒体对文艺类稿件时效性要求不强。因此，投稿要掌握一定的"提前量"，使稿件在编辑最需要稿件的时候出现。"马后炮"的文章是很难发表的。同时，要把握好投稿的间隔时间，既不能短时间地"狂轰滥炸"，也不能长时期"泥牛入海"。

——不要把广告、工作总结、个人小结作为稿件发往媒体，要改成媒体需要的形式。

——尽可能地消灭错别字。这是一个硬伤。一篇文章中错别字太多，往往会被编辑认为作者水平较低，不喜欢用这样的稿件。

——给文章取一个好标题。这是抓住编辑眼球的第一关，必须下功夫，用心把它做好。

——注意稿件格式规范。无论是手写稿、打印稿还是电脑稿，必须符合编辑部的要求。有的稿件需要写"摘要"，应予以重视，要用简明扼要的词句，尽可能把内容写得精彩些。

——稿件下方要写清楚联系方式。第一次投稿要写一个"作者简介"，也可附一张作者照片。

——把每一次投稿当作自己一次学习的机会，要尽快学会与编辑部沟通，了解编辑意图，也让编辑了解你，树立起个人良好形象。尽量不要给编辑添麻烦，而要为他们顺利编稿创造条件。知己知彼，才能成功。

——切勿相信代理投稿的机构和假冒网站。

——不断总结投稿中的经验教训，创立出一套适合自己的投稿方式。

# 第八十八讲：遇突发事件怎样应对？

"天有不测风云，人有旦夕祸福。"在岁月长河中，总会遇到一些突发事件，谁也躲不开。2020年的新冠疫肺炎情爆发是这么多年来影响最大、情况最复杂、破坏力最强的一次突发事件。我们的抗疫战斗取得了重大胜利，抗击疫情中的许多应对策略，已成为宝贵的经验。

**面对突发事件　走出认识误区**

什么是突发事件？突发事件是指突然发生的、造成或者可能造成严重社会影响、需要采取应急处置措施予以应对的自然灾害、事故灾难、公共卫生事件和社会安全事件。

各地区、各企事业单位在遇到突发事件后该怎么应对？能否有快速反应能力、准确判断能力、整体协调能力？能否妥善处理好，努力化危机为机遇？这一切，是对各地区、各企事业单位决策者的严峻考验。

如果应对失误，一次错误的行动或一次负面的报道，其影响有时会抵消许多次正面解释。一个谣言的传播，会极大动摇人心，极大挫伤干群的积极性，当事人会处在舆论的风口浪尖，弄得不好甚至会引发群体事件。因此，处置突发事件应当果断、迅速、谨慎、有序，不可犹豫与拖延。

突发事件的产生有外部因素，也有内部因素。外部因素主要是自然灾害，如地震、台风、洪水等，也有竞争对手的攻击。内部因素主要为管理不善，制度不严，法律意识不强，内贼破坏造成的。还有一些是偶然性事件，即本不该发生的，却偏偏发生了。

有的突发事件牵涉少数家庭、一两个企业，有的则涉及千家万户。比如，这次疫情就涉及全世界几十亿人口。仓库爆炸、公交车坠湖、火车脱轨、森林大火、山体滑坡、洪灾肆虐等，牵动着社会各界的心。突发事件危害性大、关注度高、牵涉面广，有的还会造成二次灾害，延续时间长。因此，妥善处置尤为重要。

对待突发事件的处置，一些地区与部门有时会陷入一些误区。这些误区主要表现为：

1. 不说不做。面对突发事件采取拖延的办法，认为"事情总会水落石出的"，用鸵鸟政策来应付，存在侥幸心理，迟迟不报，装聋作哑，能拖就拖，指望慢慢平息，安全脱身。结果往往是事情蔓延，造成谣言四起，风雨满城，弄得很难收拾。

2. 唯辟谣论。不分清红皂白，一股脑儿地辟谣，弄得真假不分，人心不稳。忽视网络民意，对网络上的民意民情不加分析，认为不可靠，太偏激。

3. 与媒体对立。有的拒绝媒体记者采访；有的消极应付，三言两语打发；更有甚者，抢夺记者手机、照相机、摄像机，有的还追打记者。

4. 采取掩盖欺骗的手法，迟报、漏报、谎报和瞒报，用虚假内容和花言巧语引导民众，甚至引起"矛盾上移"。

对突发事件的错误应对，总会付出沉重的代价。因为我们生活在互联网时代，各种信息与谣言传播特别快。如果不在官方媒体或较具权威的网络平台上对事件进行报道，势必会在许多自媒体和跟帖中传播，群众用手机拍摄的照片和视频会迅速传到网上，跟帖会铺天盖地出现。一旦网上谣言四起，真假难辨，就会使地方部门和企事业单位处于十分被动的境地。

那么，怎样才能有效地处置突发事件呢？

**积极沉着应对**

媒体策略是地区与企事业高层的管理战略。以下这些做法可供参考：

——快速反应。及时、准确、第一时间向社会发布信息。有的地方规定一小时内必须发布已掌握的内容，有的地方规定为两小时内。可以运用各种形式发布，如授权发布、发新闻稿、接受采访、新闻发布会、微博发布、直播发布等。不要封锁消息，不要一味辟谣，不能不理不睬，敷衍塞责。

——渐进发布。事情进展到哪一步，就发布到哪一步，不要想一下子全都发布完，要不急不躁。要迅速把事件真相调查清楚，掌握第一手资料。

——全面沟通。对媒体与记者，要真诚而富有人情味，对他们提供必要的帮助，而不是处处设防，事事掣肘。与记者建立平等关系。要记住，记者不是你部下或学生，也不是敌人。不要训斥记者，不要产生敌对情绪，更不能抢摄像机，甚至殴打记者。

对记者的基本情况要预先了解，杜绝假记者。须知，一个记者的背后有成千上万的读者。对媒体说话不要绝对化，要留有余地。

——准备充分。在发布会前写好新闻稿与开场白的讲话提纲。了解情况，掌握事实，重视数据，备好口径。有些关键的问题、关键的地方要预想到记者可能提的问题，事先做好回答的准备。

——积极表达。发布会上避免紧张，表态时态度真诚，声音沉稳，注意仪表，话无漏洞，掌握技巧，把握分寸，从容应答。不回答假设性问题，不回答尚不了解的问题，不回答与本次发布会专题无关的问题。速报事实，慎报原因，谨慎定性。

——借助他力。在自身发言后，以科学论证为依据，借助第三方力量。比如，可请其他权威科研部门来发言，通俗易懂地做出解释，让受众易懂明白。

此外，要注意的是，在发布突发事件新闻稿时，切莫官话连篇，邀功作秀，要慎用"领导高度重视""各级领导重视"等词。这些词原本想在民众中塑造领导的正面形象，结果是把领导架在火上烤，引起读者反感，民众会问："事件发生后才重视，前期的重视到哪里去了？"在新闻稿中，事件的规模、损失、影响，应急措施和取得的效果是新闻发布的重点。

可以充分利用新媒体的快捷优势与传统媒体的权威优势，在突发事件的报道中实现双向互动，化危机为机遇。

突发事件发生后必须及时反思总结，认真查找突发事件的诱发因素和处置不当的原因，并有针对性地制订周密的处置预案。

# 后　记

在当今融媒体时代，新闻工作者面临重大机遇与挑战。如何迅速提高媒介素养？如何不断守正创新？是值得深思的课题。有了紧迫感、使命感，有了过硬的新闻业务水平，才能做到有担当、有作为，才能使自己的新闻作品具有强大的传播力、引导力和影响力，才能跑赢融媒体时代的"接力赛"。

这一想法，促使笔者从2020年年初起撰写此书，至2021年12月完稿。在写作的过程中努力遵循以下原则：把握理论性，突出实用性，力求系统性，增强可读性。全书是一个整体，每讲又独立成章，希望能够得到读者的欢迎与肯定。

人民日报社高级编辑、人民日报海外版原副总编辑刘国昌先生热情为本书作序，高屋建瓴，充满哲思，十分感激！

中国企业报协会副会长兼常务副秘书长、华文融媒云CEO周向前先生应邀为本书写前言，真挚之情，溢于言表，如沐春风！

北京嘉海文化董事长黄丰文先生、总经理冷江帆女士对本书的编辑出版给予许多帮助，在此致以深切的谢意！

书中难免有纰漏之处，恳请广大读者批评指正。

姚赣南　常亮

于人民日报社